企业信息系统分析及应用

主　编　崔松岩
副主编　苏　洁　杨显辉　刘明君

哈尔滨工程大学出版社

内容简介

企业信息系统分析及应用是高等院校管理工程及相关专业的一门重要的课程,有关企业信息系统技术的教材种类繁多,各具特色。本书的重要特点在于强调基本理论、基本概念及基本方法的介绍,并充分考虑到自学的需要。其次,内容系统性与逻辑性强,原理、算法分析详细,在编写上力求基本概念准确、清晰、重点突出。

本书系统地阐述了企业信息系统的基本概念与基本原理,详细地介绍了企业信息系统开发的原理、方法,企业信息系统开发实例的介绍帮助读者理解和掌握企业信息系统的开发原理和方法,以增强学习兴趣和求知欲。每章后面都精选了习题,辅助学习理解本书内容。

本书可作为高等教育自学考试或继续教育的教材,也可作为高等院校管理工程、工业工程、电子商务、信息系统、计算机应用及其他相关专业的专业课教材,还可供制造业和IT业界的技术人员、生产管理人员、管理决策人员等学习参考。

图书在版编目(CIP)数据

企业信息系统分析及应用/崔松岩主编. —哈尔滨:
哈尔滨工程大学出版社, 2011.10(2013.1 重印)
ISBN 978-7-5661-0268-3

Ⅰ.①企… Ⅱ.①崔… Ⅲ.①企业管理-管理信息系统-高等学校-教材 Ⅳ.①F270.7

中国版本图书馆 CIP 数据核字(2011)第 203845 号

出版发行 哈尔滨工程大学出版社
社　　址 哈尔滨市南岗区东大直街 124 号
邮政编码 150001
发行电话 0451-82519328
传　　真 0451-82519699
经　　销 新华书店
印　　刷 黑龙江省地质测绘印制中心
开　　本 787mm×960mm 1/16
印　　张 12.5
字　　数 269 千字
版　　次 2011 年 10 月第 1 版
印　　次 2013 年 1 月第 2 次印刷
定　　价 32.00 元
http://www.hrbeupress.com
E-mail:heupress@hrbeu.edu.cn

前　言

《企业信息系统分析及应用》是高等学校公司管理专业的课程之一，是培养和检验学生掌握信息系统开发方法基本知识而设置的一门专业课程。本书突破了传统的知识结构，重新整合教学内容。强调基本理论、基本概念及基本方法。在编写上力求基本概念准确、清晰、重点突出，并充分考虑到自学的需要。

本书阐述了企业信息系统中典型业务流程的分析与设计，全书共分 8 章，内容包括：第 1 章，ERP 概述，讲述了 ERP 的概念、ERP 的发展、ERP 的基本理论和 ERP 系统相关的概念；第 2 章，ERP 原理，讲述了企业主生产计划、销售管理、采购管理、库存管理、固定资产管理和财务管理等；第 3 章，企业信息系统开发技术基础，主要讲述了计算机网络技术和数据库技术；第 4 章，企业信息系统开发总论，讲述了企业信息系统开发的主要方法、系统规划以及风险分析与管理；第 5 章企业信息系统分析，第 6 章企业信息系统设计和第 7 章企业信息系统实施，主要讲述了采用结构化的开发方法进行企业信息系统分析、设计、实现所涉及的理论知识与基本方法；第 8 章介绍了一个企业信息系统开发实例，帮助读者理解和掌握企业信息系统的原理和方法。

本书内容系统性与逻辑性强，原理、算法分析详细，并附有例题和习题，方便读者学习。本书能使学生比较全面地了解企业信息系统的概貌，掌握企业信息系统的核心知识（包括基本概念、基本原理、集成逻辑）；弄清企业信息系统的应用领域和设计与实施方法；指明企业信息系统未来的发展方向，为有志于这方面研究和有机会从事企业信息系统开发工作的人员打下必要的理论基础。

本书可作为高等院校管理工程、工业工程、电子商务、信息系统、计算机应用及其他相关专业的专业课教材，还可供制造业和 IT 业界的技术人员、生产管理人员、管理决策人员等学习的参考。

本书由崔松岩（浙江海洋学院）担任主编，苏洁（哈尔滨理工大学）、杨显辉（黑龙江招生办）、刘明君（内蒙古一机集团培训中心）担任副主编。具体分工如下：崔松岩负责全书的整理与定稿以及 1，2，3 章的编写，苏洁编写了第 4 章及第 5 章的 5.1，5.2，5.3 节，杨显辉编写了第 5 章的 5.4，5.5 节及第 6 章，刘明君编写了第 7，8 章。

本书在编写过程中参考并借鉴了有关材料、专著、论文和网站中的内容，在此谨向有关部门及有关作者表示真诚的感谢。

由于时间仓促，书中可能尚存不妥之处，敬请专家和广大读者批评指正。

编　者

2011 年 7 月

目　　录

第1章 ERP概 述

ERP系统已成为现代企业的运行模式，它集信息技术与先进管理思想于一身，为企业合理调配资源、最大化地创造社会财富。ERP系统已经成为企业在信息时代生存、发展的基石。

1.1 ERP的概念

企业资源计划(Enterprise Resource Planning，简称ERP)系统是指建立在信息技术基础上，以系统化的管理思想为企业决策及员工提供决策运行手段的管理平台。

1.1.1 ERP的定义

ERP概念一经提出，各MRP－Ⅱ软件供应商纷纷宣布各自产品将向ERP过渡的计划，以确定其在未来制造系统市场中的地位。究竟什么是ERP？目前，Gartner Group是通过一系列的功能标准对ERP系统定义。Gartner Group提出ERP具备的功能标准应包括4个方面。

(1)超越MRP－Ⅱ范围的集成功能。包括质量管理、实验室管理、流程作业管理、配方管理、产品数据管理、维护管理、管制报告和仓库管理。

(2)支持混合方式的制造环境。包括既可支持离散又可支持流程的制造环境；按照面向对象的业务模型组合业务过程的能力和国际范围内的应用。

(3)支持能动的监控能力，提高业务绩效。包括在整个企业内采用控制和工程方法；模拟功能；决策支持和用于生产及分析的图形功能。

(4)支持开放的客户机/服务器计算环境。包括客户机/服务器体系结构；图形用户界面(GUI)；计算机辅助设计工程(CAD)，面向对象技术；使用SQL对关系数据库查询；内部集成的工程系统、商业系统、数据采集和外部集成(EDI)。

以上4个方面分别是从软件功能范围、软件应用环境、软件功能增强和软件支持技术上对ERP的评价。

1.1.2 ERP的作用

厂房、生产线、加工设备、检测设备、运输工具等都是企业的硬件资源，人力、管理、信誉、融资能力、组织结构、员工的工作态度等都是企业的软件资源。企业运行发展中，这些资源相互作用，形成企业进行生产运动、完成客户订单、创造社会财富、实现企业价值的基础，反映企业在竞争发展中的地位。

ERP 系统的管理对象是硬件资源、软件资源及生产要素，通过 ERP 的使用，使企业的生产过程能及时、保质地完成客户的订单，最大限度地发挥这些资源的作用，并根据客户订单及生产状况作出调整资源的决策。

企业发展的重要标志是合理调整和运用硬件资源、软件资源。在没有 ERP 这样的现代化管理工具时，企业资源状况及调整方向不清楚，要想做好调整安排是相当困难的，调整过程会相当漫长；企业的组织结构只能是金字塔形的，部门间的协作交流相对较弱，资源的运行难于把握。信息技术的发展，特别是针对企业资源进行管理而设计的 ERP 系统正是针对这些问题设计的，成功推行 ERP 的结果必然使企业能更好地运用资源。

1.1.3 ERP 与信息技术发展的关系

计算机技术特别是数据库技术的发展为企业建立管理信息系统，甚至对改变管理思想起着不可估量的作用，管理思想的发展与信息技术的发展是互成因果的环路。而实践证明信息技术已在企业的管理层面扮演着越来越重要的角色。

信息技术最初在管理上的运用十分简单，主要是记录一些数据，方便查询和汇总。而现在已发展到建立在全球 Internet 基础上的跨国家、跨企业的运行体系，大致可分为如下阶段。

1. 信息技术 MIS(Manufacture Information System)阶段

MIS 主要是记录大量原始数据，支持查询、汇总等方面的工作。

2. MRP(Material Require Planning)阶段

MRP 管理系统对产品构成进行管理，借助计算机的运算能力及系统对客户订单、在库物料、产品构成的管理能力，实现按照产品结构清单展开编制客户订单并计算物料需求计划，从而达到减少库存、优化库存的管理目标。

3. MRP Ⅱ(Manufacture Resource Planning)阶段

在 MRP 管理系统的基础上，MRP Ⅱ管理系统增加了对企业生产中心、加工工时、生产能力等方面的管理，以实现计算机进行生产进程管理的功能，同时也将财务的功能囊括进来，在企业中形成以计算机为核心的闭环管理系统。这种管理系统已能动态监察到产、供、销的全部生产过程。

4. ERP(Enterprise Resource Planning)阶段

进入 ERP 阶段后，以计算机为核心的企业级的管理系统更为成熟，系统增加了包括财务预测、生产能力、调整资源库等方面的功能。配合企业实现质量管理和生产资源高度管理及辅助决策的功能，成为企业进行生产管理及决策的平台工具。

5. 电子商务时代的 ERP

Internet 技术的成熟为企业信息管理系统增加与客户或供应商实现信息共享和直接的数据交换的能力，从而强化了企业间的联系，形成共同发展的生存链，体现企业为赢取生存竞争的供应链管理思想。ERP 系统相应实现这方面的功能，使决策者及业务部门实现跨企业的联合作战。

由此可见,ERP的应用可以有效地促进现代企业管理的现代化和科学化,适应竞争日益激烈的市场要求,它的导入已是大势所趋。

1.2 ERP的发展

ERP最先是由美国的Gaftner Group公司在20世纪90年代初期提出的,并就其功能标准给出了界定。ERP的形成大致经历了四个阶段:基本MRP阶段、闭环MRP阶段、MRPⅡ阶段、ERP形成及ERP发展阶段。ERP理论的形成是随着产品复杂性的增加、市场竞争的加剧及信息全球化而产生的。

1.2.1 基本MRP阶段

MRP即物料需求计划(Material Requirements Planning)。早期的MRP是基于物料库存计划管理的生产管理系统。MRP系统目标是通过按照各种物料真正需要的时间来确定订货与生产日期,在正确的时间、地点,按照规定的数量得到真正需要的物料,以免造成库存积压。

MRP的基本原理是将企业产品中的各种物料分为独立物料和相关物料,并按不同的时间段确定不同时期的物料需求,基于物料需求组织生产,根据产品完工日期和产品结构制订生产计划,从而解决库存物料订货问题。

MRP由四个基本功能组成,分别是经济订购量(Economic Order Quantity,简称EOQ)、安全存量(Safety Stock)、物料清单处理(Bill Of Material Processing,简称BOMP)和工单管理(Work Order)。

1.2.2 闭环MRP阶段

到20世纪60年代中期,计算机化将此四个功能集成为单一系统,称为闭环MRP。简而言之,闭环MRP系统是将存货控制系统与生产计划系统予以计算机化,以实现物料不会短缺及维持最低存货水平这两个目标。自此,制造业打破了原先"催办订单"的管理方式,设置安全库存量,为需求与订货的提前期提供缓冲。

1.2.3 MRPⅡ阶段

20世纪70年代,企业已经认识到真正需要的是有效的订单交货日期,认识到制造业要有一个集成的计划,以解决阻碍生产的各种问题。要以生产与库存控制的集成方法来解决问题,而不是以库存来弥补或以缓冲时间的方法去补偿。

物料需求计划MRP经过发展和扩充逐步形成了制造资源计划MRPⅡ的生产管理方式。在MRPⅡ中,所有制造资源,包括人工、物料、设备、能源、市场、资金、技术、空间、时间等,都被考虑进来。

MRPⅡ的基本思想是基于企业经营目标制订生产计划,围绕物料转化组织制造资源,实现按需要按时进行生产。

MRPⅡ系统包括预测模块、客户订单模块、生产计划/主生产计划模块、生产结构/物料清单处理模块、存货控制模块、物料需求计划模块、产能计划模块、车间控制模块、采购模块、会计模块、财务分析模块等。

MRPⅡ的主要技术环节涉及经营规划、销售与运作计划、生产计划、物料清单与物料需求计划、能力需求计划、车间作业管理、物料管理(库存管理与采购管理)、产品成本管理、财务管理等。

由此,MRPⅡ系统实现了物流、信息流与资金流在企业管理方面的集成。由于MRPⅡ系统能为企业生产经营提供一个完整而详尽的计划,可使企业内各部门的活动协调一致,形成一个整体,从而提高企业的整体效率和效益。

1.2.4 ERP 的形成阶段

20 世纪 90 年代以来,MRPⅡ经过进一步发展和完善,形成了目前的 ERP 系统。ERP 除加强了 MRPⅡ的各种功能之外,面向全球市场,功能更为强大,所管理的企业资源更多,支持各种生产方式,管理覆盖面更宽,并涉及了企业供应链管理,从企业全局角度进行经营与生产计划,是制造企业的综合集成经营系统。由于信息的高度集成,用计算机系统取代传统的人工管理方式。而且扩大到企业的整个资源的利用和管理,因此产生了集成化的企业管理软件系统——ERP。

ERP,也称为 ERP 软件或 ERP 套装(packages)软件,是由企业的应用程序与工具加以集成的应用软件,通常包含财务、成本会计、分销、物料管理、人力资源、生产管理、项目管理、质量管理、工厂维护和计算机集成制造等,这些应用程序由共同连接的数据库来共享数据。

1.2.5 延伸的 ERP(Extended ERP)

随着产业环境的改变,企业意识到传统 ERP 系统的市场也已经逐渐饱和,需将集成的触角从内部延伸至企业外部,以满足客户需求、提升企业竞争力。ERP 系统供应商在 ERP 系统核心的基础上,将系统的焦点从企业的后台核心流程向外端延伸,以及信息化企业的所有重要流程,信息化主管决策支持系统。

1.3 ERP 的基本理论

1.3.1 基本 MRP

20 世纪 40 年代初期,西方经济学家通过对库存物料随时间推移而被使用和消耗的规律的研究，提出了订货点的方法和理论，并将其运用于企业的库存计划管理中。20 世纪 60 年代后期，美国 IBM 公司的管理专家约瑟夫 · 奥利佛博士首先提出了独立需求和相关需求的概念，将企业内的物料分成独立需求物料和相关需求物料两种类型。并在此基础上总结出了一种新的管理理论：物料需求计划（Material Requirements Planning – MRP）理论，也称作基本 MRP。这种理论和方法与传统的库存理论和方法有着明显的不同。其中最重要的特点是在传统的基础上引入了时间分段和反映产品结构的物料清单 BOM（Bill Of Materials），较好地解决了库存管理和生产控制中的难题，即按时按量得到所需要的物料。为了更好地了解基本 MRP 理论，先来了解一下库存订货点理论。

1. 库存订货点理论

早在 20 世纪 30 年代初期，企业控制物料的需求通常采用控制库存物品数量的方法，为需求的每种物料设置一个最大库存量和安全库存量。最大库存量是为库存容量、库存占用资金的限制而设置的，安全库存量也叫最小库存量，意思是说物料的消耗不能小于安全库存量。出于物料的供应需要一定的时间（即供应周期，如物料的采购周期、加工周期等），因此不能等到物料的库存量消耗到安全库存量时才补充库存，而必须有一定的时间提前量，即必须在安全库存量的基础上增加一定数量的库存。这个库存量作为物料订货期间的供应量，即应该满足这样的条件：当物料的供应到货时，物料的消耗刚好到了安全库存量。这种控制模型必须确定两个参数：订货点与订货批量，参见图 1.1，斜率表示物料消耗速度。这两个参数的计算可参考本书的库存管理部分。

这种模型在当时的环境下也起到了一定的作用，但随着市场的变化和产品复杂性的增加，它的应用受到一定的限制：

（1）物料的消耗相对稳定；

（2）物料的供应比较稳定；

（3）物料的需求是独立的；

（4）物料的价格不是太高。

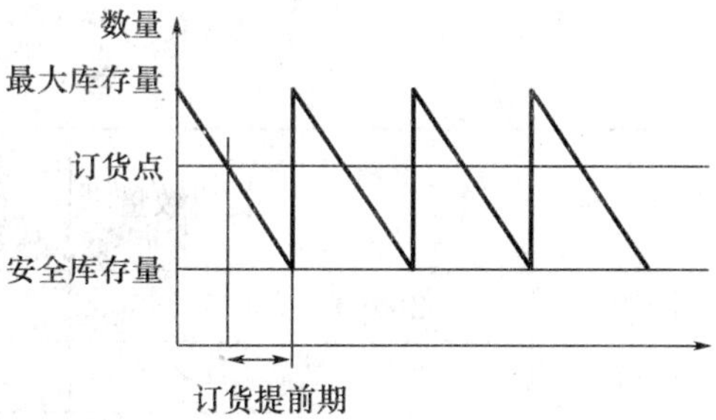

图 1.1　订货点法

2. 物料需求计划理论

一般来说，目前所见到的库存分析及其分类的各种技术，都是为某个库存物料，或某群物料设计一种较为合适的处理方式。它不外乎是研究分析各种物料的特性，如物料储备成本、提前期、过去用量等。可是，各种处理方式均忽略了物料的最重要特性，即物料需求的性质。所谓需求的性质，正是库存管理方法是否合理及是否适用的关键所在。无论采用订货点方法还是采用物料需求计划，各种方法的可行性均取决于物料需求的类型。

1965 年美国的 Joseph A. Orlicky 博士提出了“物料独立需求和相关需求”的学说。所谓独立需求，即某一物料的需求与其他物料的需求无关。换句话说，一个物料的需求，是非任何其他库存物料需求的函数,成为独立需求,它是根据预测来得到其需求量的。如对成品、服务件(备品备件)的需求就是根据对历史数据的分析,管理人员的经验,用预测的方法而得到的,它可以用订货点方法来处理。反之,某物料的需求与另一物料或产品的需求直接有关,或者由其他物料推算而得到,这种物料需求称为相关需求。

相关需求是有依赖性的,其上一级需求影响了对下一级的需求。产品、部件、组件、零件到原材料,从0层、1层、2层、3层到4层,相互依赖组成了一个产品结构树。产品是部件的双亲,部件又是组件的双亲,组件又是零件的双亲,而零件又是原材料的双亲,上一级是下一级的双亲,称为父件,而下一级对上一级来说称为子件,同时它自身又是再下一级的双亲,这种关系如图1.2所示。

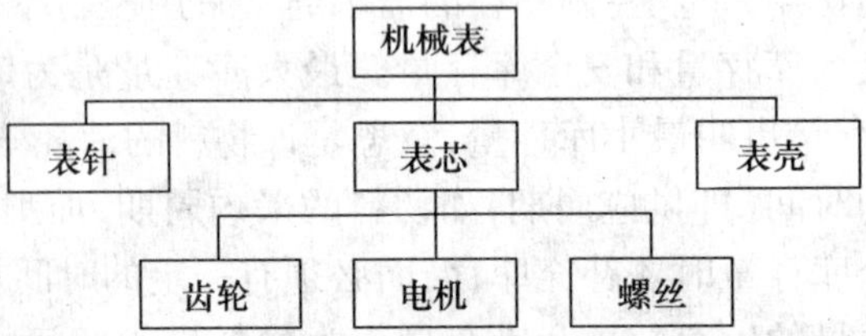

图1.2 电子表组成

由于产品构成的层次件,产品在生产时生产和组装就存在一定的顺序,假设该产品生产的各层零部件的制造时间周期如表1.1所示。

表1.1 产品加工周期

物料名称	产品结构层次	构成数量	采购提前期/h	单件加工周期/h	总加工周期 /h	总提前期/h
齿轮	2	3个	8	–	–	–
电机	2	1个	8	–	–	–
螺丝	2	15个	6	–	–	–
表针	1	3个	6	–	–	–
表芯	1	1个	–	5	5	13
表壳	1	1个	6	–	–	–
电子表	0	1个	–	3	8	16

换成用更加直观的时间坐标来表示,如图1.3所示。

从表1.1与图1.3中可以看出,要完成该产品,产品的累计提前期为16小时。可以看出,由于产品各层次需求时间不同,这就要求“在需要的时候”,“提供需要的数量”。产品结构是多层次和树状结构的,其最长的一条加工路线就决定了产品的加工周期。这个原理也就是网络计划中的关键线路法原理。在对产品及各层次安排生产时,应按照产品需求的日期和时间往低层次安排,也就是倒排计划,即从确定各层次物料的最迟完工与最迟开工时间开始。因此,在制订物料需求计划时,需要考虑产品的结构,得出需求后,才考虑物料的库存(含在制品)数量,再得出各层次物料的实际需求量。其中最终原材料就是采购的需求量,中间件就形成了生产的加工计划,可以用简化的逻辑流程图来表示,如图1.4所示。

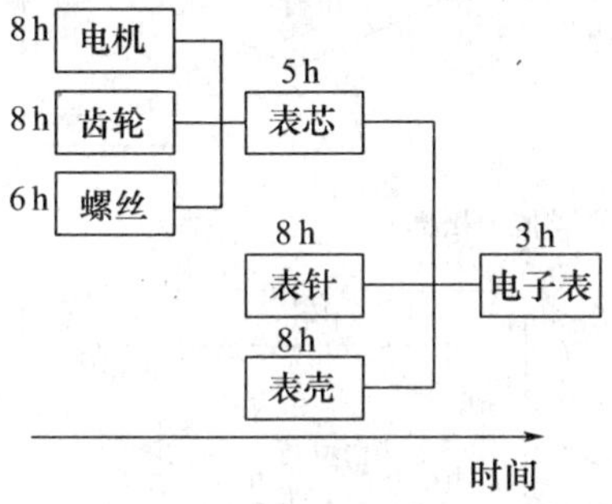

图1.3　电子表时间顺序

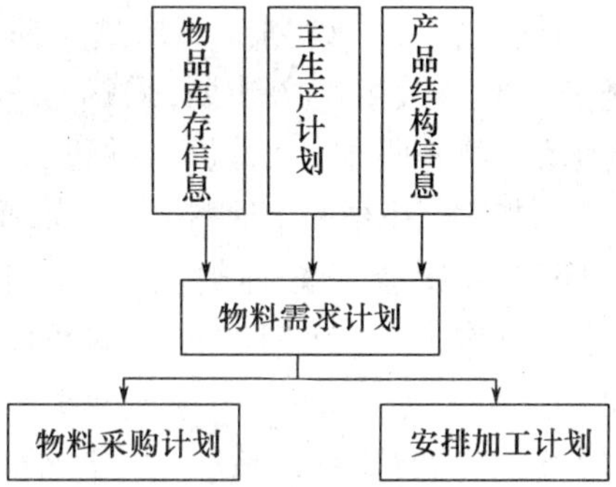

图1.4　MRP逻辑流程图

1.3.2　闭环MRP

在上节讨论MRP的形成、制订过程中,考虑了产品结构相关信息和库存相关信息。但实际生产中的条件是变化的,如企业的制造工艺、生产设备及生产规模都是发展变化的;甚至要受社会环境的影响,如能源的供应、社会福利待遇等的影响。基本MRP制订的采购计划可能受供货能力或运输能力的限制而无法保障物料的及时供应。另外,如果制订的生产计划未考虑生产线的能力,因而在执行时经常偏离计划,计划的严肃性将受到挑战。因此,利用基本MRP原理制订的生产计划与采购计划往往容易造成不可行。因为信息是单向的,与管理思想不一致,管理信息必须是闭环的信息流,由输入至输出再循环影响至输入端,从而形成信息回路。因此,随着市场的发展及基本MRP的应用与实践,20世纪80年代初在此基础上发展形成了闭环MRP理论。

闭环MRP理论认为主生产计划与物料需求计划(MRP)应该是可行的,即考虑能力的约束,或者对能力提出需求计划,在满足能力需求的前提下。才能保证物料需求计划的执行和实现。在这种思想要求下,企业必须对投入与产出进行控制,也就是对企业的能力进行校验和执行控制。闭环MRP流程如图1.5所示,其中MPS为主生产计划,MRP为物料需求计划,CRP为能力需求计划。

企业根据发展的需要与市场需求来制订企业生产规划;根据生产规划制订主生产计划,同时进行生产能力与负荷的分析。该过程主要是针对关键资源的能力与负荷的分析过程。只有通过对该过程的分析,才能达到主生产计划基本可靠的要求。再根据主生产计划、企业的物料库存信息、产品结构清单等信息来制订物料需求计划;由物料需求计划、产品生产工艺路线和车间各加工工序能力数据(即工作中心能力)生成对能力的需求计划,通过对各加工工序的能力平衡,调整物料需求计划。如果这个阶段无法平衡能力,还有可能修改主生产计划;采购与车间作业按照平衡能力后的物料需求计划执行,并进行能力的控制,即输入输出控制,并根据作业执行结果反馈到计划层。因此,闭环 MRP 能较好地解决计划与控制问题,是计划理论的一次大飞跃(但它仍未彻底地解决计划与控制问题)。

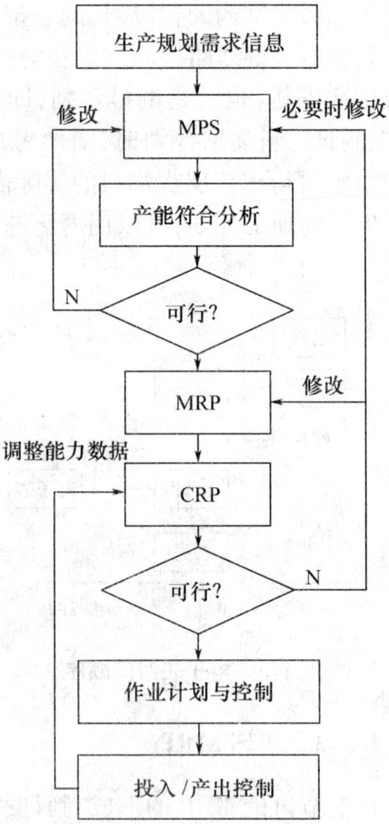

图 1.5　闭环 MRP 流程

闭环 MRP 的特点包括:

(1)主生产计划来源于企业的生产经营规划与市场需求(如合同、订单等)。

(2)主生产计划与物料需求计划的运行(或执行)伴随着能力与负荷的运行,从而保证计划是可靠的。

(3)采购与生产加工的作业计划与执行是物流的加工变化过程,同时又是控制能力的投入与产出过程。

(4)能力的执行情况最终反馈到计划制订层,整个过程是能力的不断执行与调整的过程。

1.3.3　制造资源计划(MRP-Ⅱ)

从闭环 MRP 的管理思想来看,它在生产计划的领域中确实比较先进和实用,生产计划的控制也比较完善。闭环 MRP 的运行过程主要是物流的过程,但生产的运作过程,产品从原材料的投入到成品的产出过程都伴随着企业资金的流通过程,对这一点,闭环 MRP 却无法反映出来。并且资金的运作会影响到生产的运作,如采购计划制订后,由于企业的资金短缺而无法按时完成,这样就影响到整个生产计划的执行。

有需求才有发展,市场也是由需求不断推动的。对于新问题的提出,人们就会寻求解决方法。1977 年 9 月,美国著名生产管理专家奥列弗·怀特(Oliver W. Wight)提出了一个新概念——制造资源计划(Manufacturing Resources Planning),它的简称也是 MRP,但已经是广义的 MRP。为了与传统的 MRP 有区别,其名称改为 MRP-Ⅱ。MRP-Ⅱ对于制造业企业资源进行有效计划具有一整套方法。它是一个围绕企业的基本经营目标,以生产计划为主线,对企业制造的各种资源进行统一计划和控制的有效系统,也是企业的物流、信息流和资金流并使之畅通的动态反馈系统。MRP-Ⅱ 的逻辑流程图如图1.6所示。

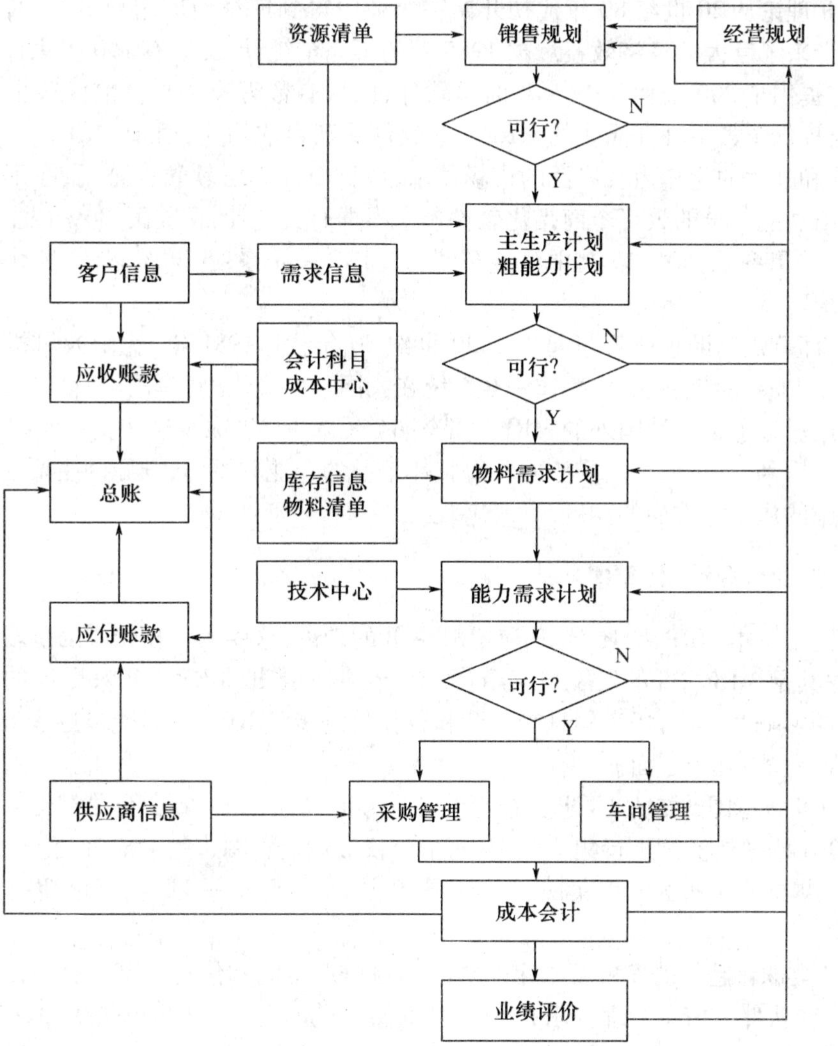

图1.6 MRP-Ⅱ的逻辑流程图

MRP-Ⅱ集成了应收、应付、成本及总账的财务管理。其采购作业根据采购单、供应商信息、收货单及入库单形成应付款信息(资金计划);销售商品会根据客户信息、销售订单信息及产品出库单形成应收款信息(资金计划);可根据采购作业成本、生产作业信息、产品结构信息、库存资料信息等信息;能把应付款信息、应收款信息、生产成本信息和其他信息等计入总账。产品的整个制造过程都伴随着资金流通的过程。通过对企业小产成本和资金运作过程的掌握,调整企业的生产经营规划和生产计划,因而得到更为可行、可靠的生产计划。

MRP－Ⅱ理论从20世纪80年代初开始在企业中得到广泛地应用,MRP－Ⅱ的应用与发展给制造业带来了巨大的经济效益。据1985年的不完全统计,美国有160多家计算机软硬件公司,开发与提供了300余种MRP－Ⅱ商品软件,已拥有数万家用户。前西德也有许多软件公司,开发与提供了数十种商品化的MRP－Ⅱ软件。到目前为止,由于MRP－Ⅱ所独有的实用性、通用性和强大的生命力及广泛的市场需求,数百个计算机软硬件公司,在不同的软硬件环境下开发出功能各异的数百个商品化软件包。根据有关统计,在美国,80%以上的大型企业安装了MRP－Ⅱ系统;50%以上中型企安装了MRP－Ⅱ系统;30%以上小型企业安装了MRP－Ⅱ系统。

在我国,计算机辅助企业管理起步于20世纪80年代。1981年,沈阳鼓风机厂率先引进IBM公司的CoPIcs系统,揭开了MRP－Ⅱ系统在我国开始应用的序幕。到目前为止国内已有近200家企业引进了十余种国外的MRP－Ⅱ软件产品。但是,纵观这些企业MRP－Ⅱ系统的应用状况可以看到,真正地全面实施并取得整体效益的企业并不多,其原因主要在于管理模式的差异和实施的质量等方面的问题。

1.3.4 企业资源计划(ERP)

前面讨论了基本MRP、闭环MRP和MRP－Ⅱ的理论,这些理论在相应的阶段都发挥了重要的作用,尤其是MRP－Ⅱ的发展与应用。从上节可以看出,MRP－Ⅱ对世界的发展与应用产生了深远的影响,随着市场竞争日趋激烈和科技的进步,MRP－Ⅱ思想也逐步显示出其局限性,主要体现在以下几个方面。

(1)企业竞争范围的扩大,要求在企业的各个方面加强管理,要求企业有更高的信息化集成,要求对企业的整体资源进行集成管理,而不仅仅对制造资源进行集成管理。

(2)企业规模不断扩大。多集团、多工厂要求协同作战,统一部署,这已超出了MRP－Ⅱ的管理范围。

(3)信息全球化趋势的发展要求企业之间加强信息交流和信息共享。企业之间既是竞争对手,又是合作伙伴。信息管理要求扩大到整个供应链的管理,这些更是MRP－Ⅱ所不能解决的。

20世纪90年代MRP－Ⅱ发展到了一个新的阶段:ERP。简要地说企业的所有资源包括三大流:物流、资金流和信息流。ERP也就是这三种资源进行全面集成管理的管理信息系统。概括地说,ERP是建立在信息技术基础上,利用现代企业的先进管理思想,全面地集成了企业的所有资源信息,并为企业提供决策、计划、控制与经营业绩评估的全方位和系统化的管理平台。EBP系统是一种管理理论和管理思想,不仅仅是信息系统。它利用企业的所有资源,包括内部资源与外部市场资源,为企业制造产品或提供服务创造最优的解决方案,最终达到企业的经营目标。由于这种管理思想必须依附于电脑软件系统的运行,所以人们常把 ERP 系统当成一种软件,这是一种误解。

ERP 理论与系统继承了 MRP－Ⅱ的基本思想(制造、供销及财务)外,大大地扩展了管理的模块,如多工厂管理、质量管理、设备管理、运输管理、分销资源管理、过程控制接口、数据采集接口、电子通信等模块。它融合了离散型生产和流程型生产的特点,扩大了管理的范围,更加灵活或"柔性"地开展业务活动,实时地响应市场需求。它融合了多种现代管理思想,进一步提高了企业的管理水平和竞争力。因此 ERP 理论不是对 MRP－Ⅱ的否认,而是继承与发展。MBP－Ⅱ的核心是物流,主线是计划。伴随着物流的过程,同时存在资金流和信息流。ERP 的主线也是计划,但 ERP 已将管理的重心转移到财务上,在企业整个经营运作过程中贯穿了财务成本控制的概念。总之,ERP 极大地扩展了业务管理的范围及深度,包括质量、设备、分销、运输、多工厂管理、数据采集接口等。ERP 的管理范围涉及企业的所有供需过程,是对供应链的全面管理和企业运作的供需链结构,如图 1.7 所示。

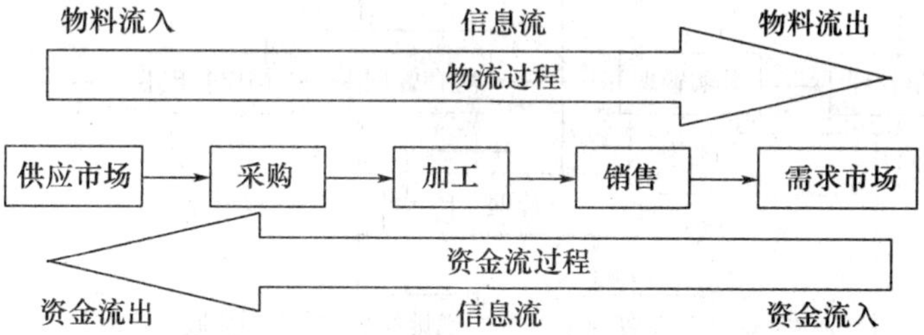

图 1.7 企业运作的供需链图

一般 ERP 系统包含的模块有:

(1)销售管理

(2)采购管理

(3)库存管理

(4)制造标准

(5)主生产计划

(6)物料需求计划

(7)能力需求计划

(8)车间管理

(9)JIT 管理

(10)质量管理

(11)账务管理

(12)成本管理
(13)应收账管理
(14)应付账管理
(15)现金管理
(16)固定资产管理
(17)工资管理
(18)人力资源管理
(19)分销资源管理
(20)设备管理
(21)工作流管理
(22)系统管理

ERP 系统的总流程图如图 1.8 所示。

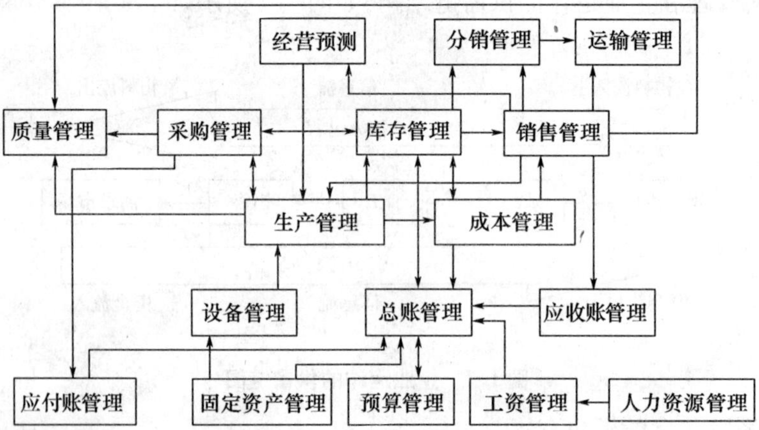

图 1.8 ERP 系统总流程图

1.4 基本概念

ERP 系统由多个子系统组成,每个子系统服务于同一主体的不同层面。子系统本身即具有相对独立的功能,它们之间又具有紧密的联系,共用一个企业数据库,拥有公共的基础信息、相同的账套和年度账,为实现企业财务、业务的一体化管理提供了基础条件。现介绍 ERP 系统设计的基本概念。

1. 账套

账套是指使用特定会计科目表、记账本位币和会计日历的财务报告实体,在 ERP 系统中是指一组相互关联的数据，每一个企业（或每一个独立核算部门）的数据在ERP系统内部都体现为一个账套；在ERP应用系统中，可以为多个企业（或企业内部多个独立核算的部门）分别立账，且各账套数据之间相互独立，互不影响。同时，每个账套里都存放有企业不同年度的数据，称为年度账。

2. 物料

物料是指为了产品销售出厂，所有需要列入计划并进行库存或成本控制的不可缺少的物品。也就是说，物料是计划的对象、库存的对象和成本的对象。它是组成产品结构的最小基础单元，包括原材料或零件、配套件、毛坯、在制品、半成品、成品、包装材料、产品说明书、备品备件、工装、工具、能源等。

3. 物料编码

物料编码（Hem number或Pan number）又称项目号、物件号、零件号，是计算机系统对物料的唯一识别代码，是计算机管理物料的检索依据。

4. 物料清单

物料清单（BOM - Bill Of Materials）是产品结构的技术性描述文件。它表明了产品组件、子件、零件直到原材料之间的结构关系，以及每个组装件所需要的各下属部件的数量。物料清单通常采用树型结构表示，称为产品结构树。

5. 提前期

提前期是指某一工作的工作时间周期，即从工作开始到工作结束的时间。提前期的概念主要是针对需求而提出的。物料需求计划是以需求为向导的，以交货日期或完工日期为基准倒排计划，推算出工作开始日期或订单下达日期，这个期间的时间跨度称之为“提前期”。提前期是生成MPS、MRP和采购计划的重要数据。

6. 计划展望期

计划展望期是主生产计划（MP5）所覆盖的时间范围，即计划的时间跨度，此长度之外（计划的最末时间后），是下一个计划的时间范围。计划展望期应大于产品的总提前期，许多企业以月、季度为计划展望期的时间跨度。

7. 工作中心

工作中心（Working Center，简称WC）是各种生产能力单元的统称，也是发生加工成本的实体，在完成一项加工任务的同时也产生了加工成本，由一台或几台功能相同的设备，一个或多个工作人员，一个小组或一个工段，一个成组加工单元或一个装配场地等组成，甚至一个实际的车间也可作为一个工作中心。

8. 工艺路线

工艺路线（Routing）是说明零部件加工或装配过程的文件，主要说明物料实际加工和装配的工序顺序、每道工序使用的工作中心、各项时间定额（如准备时间、加工时间和传送时间；传送时间包括排队时间与等待时间）及外协工序的时间和费用。

复习思考题

1. 什么是 ERP,它是软件还是一种管理理论,ERP 的作用是什么?
2. 什么是订货点库存控制法,它要确定哪些参数?
3. 简述基本 MRP 的计划逻辑。
4. 物料需求计划与订货点理论的根本不同点是什么?
5. 什么是 MRP - Ⅱ计划理论,它与闭环 MRP 计划理论有何异同?
6. 简述 ERP 系统设计的基本概念。

第2章　ERP 原理

2.1　销 售 管 理

2.1.1　销售环境与生产类型

1. 生产类型的划分

按产品使用性能，生产类型划分为通用生产和专用生产。

通用生产的特点是产品使用面广，需求量大，通常做销售预测计划，生产过程的控制较复杂。例如电视机、自行车、机械标准件的生产。专用生产的特点是根据客户要求专门设计，需求量小，生产过程稳定性差，生产计划与生产过程的控制复杂。例如电站成套设备、大型船舶、飞机及定制产品的生产。

按生产工艺特点，生产类型划分为流程型和加工组装型(离散型)。

流程型的特点：生产加工工艺是连续进行的，工艺过程的顺序固定不变，生产过程相对稳定，但必须确保每个生产环节的正常运行，否则全线停车。例如化工、炼油、造纸、制糖、制药等的生产。加工组装型产品一般由多重零部件组成，组成生产工艺属于离散型的，最后由零部件总装而成，其特点是控制零部件的加工进度、齐套性、生产管理较为复杂。例如机械制造、电子制造、设备制造等行业。

按生产稳定性与重复性，生产类型划分为大量生产、成批生产和单件生产。

大量生产的产品品种少，产品数量大，生产稳定，生产追求连续性。例如标准件、家电、汽车、制糖等行业。成批生产品种较多，产品比大量生产要少，要均衡生产。例如机床、起重机、普通仪表、制药等行业。单件生产品种很多，产量小，但设备多为通用，要求采用柔性制造技术。例如电站成套设备、大型船舶、飞机等行业。

按产品需求特性，生产类型划分为订货生产和备货生产。

订货生产根据客户的具体要求，进行设计、组织生产。例如专用设备、大型电站设备、大型船舶制造等。备货生产根据市场情况预测生产计划，产品可能会有较大的库存。例如消费品、标准件等。

2. 生产类型

(1)现货生产(Make To Stock - MTS)

现货生产按库存组织生产，产品标准化程度高，由标准的零部件构成，可以按批量进行。

典型产品与行业如家电、家具、小批量的消费品,某些工业设备。该类生产的管理重点是生产进度控制、车间投入产出控制、质量和成本控制库存管理。该类生产对 ERP 系统的需求为标准的 MPS－MRP－库存管理。

(2)订货生产(Make To Order－MTO)

订货生产按客户的订单、销售合同来组织生产,产品标准化程度高,都由标准的零部件构成,可以按批量进行。最终产品变异性大,依据客户需求而定。典型产品与行业包括发动机、汽车等。该类生产管理重点包括生产数据管理、生产能力平衡、生产工艺优化、车间作业控制,重在保证交货期。对 ERP 系统的需求为按用户需求进行制造,如来料来样加工等。

(3)订货组装(Assemble To Order－ATO)

订货组装按用户需求进行装配,产品标准化程度高,都由标准的零部件构成,可以按批量进行。最终产品变异性大,依据客户需求而定。典型产品与行业包括个人计算机和工作站,电话机等。该类生产的管理重点包括安排总装计划(Final Assembly Schedule,即 FAS),控制产品的产出进度,其组件按预测安排生产计划。对 ERP 系统的需求为必须有较强的产品配置(Production Configuration)管理。

(4)工程生产(Engineer To Order－ETO)

工程生产按用户需求设计并制造,产品变异性大、标准化程度差、复杂性高、批量小甚至单件。在生产过程中,每一项工作都要特殊处理:每项工作是不一样的,可能有不一样的操作,不一样的费用,需要不同的人员来完成;管理难度大。典型产品与行业包括飞机制造业、国防产品制造业、出版业、发电设备制造业。

2.1.2 销售管理业务概述

1. 销售管理的主要业务包括以下内容。

(1)制订销售计划和产品报价。

(2)开拓市场,并建立客户档案系统,制定合理的价格政策,建立长期稳定的销售渠道。

(3)进行市场销售预测(结合历史、目前、市场调研数据进行预测,它是企业制订销售计划和生产计划的主要依据之一)。

(4)编制销售计划(根据订单、预测和企业生产情况,制订一段时期内销售品种、数量和价格,包括企业、地区和销售员的销售计划)。

(5)根据客户需求信息、交货信息、产品的相关信息及其他注意事项制定销售订单,并通过对企业生产供货情况、产品定价信息和客户信誉情况的考察来确认销售订单。然后,销售部门将销售订单信息传递给生产计划人员安排生产计划,并进行订单跟踪和管理。

销售订单是企业生产、销售发货和销售货款结算的依据,对销售订单的管理是销售工作的核心。

(6)按销售订单的交货期组织货源,下达提货单,并组织发货,然后将发货情况转给财务部门。

(7)开出销售发票向客户催收销售货款,并将发票转给财务部门记账。(客户退货开红字发票冲抵销售收入)

(8)对客户提供各种相关的服务(售前、售中、售后服务和跟踪,并向质量系统和生产技术部门提供产品的售后质量记录),为稳固市场和开拓市场打下基础。

(9)进行销售和市场分析。

销售和市场分析即各种销售信息的统计汇总分析,主要分析内容包括:各种产品的订单订货情况、销售情况、销售发货情况、销售计划完成情况、订单收款情况、销售盈利情况等;分析角度包括地区、客户、销售员、销售方式、销售成本、销售分类账目(广告、运输、差旅、佣金等)等方面;表现形式为报表、直方图、曲线图、拼图等二维、三维图形。

2. 销售管理的主要业务

销售管理的主要业务如图2.1所示。

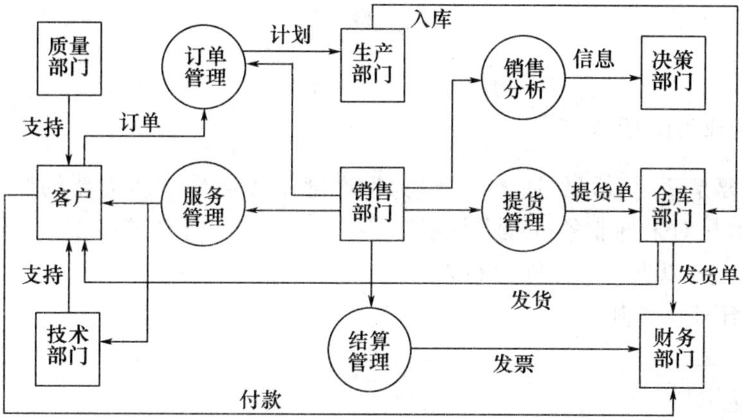

图2.1 销售管理的主要业务

2.1.3 销售系统功能

销售规划是ERP的第一个计划层次,属于决策层。如图2.2所示

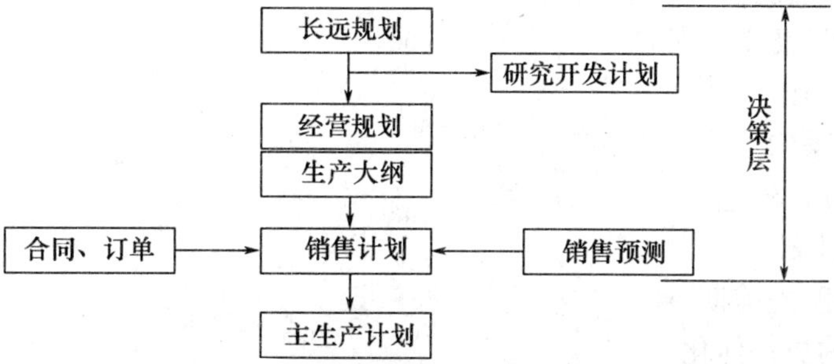

图2.2 ERP计划

销售管理子系统与其他子系统的关系如图 2.3 所示。

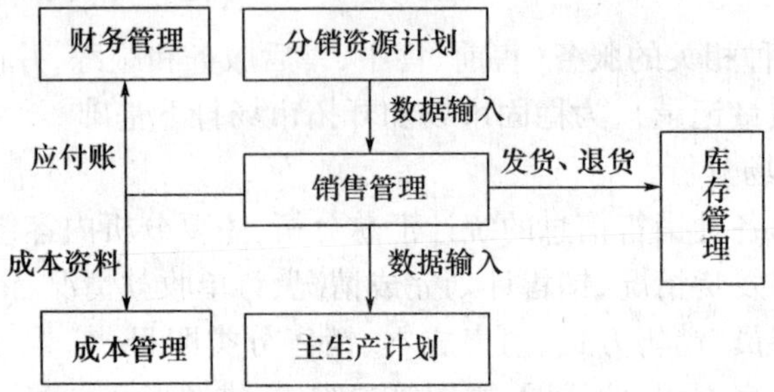

图 2.3 销售管理子系统与其他子系统的关系

2.2 采购管理

2.2.1 采购业务的作用

采购工作主要是适时、适量、适质、适价为生产部门提供生产所需要的原材料(或外加工件)。采购管理就是对采购业务过程进行组织、实施与控制的管理过程。

采购管理观念从以下几个方面更新。

1. 认清采购作业的作用

(1)质量第一关

(2)成本重头戏

2. 工作重点转移

(1)认证供应商,建立合作伙伴关系

(2)参与降低成本措施

①参与价值分析

②确定自制/外购决策

③确定采购批量及安全库存

(3)控制资金流出

①编制和控制采购预算

②统一管理外协、外包

(4)保证供应计划

①研究缩短采购提前期

②计划员/采购员一体化

(5)应用互联网及电子商务

2.2.2　采购子系统的运作与带来的效益

1. 采购子系统业务处理

采购子系统业务处理流程如图 2.4 所示。

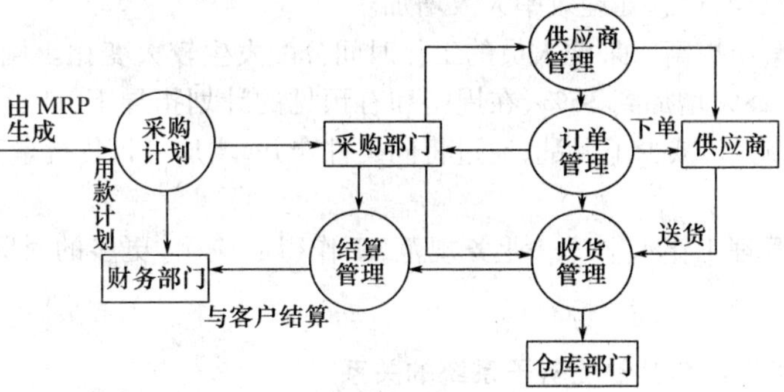

图 2.4　采购子系统业务处理流程

2. 采购子系统业务

采购子系统业务运行如图 2.5 所示。

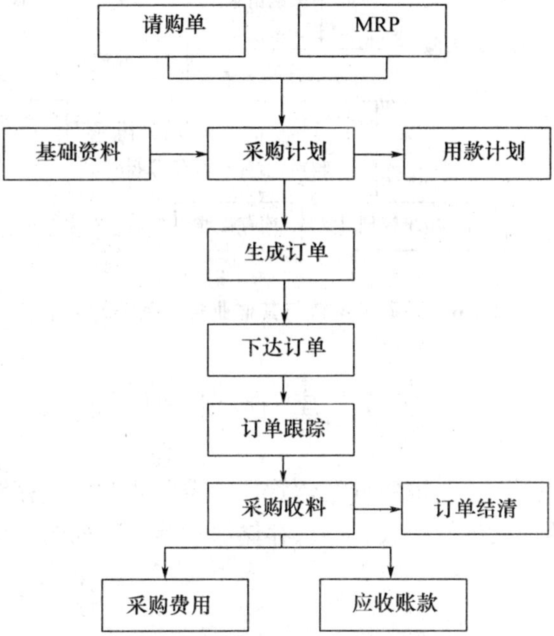

图 2.5　采购子系统业务流程

3. 采购子系统的效益

(1)提高采购工作效率。例如:一个实施了 MRP－Ⅱ的美国企业,采购员的工作时间分配发生了明显的变化;催促订货的时间从实施前占总时间的 50% 下降到 12% 。

(2)流程变化带来的效益。

(3)文件流转减少、信息处理效率大大增加。

(4)业务人员素质提高。采购人员的工作时间分配发生较大变化。例如研究工作来寻求降低成本的时间从 28% 增加到 36% ,在周密和有预见的计划指导下,能够在留有足够的采购提前期之前下达采购单,减少了混乱;通过将同类件合并,增加了订货批量和折扣率,使采购成本下降 5% 。

(5)提高基础管理工作水平——业务规范,工作得心应手,更多的时间抓业务培训、供应商开发等基础工作。

2.2.3 采购子系统与其他业务子系统的关系

采购子系统与其他业务子系统的关系如图 2.6 所示。

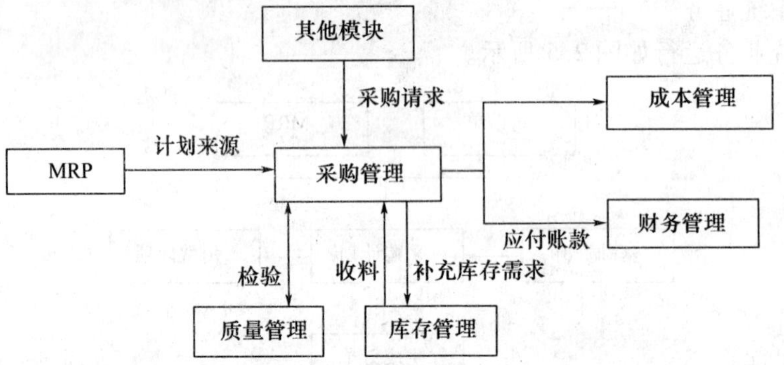

图 2.6 采购子系统与其他业务子系统的关系

2.3 库 存 管 理

库存管理是指企业为了生产、销售等经营管理的需要而对计划存储、流通的有关物品进行相应的管理,如对存储的物品进行接收、发放、存储保管等一系列的管理活动。

2.3.1 库存的分类

1. 评价库存管理的标准主要是:

(1)客户服务水准,保证生产和销售的需求;

(2)库存占用的资金额,控制在企业预算之内;

(3)库存资金周转次数,超出竞争对手。

2. 库存周转次数计算公式如下:

库存资金周转次数(次)=产品年销售成本(元)/库存年平均占用资金额(元)

3. 库存的分类

(1)按价值划分:贵重物品和普通物资,ABC 法。

(2)按产品成型状态划分:原材料库存、半成品库存、产成品库存。

(3)按库存物品的用途:安全库存、储备库存(季节性储备、可以预计)、在途库存、正常周转库存、囤积库存。

(4)按物品需求的相关性划分:独立需求库存、相关需求库存。

企业要针对不同的库存物品类型,采取不同的库存管理策略。

4. 库存费用

库存控制的一个主要目的便是控制库存费用。库存费用的构成包括以下几个部分。

(1)订货成本　有两种,一种是向供应商采购物料发生的成本,另一种是企业内部加工生产发生的成本。

采购物料一般操作包括准备安排订货、处理、收货和质检、付款、搬运、储存、账务处理、办公和管理等费用。企业的生产的订货同生产批次、设备机器费、人工费、中途报废损失费以及其他有关的费用都属该批生产订货成本。因此,每安排一次生产或采购,不论订货批量大小,这些费用必定要发生。随着批量大小的改变其每批费用是可变的,并决定于供货单位或生产中的可变生产成本。

(2)保管费　保管费是指为了保存物料所支付的费用;如利息、折旧、损耗、财产税、保险等。现代管理把占用资金的机会成本(即这笔资金如果没有作为资金占用而是投资在其他方面所能获得的利益),也计入保管费中。机会成本占保管费用的比例往往在40%以上,照这样计算,保管费可占到库存价值的25%~35%。保管费通常用占库存价值的百分比来估算,需要在软件的系统参数中设置。

(3)短缺损失(Cost of stockout)　由于物料出现短缺造成停工待料的损失、紧急订货的额外开支(包括加班加点和紧急采购)、未按期交货造成的客户索赔、撤销订货甚至丧失市场等经济损失。

(4)系统运行费　实施和运行库存控制系统,作收货与发货的单据凭证录入和其他有关类似的事务处理,而由此需要支出的各项费用。

以上几项费用相互影响,例如库存量大可能短缺损失小,但保管费高;要降低保管费就要降低批量,但批量小订货次数增加,订货费用增加。控制库存就是要权衡这些费用,使总费用最低,以实现降低成本的目的。

库存控制成本的目的是使订货成本、库存保管费、缺货损失费和系统运行费在内的每单位时间即一年的平均总费用最小。要达到此目标必须随时注意:订货批量、何时订货、何时完工。通常在控制库存时,由企业领导从宏观上提出一个库存水准的要求,在一种紧迫和危机感的压力下,解决各种管理不善的问题,使库存降到看来似乎已不能再降的程度。经过一个时期,运行已经正常,再提出更高的控制库存水准的要求,进一步挖掘潜力,降低库存,从而不断降低成本,满足市场竞争的需要。

2.3.2 库存的作用与弊端

1. 库存作用包括以下四个方面:

(1)维持销售产品的稳定。

(2)维持生产的稳定。

(3)平衡企业物流。

(4)平衡流通资金的占用。

2. 库存的弊端包括:

(1)占用企业大量资金。

(2)增加了企业的产品成本与管理成本。

(3)掩盖了企业众多管理问题,如计划不周、采购不力、生产不均衡、产品质量不稳定、市场销售不力等。

2.3.3 库存量的控制

1. 独立需求的库存控制

独立需求物品是指物品的需求量之间没有直接的联系,也就是没有量的传递关系。这类库存物品的控制主要是确定订货点、订货量、订货周期等。独立需求物品的库存控制模型一般按定量库存控制模型或定期库存控制模型来控制。

(1)定量库存控制模型

定量库存控制模型控制库存物品的数量。当库存数量下降到某个库存值时,立即采取补充库存的方法来保证库存的供应。这种控制方法必须连续不断地检查库存物品的库存数量,所以有时又称为连续库存检查控制法。定量库存控制模型如图 1.1 所示。

(2)经济订货批量

经济订货批量(Economic Order Quality,简称 EOQ)的原理是要求总费用(库存费用 + 采购费用)最小。库存费用随着库存量的增大而增大;采购成本却随着采购批量而减少。经济订货批量的确定模型如图 2.7 所示。

库存模型的参数计算方法:

C——单位订货费用(元/次);

F——年保管费占年平均库存值的百分数(%);

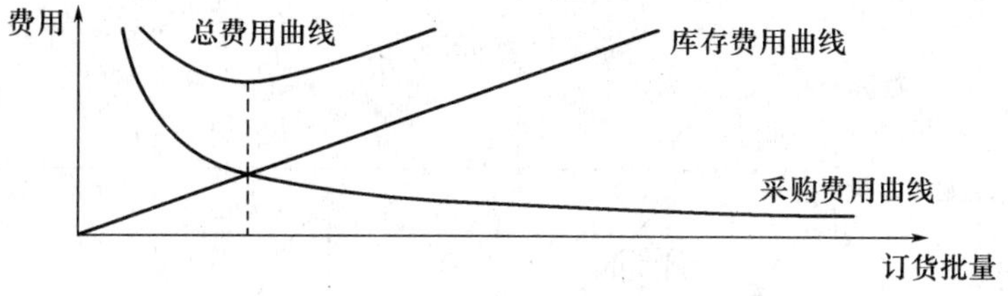

图2.7 经济订货批量的确定模型

D——库存物料的年需求率(件/年);

P——物料单价(元);

H——单位库存保管费(元/件年);

LT——订单周期内物料的消耗量;

A——安全库存量;

订货点:$R = LT + A$。

库存模型的参数计算方法:

经济订货量:

令 保管费 = 订货费

则 保管费 = (H(Q)/2

订货费 = C((D/Q)

解方程: (H(Q)/2 = C((D/Q)

得

$$Q = \sqrt{\frac{2 \times C \times D}{H}} = \sqrt{\frac{2 \times C \times D}{F \times P}}$$

例 某电子设备企业的品牌笔记本电脑年销售量50 000台,订货费用为每台30元/次,每台笔记本电脑平均年库存保管费为8元/台,订货提前期为15天,价格为3 200元/台,安全库存为800台。按经济订货批量原则,求解最佳库存模型。

解 $C = 30$ 元/次,$D = 50\ 000$ 台/年,$H = 8$ 元/台,$A = 800$ 台

$LT = 50\ 000 \times 15/365 = 2\ 054.79$ 台

订货点:$R = LT + A = 2\ 054.79 + 800 = 2\ 854.79$ 台

经济订货批量为:$Q = 612.37$

2. 定期库存控制模型

定期库存控制模型按一定的周期 T 检查库存,并随时进行库存补充,补充到一定的规定库存 S。这种控制方法不存在固定的订货点,但有固定的订货周期。每次订货也没有一个固定的订货数量,而是根据当前库存量 I 与规定库存量 S 比较,补充量为 $Q = S - I$,由于订货存在

提前期,所以还必须加上订货提前期的消耗量。定期库存控制模型如图 2.8 所示。

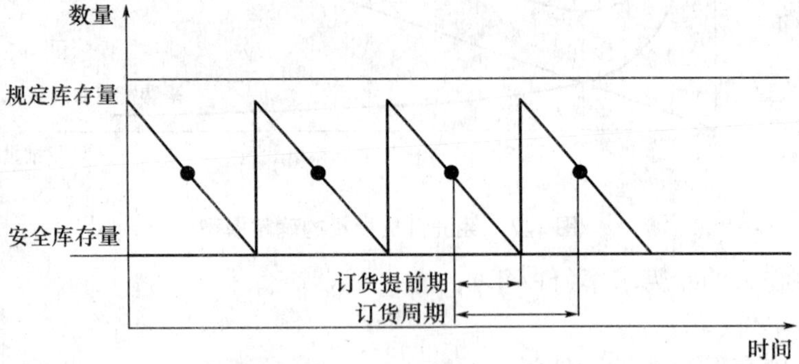

2.8 定期库存控制模型

订货周期按经济订货周期(Economic Order Interval, EOI)的模型确定。

L——订货提前期;

C——单位订货费用(元/次);

D——库存物料的年需求率(件/年);

P——物料价格(元/件);

H——单位库存保管费(元/(件·年));

F——单件库存保管费与单件库存购买费之比,$F=H/P$。

订货量:$Q=(T+L)D/365$

最大库存量:$S=D/T$

经济订货周期 T:

$$T=\sqrt{\frac{2\times C}{D\times H}}=\sqrt{\frac{2\times C}{D\times F\times P}}$$

3. 相关需求的库存控制

相关需求也称为从属需求,是指物料的需求量存在一定的相关性。一种物料的需求是由另外一种物料的需求引起的,这样物料的需求不再具有独立性。相关需求是物料需求计划的主要对象。

2.3.4 库存控制策略

1. ABC 库存控制法

ABC 库存控制法——根据库存物品的价格划分,并分别采取不同的管理措施。表 2.1 显示了这种方法的定义方法和管理策略。

表2.1　ABC库存控制法

ABC分类	品种数占总品种数的比例/%	价值占总价值的比例/%	盘点间隔期	允许盘点误差/%
A	10～20	60～80	每月一次	±1
B	15～30	15～30	每季一次	±2
C	60～80	10～20	半年一次	±5

A类物品——重点控制对象，要求库存记录准确，严格按照物品的盘点周期进行盘点，检查数量、质量情况，密切监控该类物品的使用和保管情况。此外还要尽量降低库存，采取合理的订货批量和周期，杜绝浪费和呆滞库存。

B类物品——采取适中的方法加以使用、保管与控制。

C类物品——无需进行太多的管理投入，库存记录可以允许适当的偏差，盘点周期也可适当延长；但一定要防止因数量、质量问题影响计划的执行。

2. 控制库存的管理策略

控制库存的管理策略如表2.2所示。

表2.2　控制库存的管理策略

库存类型	采取策略	具体措施
安全库存和储备库存	预测与控制库存产生的原因	改善需求预测工作，准确分析需求量与需求时间，加强过程控制，增加设备与人员的柔性，采取供应链管理模式
正常周转库存	在需要的时候供应生产	与供应商和客户建立合作伙伴关系，采取供应链管理模式降低订货费用生产采取JIT生产式
在途库存	缩短运输时间	加强运输控制加大运输能力
相关需求库存	用物料需求计划理论解决相关需求库存问题	运行MRP提高BOM的准确率提高库存记录的准确率

3. 控制库存的管理策略的评价

控制库存的管理策略的评价指标包括以下内容。

(1)平均库存值——某时间段范围内全部库存物品的价值之和的平均值。

(2)可供应时间——当前库存能够满足多长时间的需求，用如下公式计算：

可供应时间＝平均库存值/相应时间段内单位时间(周日)的需求

(3)库存周转率

库存周转率 = 年销售额/年平均库存值

即：原材料库存周转率 = 年材料消耗额/原材料平均库存值

在制品库存周转率 = 生产产值/在制品平均库存值

产品库存周转率 = 年销售额/成品年平均库存值

库存周转率越高,说明管理效率越高。

2.3.5 库存作业与信息处理

1. 企业库存作业的业务流程

企业库存作业的业务流程如图 2.9 所示。

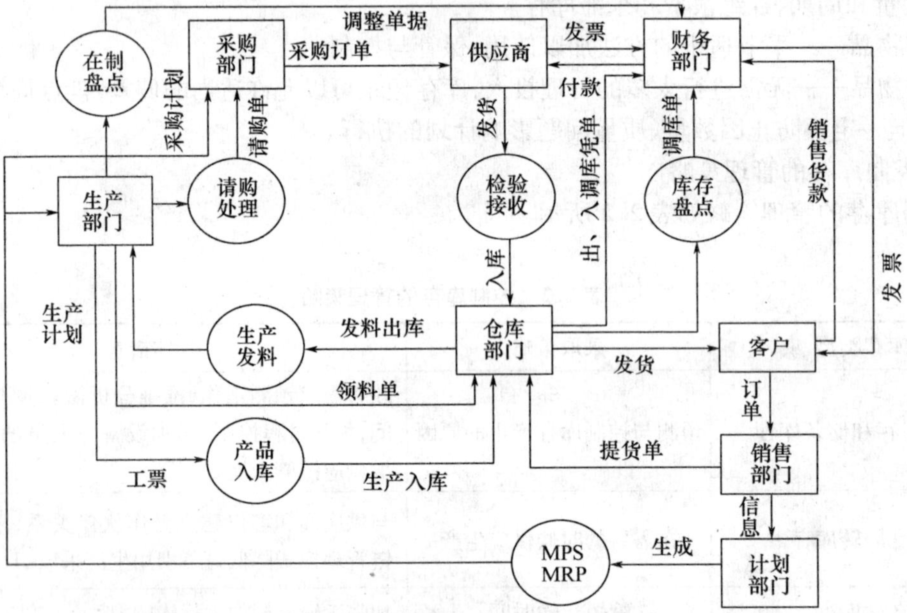

图 2.9 企业库存作业的业务流程

2. 物料出入库和移动管理

(1)业务 1:物料的入库

采购订单的来料入库流程是:根据采购订单接受物料并安排质检、办理入库手续、开收料入库单(收货单、入库单)、分配材料库存货位、同时监督来料和订单的一致性。有些材料可能无采购订单,但经过审核收货并检验合格后，即可安排入库。安排入库后,系统自动产生记账凭证(记入材料采购、应付款、库存材料科目等),此外,还有生产完工入库,生产剩余物料入库和销售退货入库等(各自的流程不同)。

(2)业务2:物料的出库

A:生产领料——按车间订单(加工单、工票或组装计划)与分工序领料,并可根据BOM和工艺路线自动生成工序领料单。

B:非生产领料——形式多样,自定义,无规范的流程。

C:销售提货——按销售订单或合同生成出货单据,并可自动生成销售订单和合同的出货单。生成的出货单可以追溯相应的资料,如单据、订单、生产加工单和原材料信息,并向财务系统传递相关数据、生成财务记账凭证。

(3)业务3:物料的移动管理

主要是库存之间的物料调拨,可不经过检验;也可根据系统参数设置要求生成凭证。

3. 库存盘点

即对物品的清查,是对每一种库存物料进行清点数量、检查质量和登记盘点表的库存管理过程。其目的是通过盘点不仅使仓库中的实际库存完全准确,而且要与MRP系统库存记录中的数量一致,更要检查库存的有效性,保证MRP运算的数据精确与可执行。

ERP系统库存盘点和人工盘点差别。

人工盘点采用冻结盘点:规定盘点日期前,生产提前领用,到时所有入库出库业务停止,通常一年一次、两次。ERP系统库存盘点中,用户自定义选择盘点方法,以不间断的时间间隔或一定的时间间隔,在一年内找出出现问题的地方进行盘点。

盘点完成后,将盘点结果过账并与库存记录进行差异平衡和差异价值计算,然后将库存记录调整到盘点的结果,由系统按需生成每周或每期的盘点清单。

4. 库存物料管理信息分析

库存管理子系统与其他业务子系统的关系如图2.10所示。

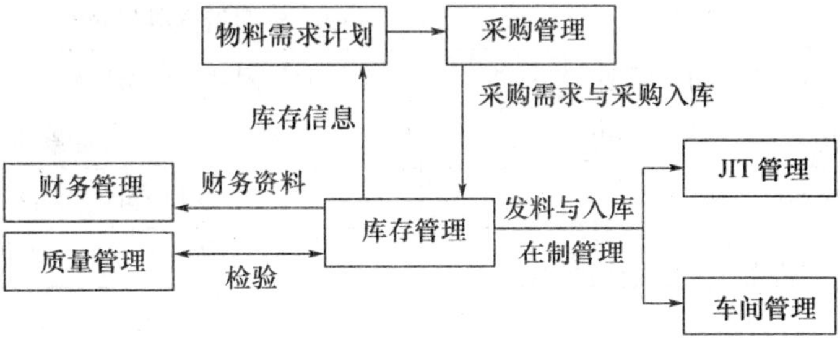

图2.10 库存管理子系统与其他业务子系统的关系

2.4 固定资产管理

固定资产是企业的重要资源,它包括生产与非生产性的资产。企业的固定资产占用企业大量的资金,固定资产管理是企业的一项重要基础工作。

2.4.1 固定资产业务管理概述

固定资产是指使用年限超过1年的房屋、建筑物、机械、运输工具、以及其他与生产、经营有关的设备、器具与工具等。不属于生产经营设备的物品,但单位价值在2 000元以上,并且使用年限超过两年的,也属于固定资产,其余的工具、器具等作为低值易耗品处理。企业应根据自身情况制订企业的固定资产目录与分类方法,各类或各项固定资产的折旧年限、折旧方法,作为企业固定资产核算的依据。

固定资产管理子系统的基础数据有:固定资产分类、固定资产科目设置(如固定资产、累积折旧、租金费用等)和固定资产卡片等。

企业固定资产的业务处理有:固定资产的增减、出租与租入、修理与折旧等。

在固定资产的子系统中,相关的字段要采用编码管理(如部门、厂家等)。

固定资产卡片如图2.11所示。

生产厂家:EPSON	生产日期:2000/1/10
出厂产品编号:13456789A	来源单位:EPSON 广州专卖店
货币代码:RMB	原币价值:5 000　本币价值:5 000
计量单位:台	数量:1
租赁合同编号:	合同行号:
保管地点:计划部办公室	部门:BJ01 计划部
固定资产状态:使用	
是否折旧:是	折旧借方科目:4001　生产成本
折旧方法:1 平均年限法	折旧年限:5　已折旧年数:已折旧月数:6
法定折旧方法:1 平均年限法	法定折旧年限:5　法定累积折旧金额:1 000
净残值率:10%	累积折旧金额:1 000
工作量单位:	总工作量:　已完成工作量:

图2.11　固定资产卡片

2.4.2 固定资产的增减

固定资产的增减核算一般要设立:“固定资产”“累积折旧”“固定资产清理”等账户。

(1)“固定资产”账户:是用来核算固定资产增加、减少与结存的账户。

(2)“累积折旧”账户:是用来核算固定资产每期折旧与累积折旧金额的账户。

(3)“固定资产清理”账户:是用来核算固定资产因转让、报废和损毁等原因转入清理的固定资产价值,以及在清理中产生了清理费、清理收入等的账户。

1. 固定资产增加的业务处理

(1)固定资产购入处理

固定资产购入处理分为不需安装与需要安装的固定资产处理。不需安装的固定资产:按购买价格和支付的包装费、运输费、保险费与税金等,借记“固定资产”账户,贷记“银行存款”、“现金”等账户。需要安装的固定资产:要先在“在建工程”账户中反映,交付使用时,在购价上加上包装费、运输费、保险费与税金等,借记“固定资产”账户,贷记“在建工程”账户。

(2)自建固定资产

自行建造完成后,按其过程发生的全部支出费用,借记“固定资产”账户,贷记“在建工程”账户。

(3)改建和扩建

若是使用中的固定资产,要从经营用固定资产转入未使用的固定资产明细账。发生的改造费用,借记“在建工程”账户,贷记“原材料”“应付工资”“银行存款”等账户,回收的废料冲减“在建工程”。交付使用时,再将固定资产从“未使用固定资产”转入“经营使用固定资产”。

(4)其他单位投资转入

如果评估价值小于原单位账面价值,按原价值借记“固定资产”账户,按评估价值贷记“实收资本”账户,差额贷记“累积折旧”。如果评估价值大于原单位账面价值,则按确认的价值借记“固定资产”账户,贷记“实收资本”账户。

(5)融资租入

按租赁协议确定的价值、运杂费等费用,借记“固定资产”账户,贷记“在建工程”或“长期应付款”账户。

(6)捐赠

接收捐赠的固定资产,加上杂费等,借记“固定资产”账户,按已提折旧,贷记“累积折旧”,差额贷记“资本公积”。

(7)固定资产盘盈

在填制固定资产盘盈盘亏报告后,借记“固定资产”账户,按估计已提折旧,贷记“累积折旧”,差额贷记“带处理财产损益-待处理固定资产损益”账户,批准后再转入“营业外收入-固定资产盘盈”账户。

2. 固定资产减少的业务处理

(1)固定资产转让

固定资产转让时先按固定资产净值借记“固定资产清理”账户,按已提折旧借记“累积折旧”,按固定资产原值贷记“固定资产”账户。再按双方协议价格借记“银行存款”等账户,贷记“固定资产清理”账户。最后结转固定资产清理后的净收益(或净损失),借(或贷)记“营业外收入－处理固定资产净收益”(或“营业外支出－处理固定资产净损失”)账户。

(2)固定资产报废或损毁

固定资产报废或损毁发生时,借记“固定资产清理”账户按已提折旧借记“累积折旧”,按固定资产原值贷记“固定资产”账户。

清理的所有费用(残值、费用、赔偿等)均在“固定资产清理”账户中核算,如是收益则借记“固定资产清理”账户,贷记“营业外收入－处理固定资产净收益”,如果是损失则借记“营业外支出－处理固定资产净损失”等,贷记“固定资产清理”。

(3)固定资产盘亏

固定资产盘亏的处理与固定资产盘盈处理相反。

2.4.3 固定资产业务处理

1. 固定资产子系统业务处理流程

固定资产子系统业务处理流程如图 2.12 所示。

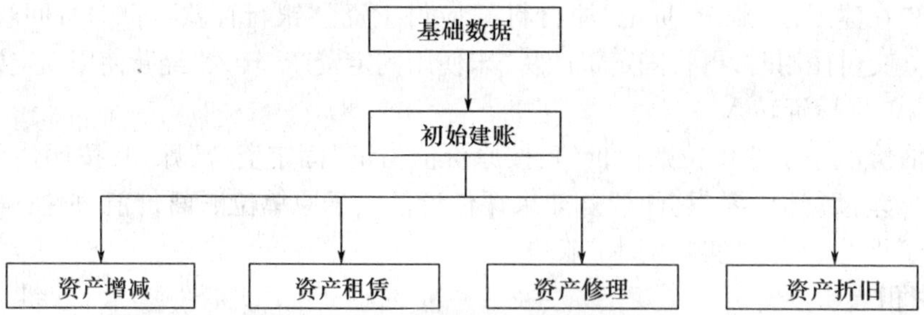

图 2.12 固定资产子系统业务处理流程

(1)固定资产的录入工作量

固定资产的录入工作量主要用于按工作量计提折旧的业务,但也可以作为固定资产使用时的参考。一般处理的数据有:月工作量、已完成工作量和总工作量,并要设置计量单位。

(2)固定资产的租金管理

租金管理包括对固定资产的租入和租出的租赁合同管理及租金计划管理。租入与租出的合同,将作为计算相应费用的依据。一般要说明租赁时间范围、起始日期、结束日期、费用计算方法、费用明细、每期付款时间、原价值、余价值和往来客户的类型等。

(3)固定资产的折旧处理

固定资产的折旧处理可以自动按设置的参数(折旧方法、时间等)计算折旧费用,并自动生成记账凭证。

2. 计算折旧

计算折旧的相关参数有:折旧基数、净残值、折旧年限和折旧方法等。

折旧的方法有:平均年限法、工作量法、双倍余额减法和年数总和法又称加速折旧法。

(1)平均年限法

平均年限法指固定资产在其预计的折旧年限内,根据原始值与预计净残值,按年平均计提折旧的方法。计算公式为

$$残值固定资产年折旧率=\frac{固定资产原值-净残值}{折旧年限}\times 100\%$$

$$固定资产年折旧率=\frac{固定资产年折旧额}{固定资产原值}\times 100\%$$

$$固定资产月折旧率=固定资产年折旧率/12$$

$$固定资产月折旧=固定资产原值\times 固定资产月折旧率$$

(2)工作量法

工作量法是以固定资产的各个会计期间所完成的工作量为依据,计算其各期折旧额的方法,当工作量以工作的小时数来计时。计算公式为

$$每工作小时折旧率=\frac{固定资产原值-预计净残值}{工作小时}\times 100\%$$

(3)双倍余额递减法

双倍余额递减法是用直线折旧率的2倍作为固定的折旧率,去乘逐年递减的固定资产期初值,得出各年应提折旧的方法。但要在固定资产折旧年限到期前2年内将固定资产账面净值扣除预计残值后的净额平均摊销。计算公式为

$$年折旧额=固定资产账面净值\times 年折旧率$$

$$月折旧率=年折旧率\div 12$$

(4)年数总和法

$$年折旧率=\frac{2\times 固定资产原值}{折旧年限}\times 100\%$$

年数总和法是以固定资产的原值减去预计净残值后的余额,按递减的折旧率计算折旧的方法。计算公式为

$$各年折旧率=\frac{各年的尚可折旧的年数}{各年的可折旧年限之和}=\frac{折旧年限-已折旧年限}{折旧年限\times(折旧年限+1)\div 12}$$

$$年折旧额=(固定资产原值-预计净残值)\times 年折旧率$$

$$月折旧额=年折旧额\div 12$$

3. 固定资产修理

部分固定资产的修理可以在设备管理中处理,其余部分可转入固定资产修理管理。

对于经常性修理所需要的费用,因数额较小,一般在发生时就直接计入当月费用,借记“制造费用”和“管理费用”等账户,贷记“原材料”等有关账户。对大修费用,因数额较大,一般采用预提或待摊的方法。但在系统处理时,可以用分摊的月份数来概括这两种情况。固定资产修理如下表2.3所示。

表 2.3 固定资产修理记录表

固定资产编号:CC001
固定资产名称:车床
修理顺序:001
修理日期:2000/2/10 至 2000/2/25
支出金额:15 000　　货币:RMB
支出日期:2000/2/26
分摊月数:5
已分摊月数:0　　已分摊金额:0
凭证标志:未作
修理说明:转轴断裂

4. 固定资产管理子系统与其他子系统的关系

固定资产管理子系统与其他子系统的关系如图 2.13 所示。

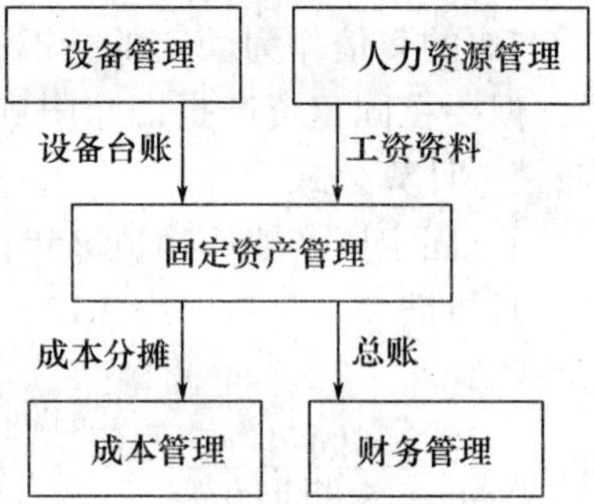

图 2.13 固定资产管理子系统与其他子系统的关系

2.5 财务管理

2.5.1 财务管理业务概述

ERP 系统涉及的会计事务既有财务会计又有管理会计,ERP 系统的成本管理采用的是管理会计方式。可将 ERP 系统的财务管理分为三个部分。

(1)财务管理。它是传统的财务管理,包括账务管理、应收、应付、工资核算、先进管理、材料、销售核算等业务。

(2)成本管理。描述成本核算、成本控制等业务的有关理论与实现。

(3)固定资产管理。描述 ERP 系统对企业固定资产的管理。

2.5.2　标准财务电算化的实现

账务处理业务以货币为主要计量单位，对经济活动连续、系统和全面地记录、记账、算账及报账，如图2.14所示。

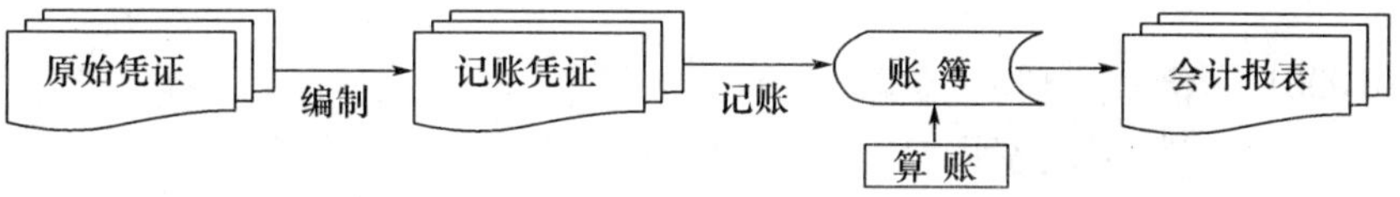

图2.14　账务处理业务

1. 设置账户

账户是对会计对象的具体内容进行分类与记录的一种工具，各项经济业务按账户分门别类登记与核算。按照企业会计准则，会计对象分别为资产、负债、所有者权益、收入、费用和利润六类，成为会计六要素。各个要素按照经济业务又可以细分为不同的账户。所有账户相互联系、相互制约，组成一个科学、完整的账户体系。

每项账户的名称就是会计科目。账户的格式分为左右两方，在通常使用的借贷记账法中，即为借方和贷方。账户所记录的金额内容有期初余额、本期增加发生额、本期减少发生额和期末余额，他们之间的计算关系为

$$期末余额=期初余额+本期增加发生额-本期减少发生额$$

账户按期所提供的资料的详细程度又可分为总分类账、明细分类账和二级账户。

(1)总分类账也称一级账户，反映会计要素各具体项目的总括资料，只用货币作为计量单位。

(2)明细分类账户是根据总账核算的内容，按照管理要求对具体的项目设置的，有的还要用实物计量单位来记录事务收、发、存。

(3)二级账户介于总分类账与明细分类账之间，通常是为了满足管理要求而设置的，一般不进行独立核算。

2. 填制和审核记账凭证

会计凭证是证明经济活动已经发生或完成的书面证明，是明确经济责任和登记入账的依据。原始凭证分为外来原始凭证和自制原始凭证。记账凭证按反映的业务内容分为收款凭证、付款凭证与转账凭证。

3. 登记账簿

登记账簿以凭证为依据，按照时间的顺序，既要记入总账，又要记入明细账，有的还要记入辅助账。

相对单式记账法，复式记账法指在每一项经济业务发生后需要记录时，同时在相互联系的两个或两个以上的账户中，以相等的金额进行登记的一种记账方法。主要有借贷记账法、增减记账法、收付记账法，而借贷记账法是世界各国普遍采用的一种方法。我国《企业会计准则》

明文规定中国境内的所有企业都应该采用借贷记账法。

科目的“借方”与“贷方”:向科目中放入,为“借入”;从科目中拿出,为“贷出”。并对账户进行试算平衡。每一个记账凭证,表征了一笔资金的来龙去脉,因此应记录从哪一科目中拿出,又放入哪一科目中,即记录两次(复式记账)。

例如:

2010010001　借:原材料,1,000,000
　　　　　　贷:采购费用,1,000,000

复式记账法:有借必有贷,借贷总相等。

例如:

2010010002　借:原材料,50,000
　　　　　　借:低值易耗品,30,000
　　　　　　贷:采购费用,80,000
2010010003　借:产成品,30,000
　　　　　　贷:基本生产－低值易耗品,10,000
　　　　　　贷:基本生产－原材料,20,000

科目的余额计算方法如下

$$科目的余额 = 科目的借方发生额 - 科目的贷方发生额$$

由于科目的余额可能大于0,也可能小于0,为避免处理负数,便有“余额在贷方”和“余额在借方”两种情况,在借方表示借方发生额 > 贷方发生额,在贷方表示借方发生额 < 贷方发生额。

阅读科目信息:有些科目以借方发生额为准,有些科目以贷方发生额为准,有些科目以余额为准。为避免发生额的不准确,记账凭证在记账时可以负数冲销(红字)重复记录的信息。

4. 对账和结账

为了保证账簿记录和会计报表数字真实可靠,将各种账簿的记录及有关事务核对清楚,做到账证相符、账账相符、账物相符,定期对账与进行财产清查。

5. 编制会计报表

会计报表是为了定期总括地反映经济活动与财务收支情况、考核计划与预算执行结果的一种报表。如财务三大报表:资产负载表、损益表、财务状况变动表等。账务处理的业务总体流程:

(1)编制审核记账凭证;

(2)登记账簿(明细账和总账);

(3)对账和结账、定期查账;

(4)编制会计报表。

2.5.3 集成化财务的实现

1. ERP 系统财务与单一财务电算化软件的不同点

数据集成化程度高，ERP财务管理系统处理业务涵盖企业ERP系统所有业务子系统的经济业务。

2. ERP业务子系统向财务子系统提交的数据

(1)采购数据　例如采购订单、采购发票、采购收货单、采购费用等，并自动生成应付账款、材料采购账、原材料账、自动计算材料价格、采购成本等。

(2)销售数据　例如销售合同、销售发票、销售费用等，并自动生成应收账款、计算销售成本等。

(3)库存数据　出入库单据、盘点数据，形成材料、半成品、产品的数量账、金额账。

(4)工程数据　标准工时定额成本，用于成本核算和分析。

(5)生产数据　在制品、加工工时和产量数据，用于计算成本、工资等。

(6)质量数据　废品数、质检工时，用于计算成本、工资等。

(7)计划数据　投入产出计划，用于财务预算。

(8)设备数据　设备维修、保养数据，形成相关费用或记入生产成本。

(9)人力资源数据　工资信息，用于计算工资。

财务各子系统关系如图2.15所示。

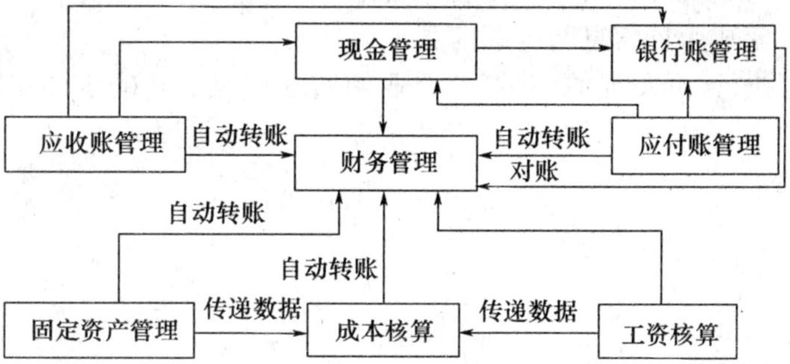

图2.15　财务各子系统关系

财务子系统与ERP其他各相关子系统的关系如图2.16所示。

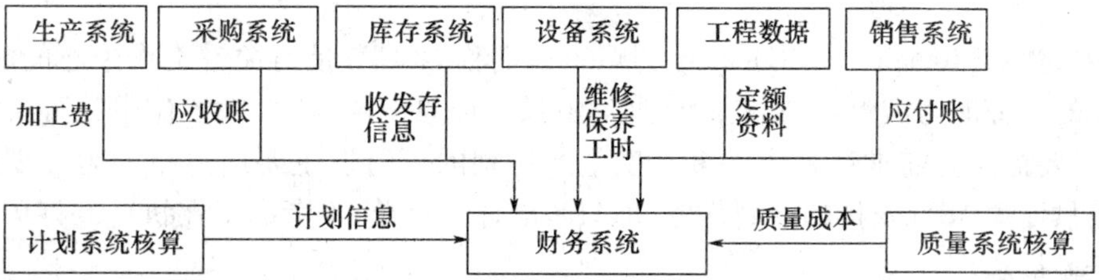

图2.16　财务子系统与ERP其他各相关子系统的关系

2.6 主生产计划(MPS)

2.6.1 主生产计划定义与作用

制造业涉及的有关物料计划一般可以分为三种:综合计划、主生产计划及物料需求计划。

1. 综合计划

综合计划是销售计划与生产规划的综合考虑,或称为生产大纲。他是企业在较长一段时间内对需求与资源之间的平衡所作的概括性设想,是根据企业所拥有的生产能力和需求,预测未来较长一段时间企业的产出内容、产出量、劳动力水平、库存投资等问题而作的决策性描述。

2. 主生产计划(Master Production Schedule,简称 MPS)

主生产计划是确定每一个具体的产品在每一个具体的时间段的生产计划。计划的对象一般是最终产品,即企业的销售产品,但有时也可能是组件的 MPS 计划,然后再下达最终装配计划。主生产计划是一个重要的计划层次。

主生产计划的作用主要包括以下内容。

(1)承上启下:将宏观计划转换为微观计划;

(2)沟通内外:集成市场信息与内部信息。

MPS 必须是可执行、可实现的,并符合企业的实际情况。并确定计划期内各时间段上的需求数量。MPS 的来源包括以下内容。

(1)客户订单;

(2)预测;

(3)备品备件;

(4)厂际间需求;

(5)客户选择件及附加件;

(6)计划维修件。

2.6.2 粗能力计划(RCCP)

粗能力计划(Rough - cut Capacity Planning,简称 RCCP)是对关键工作中心的能力进行运算而产生的一种能力需求计划,它的计划对象只是针对设置为"关键工作中心"的工作中心能力,计算量要比能力需求计划小许多。主生产计划的可行性主要通过粗能力计划进行校验。其特点是只计算 MPS 安排的计划任务,即只考虑计划订单,不考虑正在执行的订单,也不考虑在制品任务量。

1. 粗能力计划的计算

(1)建立关键工作中心的资源清单。

资源清单主要包括各种计划产品占用关键资源的负荷时间(工时、台时),同时列出关键工作中心的能力清单进行对比,对超负荷的工作中心可以用不同的颜色标识。资源清单的建立有两种方式。

①直接维护 MPS 对象的物品的资源清单。

②在工艺路线中维护物品的占用资源和消耗资源,再根据工艺路线生成 MPS 对象的资源清单。资源清单表如表 2.5 所示。

表 2.5　时段:2000/1/01 ~ 2000/1/30

关键工作中心				需求负荷	总能力	能力超/欠	负荷率
编码	名称	资源代码及名称	资源单位				
WCZ001	波峰焊	Z01 + 波峰焊设备	小时	1 500	1 350	-150	111.11%
WCZ002	IC 焊接	Z02 + IC 焊接设备	小时	1 000	1 200	200	83.33%
WCZ003	高压测试	Z03 + 高压测试仪器	小时	1 000	1 200	200	83.33%
WCZ004	绝缘电阻测试	Z04 + 绝缘电阻测试仪器	小时	1 200	1 250	50	96%

(2)进一步确定某工作中心的各具体时段的负荷与能力,找出超负荷时段,如图 2.17 所示。

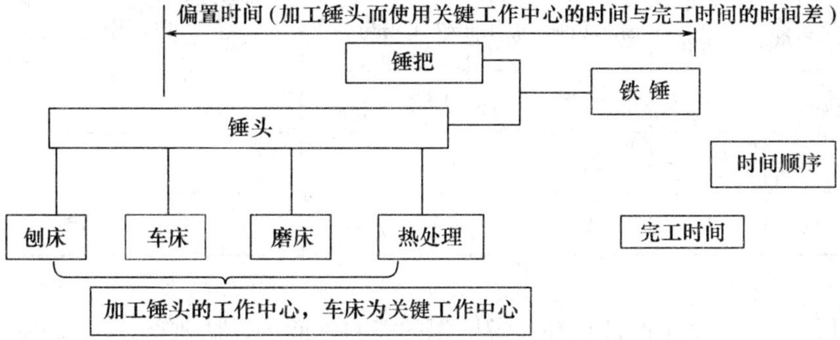

图 2.17　确定各具体时段的负荷与能力

工作中心能力计划表如表 2.6 所示。

表 2.6 工作中心能力计划表

工作中心编码:G001　　工作中心名称:1 号车床
车间编码:C01　　车间名称:机械加工车间
核算方式:设备　　日能力:16
资源代码:Z01　　资源名称:台时
计算日期:2000/01/1

时段	需求负荷	现有能力	能力超/欠	负荷率/%
1	90	80	-10	112.5
2	60	80	+20	75
3	70	80	+10	87.5

(3)确定各时段的负荷是由哪些物料引起的,各物料占用的资源情况如何,然后平衡工作中心的能力,同时要总体平衡 MPS 的最终产品的各子件的进度(可初步平衡,详细的平衡在物料需求计划与能力需求计划制订时进行)。工作中心时段能力计划表如表 2.7 所示。

表 2.7 工作中心时段能力计划表

工作中心编码:G001　　工作中心名称:1 号车床
车间编码:C01　　车间名称:机械加工车间
核算方式:设备　　日能力:16
资源代码:Z01　　资源名称:台时
计算日期:2000/01/1　　时段:1

MPS 物品代码与名称	MPS 计划量	需求负荷	加工子件代码与名称	加工子件数量	单位子件需求负荷	负荷率/%
L001 +1 号连续冲模	1	50	1 锤头	2	25	55.6
C002 +2 号冲模	1	22	B 号冲子	1	22	24.4
C003 +3 号冲模	1	18	B 号冲子	1	18	20

主生产计划员要对主生产计划和关键资源的能力之间的矛盾进行协调和平衡。一般从两个方面来解决这类矛盾。

(1)改变负荷　重新制订生产计划、延长交货期、取消订单、减少订货量。

(2)改变能力　更改加工路线、加班加点、外协、增加生产能力。

2.6.3 主生产计划理论

1. 相关基本概念

(1)时段(Time Period)

时段就是时间段落、间隔或时间跨度,划分时段只是为了说明在各个时间跨度内的计划量、产出量、需求量,以固定时间段的间隔汇总计划量、产出量、需求量,便于对比计划,从而可以区分出计划需求的优先级别。

时段可以季、月、天为单位。如果时段划分越细则越能体现各个计划批次的优先级,便于控制计划,同时有效地利用企业的资源。如果以天为时段则称为无时段。

(2)时区(Time Zone)与时界(Time Fence)

产品从计划、采购、投入到产出需要经历一个时间段,即存在提前期。对计划的下达、修改会受到这个时间段的约束,而且随着时间的推移,在各个时间点对计划的影响力各不相同。因此,MRP - Ⅱ/ERP 系统引入了时区与时界的概念。

生产计划的物料在某时刻处于该物料的计划跨度内的时间位置为时区。两个时区的分界点为时界。

时区 1:是产品的总装提前期的时间跨度,即指产品投入加工开始到产品装配完工的时间跨度。

时区 2:在产品的累积提前期的时间跨度内,超过时区 1 以外的时间跨度。

时区 3:超过时区 2 以外的时间跨度为时区 3。

(3)需求时界(Demand Time Fence,简称 DTF)

需求时界是时区 1 与时区 2 的分界点。

(4)计划时界(Planning Time Fence,简称 PTF)

计划时界是时区 2 与时区 3 的分界点。

(5)计划确认时界(Firm Planning Time Fence,简称 FPTF)

计划时界也称为计划确认时界,其意义为:产品在累积提前期内(时区 1 与时区 2)的计划,一般都已经确认,如果没确认,可用的(剩余的)生产时间很可能小余产品的累积提前期,即使马上确认,也可能造成计划拖期。

2. 时区、时界对计划的影响

时区 1,需求依据实际合同,计划已下达及执行,计划变动代价极大,很难变动。产品已经投入生产,装配已在进行,变动需由厂领导决定,应该尽量避免更改。

时区 2,需求依据合同与预测,可以取合同、预测、合同与预测之和、最大值。计划已确认及下达,变动代价大,系统不能自动变动更改,只能由人工干预。

时区 3,计划以预测为主,或取预测与合同的最大值。计划允许变动,无代价。系统可自动更改,计划员即有权进行更改。

3. 计划对象与方法

不同的销售环境与生产计划类型对主生产计划的影响。

(1)现货生产(MPS)

MPS 计划的对象:独立需求类型的物料(产品、组件、备件)

计划方法:单层 MPS、制造 BOM、计划 BOM。

说明:可与分校资源计划接口。

(2)订货生产(MTO)与工程生产(ETO)

MPS 计划的对象:独立需求类型的物料(产品、组件、备件)。

计划方法:单层 MPS、制造 BOM。

说明:在 ETO 环境下会用到网络计划技术(CPM/PERT)。

(3)订货组装(ATO)

MPS 计划的对象:基本组件、通用件。

计划方法:多层 MPS、制造 BOM、计划 BOM、总装进度 FAS。

4. 生产计划制订流程

生产计划主计划制订流程如图 2.23 所示。

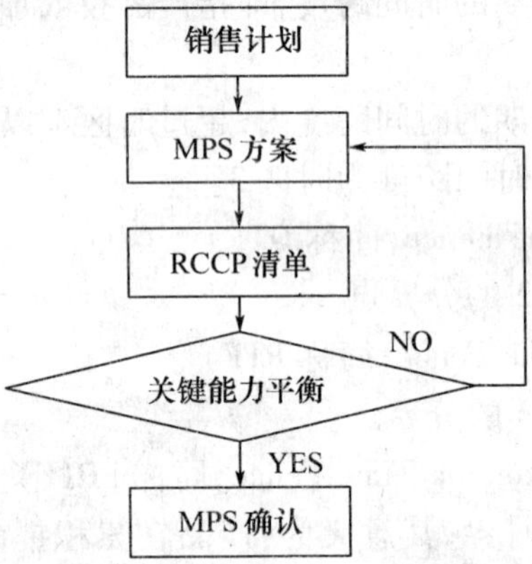

图 2.23 主计划制订流程

5. 计划模型

MPS 报表相关术语。

(1)批量规则(Llot - Sizing Rules)

批量规则表示做 MPS 或 MRP 计划时,计算物品的计划下达数量所使用的规则,不同的批量规则表示计划下达量的取值方法,系统可依据批量规则计算需求量。采用静态批量,每一批的批量都不变,大小相同。动态批量允许每批下达的批量都可以不同。

常用的批量规则有如下几条

①最大批量　计划下达数量大于此批量时,系统取此批量为下达量。

②最小批量　计划下达数量小于此批量时,系统取此批量为下达量。

③固定批量　每次订货按固定值下达。

④直接批量　完全根据需求量决定的批量。

⑤固定周期批量　每次订货间隔周期相同,批量数不一定相同(按周期合并净需求,作为计划量下达)。

⑥周期批量　根据经济订货批量计算间隔期,决定订货次数。订货批量随需求变动。

⑦倍数批量　需求量小于该批量,按该批量计算,大于该批量,按该批量的整数倍数计算。

(2)批量周期

批量周期指如果物品按周期批量订货时,订货的周期。在MPS或MRP的计算过程中,根据此处定义的批量周期(以天为单位)对周期批量合并净需求,将其作为计划量。

(3)批量(或批量增量)

批量物品按此量订货时的数量,系统在做计划生成时,可根据批量规则和批量自动计算订货的数量。批量的增量是此倍数。

(4)毛需求量(Gross Requirement)

初步的需求数量(三个时区确定方法不同)。

(5)计划接收量(Scheduled Receipts)

指前期已经下达的正在执行中的订单,将在某个时段(时间)的产出数量。

(6)预计可用库存量(Projected Available balance PAB)

预计可用库存量指各时段的期末库存量,要扣除用于需求的数量,平衡库存与计划。计算公式如下

预计可用库存量=该时段的现有库存量+计划接收量(执行中的订单,预期到货,即将入库)-本时段毛需求量+计划产出量

(7)净需求量(Net Requirements)

计算净需求量要综合毛需求量和安全库存量,并考虑期初的结余与本期可以计划产出的数量。计算公式如下

净需求量=本时段毛需求-前一时段末可用库存-本时段计划接收量+安全库存

(8)计划产出量(Planned Order Receipts)

当需求不能满足时,系统根据设置的批量规则计算得到的供应数量称为计划产出量。此时计算的是建议数量,不是计划的投入数量。

(9)计划投入量(Planned Order Releases)

根据计划产出量、物料提前期及物品的合格率等计算得到的投入数量。

(10)可供销售量(Available to Promise,即ATP)

在某一个时段内,物品的产出数量可能会大于订单与合同数量,这个差值就是可供销售

量。其中“某一个时段”指连续两次产出该物品的时间间隔，也就是从一次产出的时间到下批再产出时的时间间隔。

可供销售量 = 某时段的计划产出量 - 该时段的订单(合同)量

6. MPS 计算流程

MPS 计算流程如图 2.24 所示。

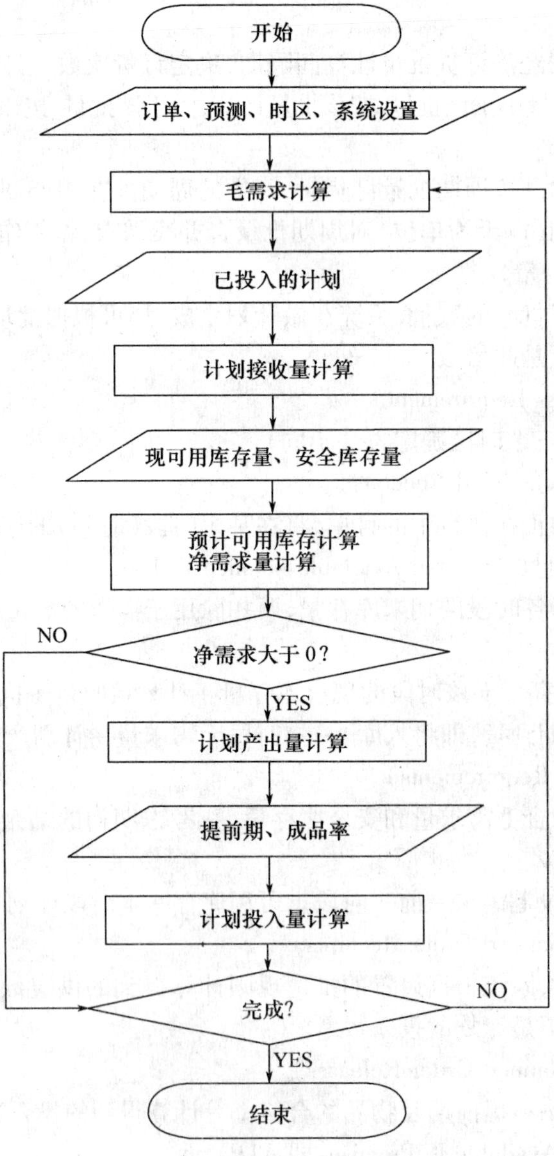

图 2.24 MPS 计算流程

(1)计算毛需求量

时区1:毛需求量=订单量,时区2:毛需求量=max(预测量,订单量)

时区3:毛需求量=预测量

(2)计算(读入)计划接收量与过去的库存量(预计库存)

(3)计算预计可用库存量

预计可用库存量=该时段的现有库存量+计划接收量(本时段毛需求量+计划产出量)

(4)计算计划产出量

净需求量=本时段毛需求量-前一时段末可用库存-本时段计划接收量 +安全库存

(5)根据提前期及成品率计算投入量和可供销售量

计划投入量=计划产出量/合格率,计划投入时间=计划产出时间-提前期

可供销售量=某时段的计划产出量-该时段的订单(合同)量

7. 确认MPS

Step 1:MPS经过初步计算,进行粗能力平衡,最后提出MPS方案。

Step 2:MPS与销售计划的对比分析,若不一致,调整MPS尽量与销售计划保持一致。

Step 3:向有关部门提交初步的MPS及其分析(包括销售、工程技术、生产制造、财务、采购等部门),讨论协商,解决所有问题。

Step 4:批准并下达MPS给有关部门和人员。

2.7 其他计划与管理

2.7.1 物料需求计划

1. 物料需求计划的定义与作用

物料需求计划(Material Requirement Planning,简称MRP)是对主生产计划的各个项目所需的全部制造件和全部采购件的网络支持计划和时间进度计划。

主生产计划只是对最终产品的计划,一个产品可能由成百上千种相关物料组成,如果把企业所有产品的相关需求件汇合起来,数量更大。

一种物料可能会用在几种产品上,不同产品对同一个物料的需用量又不相同。另外,不同物料的加工周期或采购周期不同,需用日期也不同。要使每个物料能在需用日期配套备齐,满足装配或交货期的要求,又要在不需要的时期不要过量占用库存,还要考虑合理的生产批量。靠手工管理是不可能进行如此大量数据运算的。这也是手工管理难以解决物料短缺和库存量过大的症结所在。

2. MRP生成的分类

在MRP系统中,生成MRP有两种方法。

(1)再生式(regeneration)——全重排法

计划完全重新制订,重新展开物料清单,重新编排物料需求的优先顺序。原有计划订单都会被系统删除并重新编排。全重排法的好处在于计划全部理顺一遍,避免差错。

重排计划的间隔时间,要根据产品结构的复杂程度,物料数量的多少,对计划准确度的要求,计划变动影响面的大小,计算机的档次和运行速度等因素分析确定。有的企业产品比较简单,对所有产品的计划全重排一次的时间只需十几分钟或个把小时,可根据情况及时运行或在夜班运行,尽早提出修订好的计划,不一定要等到计划末。

(2)净改变法(net change)

系统只对订单中有变动的部分进行局部修改,一般改动量比较小;如只变动部分产品结构、需求量、需求日期等。运行时,只展开受变动影响的部分物料,修改量小,运算时间快,可以随时进行;一般用于计划变动较多但影响面不大的情况。该方法存在的缺点是:大量频繁地局部修改会产生全局性的差错,因此,隔一定时间还有必要用再生式把全部物料的需求计划全面理顺一遍。

一般软件都提供两种修订计划的功能,但再生式总是不可缺少的。修订计划时,应充分利用系统的模拟功能。计划模拟可以在不打乱现有数据、不妨碍正常运行的情况下相并运行。MRP-Ⅱ不是一种优化程序,但可以通过模拟对比,在几个可行的方案中选择最佳方案。

2.7.2 供应链管理

概括来说,供应链管理(Supply Chain Management,简称SCM)是围绕核心企业,主要通过信息手段,对供应各个环节中的各种物料、资金、信息等资源进行计划、调度、调配、控制与利用,形成用户、零售商、分销商、制造商、采购供应商的全部供应过程的功能整体。供应链设计如图2.25所示。

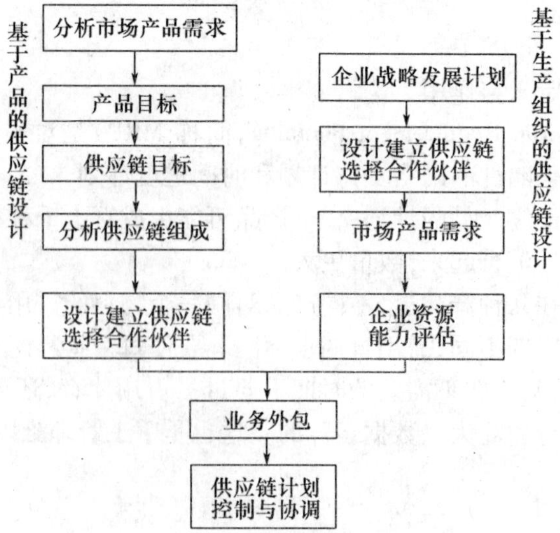

图2.25 供应链设计

复习思考题

1. 请概要简述一下销售管理的主要业务。

2. 简述销售管理与其他业务管理的关系。销售管理处于什么样的计划层次?

3. 概要描述一下销售管理子系统的业务处理流程。

4. 采购作业有哪些工作内容? 请说出采购子系统的处理流程。

5. 请画出采购子系统与其他子系统的关系图。

6. 仓库管理有哪些业务? 请概要说说库存的分类。

7. 什么是定量库存控制模型,什么是定期库存控制模型? 请联系实际举个例子。

8. 请描述一下 ABC 库存控制法。

9. 请绘制库存子系统的业务处理流程、库存与子系统其他子系统的关系图。

10. 财务工作有哪些工作内容?

11. 请画出财务子系统业务处理流程。

12. 请绘制财务子系统与其他子系统的关系图。

13. 什么是固定资产?

14. 请绘制固定资产管理系统的业务处理流程和固定资产与其他子系统的关系图,并加以解释。

15. 什么是 MPS,MPS 处于计划中什么样的地位,它的来源是什么?

16. 什么是 RCCP,它的作用是什么? RCCP 是如何计算的?

17. 请解释以下概念:

时段、时区(1,2,3)、时界(计划时界与需求时界)

第3章　企业信息系统开发技术基础

3.1　计算机网络技术

3.1.1　计算机网的组成

将地理位置不同、具有独立功能的多个计算机系统通过通信设备和线路相互连接起来，使用功能完整的网络软件来实现网络资源共享的大系统，称为计算机网。计算机网既可以用通信线路将几台计算机系统连成简单的网络，实现信息的收集、分配、传输和处理，也可以将成千上万的计算机系统，用数千千米乃至数万千米的通信链路连成全国或全球的计算机网。

按照网络覆盖的地区不同，可把计算机网分成局域网 LAN(Local Area Network)、都市网 MAN(Metropolitan Area Network)、广域网 WAN(Wide Area Network)以及网间网 Internet。计算机网组成如图3.1所示。

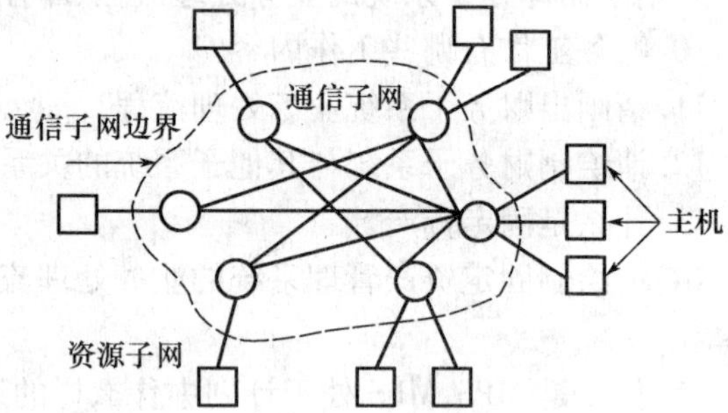

图3.1　计算机网络的组成示意图

由图3.1可知，计算机网络是由计算机系统、通信链路和网络节点所组成，用户通过终端或计算机系统控制台来访问计算机网。

3.1.2　计算机网络的功能

一般说来，计算机网络的基本功能包括以下几个方面。

1. 共享资源　我们说的共享资源是指计算机网络中所包含的各种类型的计算机及其配套设备(即硬件)、数据和软件(各种应用程序、系统程序、语言)等。

2. 处理机间通信　这是计算机网的最基本的功能之一。它使不同地区的网络用户(进程)可通过网络进行对话，实现终端与计算机、计算机与计算机之间相互交换数据和信息。

3. 提高可靠性　在工作进程中，当一台计算机出现了故障时，可使用网络中另一台计算机，同样网络中一条通信链路出了故障，便可选用另一条。

4. 提供分布式处理能力　我们知道分布处理的特点，是把要处理的任务分散到各个计算机上进行。而不是集中在一台大型计算机上，这样不仅可以降低软件设计的复杂性，而且大大提高效率和降低成本。

5. 集中管理　对地理位置上分散的组织和部门,可通过计算机网络实现集中管理。如数据库情报检索系统、飞机订票系统、销售信息管理系统、军事指挥系统等。

6. 负载分担　某计算机系统过载时,新的作业可通过网络转送给其他系统以均匀负载。

7. 提供大量的新的服务项目　有了计算机网,便于扩大计算机在实际中的应用。例如通过计算机网,把异种或同种计算机连接起来,组成综合性的大型计算机系统,以求得到解决大型复杂问题的能力和功能。又如把各地大学计算机中心、图书馆连接起来,构成计算机辅助教育网,提供新型的教学方式和管理方式。

3.1.3　网络体系结构与标准化

两个实体要想实现通信, 则必须使用相同的语言以及遵从双方都能接受的规则, 以解决彼此之间交流什么、怎样交流以及何时交流等问题。这些规则的集合称为协议(Protocol)。所谓协议是指在两个实体间控制数据交换的规则的集合。协议的关键成分有

1. 语法　包括数据格式、编码和信号电平等;

2. 语义　包括用于协调同步和差错处理的控制信息;

3. 定时　包括速度匹配和排序等。

国际标准化组织(ISO)的开放系统互连(OSI)参考模型、国际电信联合会(ITU, 原名为国际电报电话咨询委员会 CCITT) 的 X 系列、V 系列以及 I 系列建议书、美国电气电子工程师学会(IEEE)的 IEEE 802 LAN 协议标准以及美国电子工业协会(EIA)的 RS 系列标准等都是著名的国际标准。这些标准的制定为计算机通信和网络技术的应用和发展起到积极的推动作用。

国际标准化组织 ISO(International Standard Organization)在 1977 年成立一个分委员会来专门研究网络通信的体系结构问题, 并提出了开放系统互联 OSI(Open System Interconnection)参考模型, 它是一个定义异构计算机连接标准的框架结构。OSI 为面向分布式应用的"开放"系统提供了基础。所谓"开放"是指: 任何两个系统只要遵守参考模型和有关标准, 都能实现互联。OSI 参考模型采用了层次化结构, 共分成七层,如图 3.2 所示。

7	应用层
6	表示层
5	会话层
4	传输层
3	网络层
2	数据链路层
1	物理层

图 3.2　ISO/OSI 参考模型

OSI 参考模型具有以下特性:

(1)它是一种异构系统互联的体系结构, 提供了互联系统通信规则的标准框架;

(2)它定义了一种抽象结构, 而并非具体实现的描述;

(3)不同系统上的相同层的实体称为同等层实体, 同等层实体之间的通信由该层协议来管理;

(4)同一系统上相邻层之间接口定义了原语操作和低层向高层提供的服务;

(5)定义了面向连接和无连接的数据交换服务；

(6)直接的数据传送仅在最低层实现；

(7)每层完成所定义的功能，修改本层的功能并不影响其他层。

OSI 参考模型各层的功能简述如下：

(1) 物理层(Physical Layer)

①为建立、维护和拆除物理链路提供所需的机械的、电气的、功能的和规程的特性

②在物理链路上传输非结构的位流并提供链路故障检测指示。

(2) 数据链路层(Data Link Layer)

①检测和校正物理链路产生的差错，将不可靠的物理链路变成可靠的数据链路；

②提供数据链路的流量控制功能；

③在网络层实体间提供传送数据的功能和过程。

(3) 网络层(Network Layer)

①为端到端传输数据提供面向连接的和无连接的服务；

②提供控制通信子网传输的操作，如路由选择、拥塞控制以及网络互联等；

③根据传输层的要求来选择服务质量和安全级；

④向传输层报告未恢复的差错。

(4) 传输层(Transport Layer)

①为系统之间提供面向连接的和无连接的数据传输服务；

②为面向连接的数据传输服务提供建立、维护和释放连接的操作；

③提供端到端的差错恢复和流量控制，实现可靠的数据传输；

④为传输数据选择网络层所提供的最合适的服务。

(5) 会话层(Session Layer)

①为两个进程之间的会话提供建立、维护和终止连接的功能；

②提供交叉会话功能，并提供三种交叉会话控制模式：一路交叉、两路交叉和两路同时会话模式。

(6) 表示层(Presentation Layer)

①代表应用进程协商数据表示；

②实现数据转换、格式化和文本压缩。

(7) 应用层(Application Layer)

①为网络应用提供协议支持和服务；

②应用层服务和功能因网络应用而异，例如事务处理、文件传送、网络安全和网络管理等。

ISO/OSI 参考模型为研究、设计与实现计算机网络系统提供了功能上和概念上的框架结构，但它本身不是一个国际标准。

3.1.4　计算机网络类型与结构

计算机网络除按以上信道拓扑结构、交换方式等网络某一方面特点进行分类外，从网络分布距离出发可以分局域网 LAN，它是最常见的计算机网；都市网 MAN 分布范围在几十千米，是最新的一种物理网络，其规模相当于一个大城市；广域网和 Internet 网分布范围分别在几百千米和几千千米，前者位于一个国家，后者位于一个洲或跨越洲际作为目前遍布全球的 Internet 的主干网。

1. 局域网的构成和分类

局域网是计算机网的一种，是构成 Internet 的基本模式，其联网范围不大。例如在用户的建筑物内，或校园内它们完全由用户自己管理。网内的设备通常有服务器、工作站、打印机等。局域网拓扑结构是有规则的，使用较广的是总线结构和环形结构，图 3.3 为总线型局域网实例示意图。由于局域网的工作范围不超出十多千米，所以线路费用在整个建网费用中所占比重较小，因而可采用双绞线、同轴电缆或光缆等高质量的传输介质，传输速率可高达 1 ~ 100 Mbit/s，信道误码率低，可采用宽带传输方式传送高质量的语声信息或图像信息。

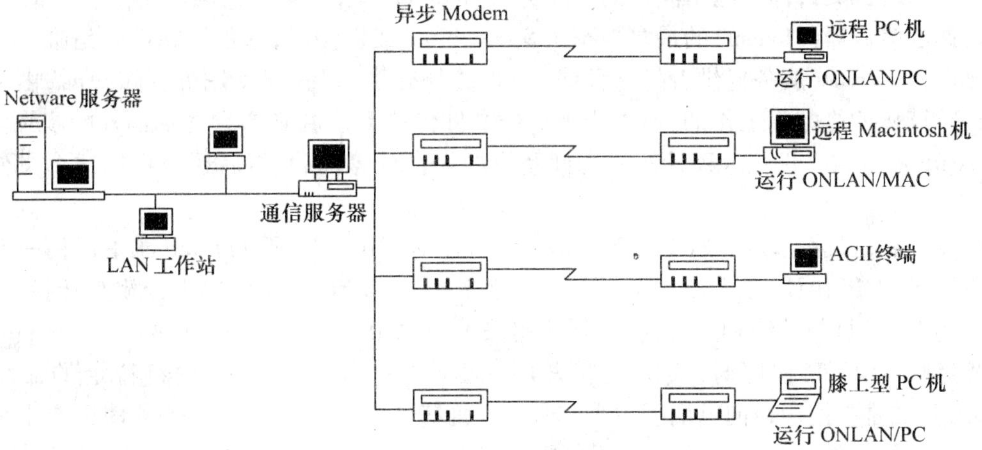

图 3.3　局域网构成示意图

局域网可分为窄带网、宽带网或高速网，以及由程控小交换机管理的局域网。这是局域网的整个设计任务带有关键性的一部分，其考虑的约束因素是拓扑结构、通信容量、要求传输的可靠性、传送的数据类型及环境范围等。

2. Internet 联网方式

在使用 Internet 之前，应选一条路径使数据能在你的 PC 与 Internet 之间传送。这条通路可以是一条高速数据通信电路、本地网（LAN）、电话线，或一条无线电频道。PC 与 Internet 通话有两种途径：把你的 PC 当作其他系统的远程终端，或者使用标准 TCP/IP 协议将计算机与网络直接相连，如图 3.4 所示。

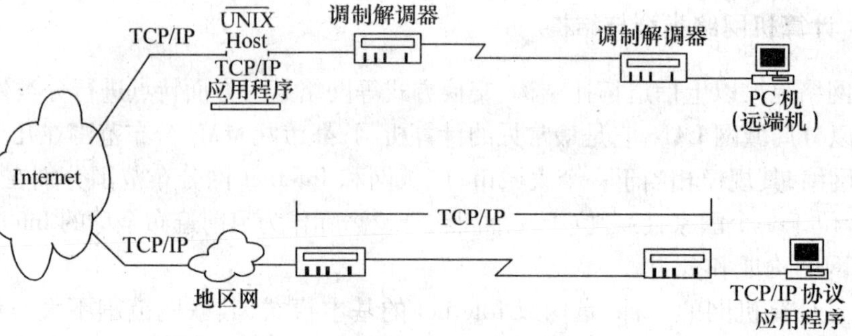

图 3.4 终端相连与 TCP/IP 连接

远程终端访问通常比 TCP/IP 要便宜,而且不需在你的 PC 上有一套专门的程序。你可使用任何 DOS 或 Windows 的通信程序,例如 ProComm,Crosstalk,Windows Terminal 等或者使用由调制解调器提供的任何其他通信软件。如果你早就在使用一种通用的通信程序与布告板或联机服务通信时,那么,你也能用同样的程序进行 Internet 远程终端的访问。

若调制解调器(Modem)的最高速率为 9 600 bit/s 或更慢时,远程终端访问是唯一实用的选择。许多 Internet 服务提供者把这种访问称为"外壳账户"。当使用外壳账户时,由于是作为另一计算机的终端而工作的,所以当把一份文件传给 PC 时,还必须增加额外的步骤。即先用 Unix ftp 命令将文件从远程计算机传到登录的那台计算机后,然后还要再把这个文件下载到自己的 PC 中。

传输控制协议/互联协议(TCP/IP)是 Internet"通用语言",所以 Internet 中任何一台计算机能辨认 TCP/IP 协议,或者使用某种转换设备将数据与 TCP/IP 格式进行相互转换。因此,如果你的 PC 直接与网络相连时,就必须使用采用 TCP/IP 协议的 DOS 或 Windows 程序。

当运行 TCP/IP 程序时,实际上在做两件事,其一,为了某种应用将特定的命令送到 Internet;其二是在使用通向电话线、LAN 或其他通信信道的接口。由于每种信道要求一套不同的协议,因此,需要专门适用于该信道的接口程序。这种情况与字处理程序为发送同样的文件到不同的打印机上而使用不同的打印驱动器情况类似。例如,在 Windows 中,TCP/IP 应用程序都要找到一个叫 WINSOCK. DLL 的接口驱动器,该接口驱动器提供一种标准的应用形式,并且使用某一特定通信信道所要求的协议。实际所用的 WINDOWS. DLL 文件取决于需要的接口类型而定。有些 TCP/IP 应用程序的销售商提供自己的 Winsock 程序,而其他的销售商不提供,只好另外再购买。从理论上讲,任何使用 Winsock 的应用程序都可与任何 WINSOCK. DLL 程序相容。因此,人们能通过相同的连接将不同来源的应用程序进行配置、匹配和使用它们。其连接关系如图 3.5 所示。

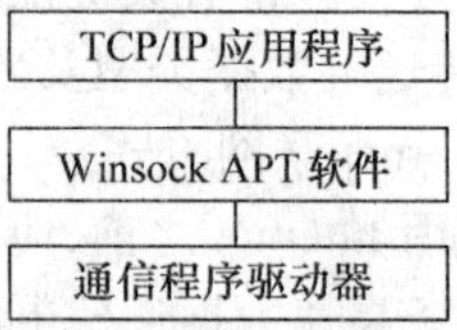

图 3.5 WinsockAPI 于通信信道的应用

3.2 数据库系统

3.2.1 数据库系统概述

1. 数据库的定义

数据库是指相互关联的数据集合。它是一组长期存储在计算机内,有组织的、可共享的、具有明确意义的数据集合。数据库可以人工建立、维护和使用,也可以通过计算机建立、维护和使用。

数据库具有以下几个特点。

(1)它是具有逻辑关系和确定意义的数据集合。数据库中的数据按一定的数据模型组织、描述和储存,具有较小的冗余度,较高的数据独立性,可为各种用户共享。

(2)它是针对明确的应用目标而设计、建立和加载的。

(3)它表现了现实世界的某些方面。

2. 数据库系统的组成

数据库系统是指具有管理和控制数据库功能的计算机系统。它由五部分组成:即硬件系统、数据库集合、数据库管理系统及相关软件、数据库管理员和用户。数据库系统的组成关系如图 3.6 所示。

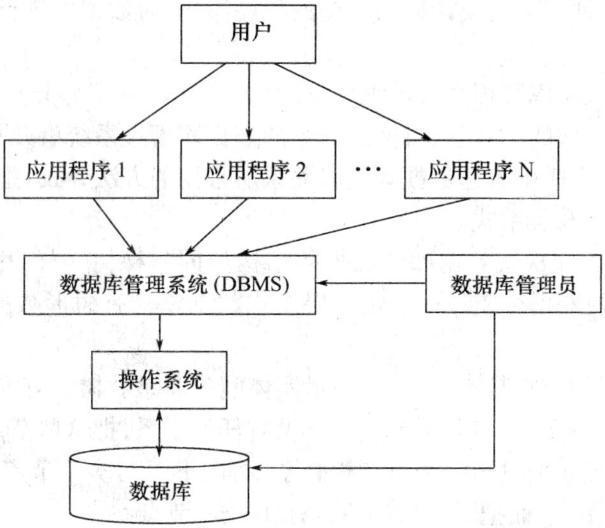

图 3.6　数据库系统组成示意图

(1)硬件系统

运行数据库系统的计算机需要有足够大的内存、足够大容量的磁盘等联机直接存取设备和较高的通道能力以支持对外存的频繁访问。还需要足够数量的脱机存储介质,如软盘、磁带存放数据库备份。

(2)数据库集合

系统包括若干个设计合理、满足应用需要的数据库。

(3)系统软件

数据库管理系统(DBMS)是为数据库的建立、使用和维护而配置的软件。它是数据库系统的核心组成部分。当然也离不开支持其运行的操作系统。如不仅用数据库管理系统自含的语言开发应用系统,还需要使用其他程序设计语言及工具软件。

(4)数据库管理员

对于较大规模的数据库系统必须有人全面负责建立、维护和管理数据库系统。承担此任务的人员称为数据库管理员 DBA(Database Administrator)。数据库管理员的职责包括:定义并存储数据库的内容,监督和控制数据库的使用,负责数据库的日常维护、必要时重新组织和改进数据库。

(5)用户

数据库系统的用户分为两类。一类是最终用户,主要对数据库进行联机查询或通过数据库应用系统提供的界面来使用数据库。这些界面包括菜单、表格、图形和报表。另一类是专业用户,即应用程序员。他们负责设计应用系统的程序模块,对数据库进行操作。

3. 数据库的种类

由于数据库是由数据库管理系统操纵和管理的,因此数据库的分类往往与所采用的数据库管理系统的分类是一致的。目前,有文献介绍的数据库管理系统有几百个之多,它们互不相同,各有特色。根据数据库中表达数据间逻辑关系所采用的方法,可以把数据库分为三种基本类型,即层次式、网状式及关系式。

(1)层次式数据库:层次式数据库中数据的结构如同一棵树一样,由根长出若干分支,每一分支又可长出若干更小的分支……。由于层次式数据库具有树形数据结构,有时也将其称之为树形数据库。

在层次结构中,树的节点是实体,树枝表示实体间的联系。树中有唯一的一个节点向上没有联系,该节点称为根节点;还有若干节点向下没有任何联系,把这些节点称为叶;其余节点称为中间节点。中间节点向上只与一个节点相联系,而向下可与多个节点相联系。习惯上把上一层的节点称作“父”节点,而把下一层的节点称作“子”节点。

(2)网状式数据库:如果在层次式数据库中,允许每一个子节点可以与几个父节点相联系,那么层次式数据库就转化成了网状式数据库。

(3)关系式数据库:在关系式数据库中,数据处于一张二维表格中,数据间的联系也由该二维表(也称作关系表)来反映。

关系式数据库是发展较晚的一种数据库,但由于关系式数据结构具有坚实的数学理论基础,简单、明了、直观、容易理解和掌握,因此关系式数据库得到了非常广泛的应用。而且,由于层次式和网状式数据结构都可以通过一定方法转化为关系式数据结构,应用关系式数据模型来处理。因此,关系式数据库被认为是今后数据库的发展方向。

4. 数据库的主要特征

计算机数据处理技术的发展,经历了人工管理方式、文件管理方式和数据库管理方式三个阶段。数据库管理方式克服了人工管理方式和文件管理方式的弊端,它具有如下一些主要特征。

(1)数据独立

数据独立是数据库最基本的一个特征。文件系统的一个重要缺点是“数据依赖”,即应用程序与数据的存储、存取方式密切相关。当数据需要扩充或减少时,必须相应地修改应用程序,而这种修改程序的工作量有时非常大,造成时间和人力的极大浪费。而在数据库方式下,各应用程序一般不再与具体物理存储器上的某一数据文件相对应,它们各自对应于一个逻辑数据文件。这些逻辑数据文件通过数据库管理系统软件同存储器上的实际存储的数据建立联系,从而达到了数据独立。数据独立提高了数据库应用程序的稳定性,数据库中的数据在进行了增、删、修改等处理后,一般无需改动应用程序,从而提高了整个数据库应用系统的工作效率。

(2)最小的数据冗余

数据冗余是指数据被重复存储。在文件管理方式下,不同的用户通过各自的应用程序使用自己的数据文件。即使有许多数据是各用户都用到的,也只能各自存储自己所需要的数据。因此,同一个数据不可避免地要重复记录在好几个文件之中,都加以保存。这样既浪费了大量的存储空间,也使数据的修改变得十分困难。

在数据库方式下,各用户的逻辑数据文件和具体的物理存储器上的数据文件之间不是一一对应的关系。尽管若干用户的公用数据可以分别出现在各自的逻辑数据文件上,而在物理存储器上可能只出现一次,从而使数据冗余减少。一般来说,减少数据冗余只能是相对的,而不是绝对的。有时为了提高系统的效率,只能使数据冗余减少到一定程度。

(3)可避免数据的不一致性

如果同一数据放在多个文件中,由于它们各有不同的更新时期,因此在某一时期,不同文件中的数据就会产生差异。而在数据库方式下,减少了数据冗余,也就自然地减少了产生数据不一致的来源,从而提高了数据的可靠性。

(4)实现了数据共享

数据库中的数据可供系统中各个用户共同使用。由于每个用户只与数据库中的一部分数据打交道,因此可以允许多个用户同时存取数据而互不影响。目前在许多计算机网络中建立的数据库系统,允许多个用户按照各自的权限使用同一数据库中的数据,实现了数据的多用户共享。

(5)保证数据的安全性

安全性指的是采取各种措施保护数据库,以防止非法使用数据,特别是防止恶意破坏和非法存取。在数据库中,对用户是否属于非法或越权使用数据设有严格的检查措施,规定了使用数据的规程,从而保证了数据的安全性、完整性和正确性。在计算机出现故障或人为错误的情况下,数据库系统能够自动或人工恢复,从而有效地保护了数据。

(6)便于使用

一般的数据库系统都设计了管理软件,负责对数据的输入、输出、分类、整理、加工等工作,并且还设计了最接近用户的程序设计语言,使编程工作大为简化和容易进行。由于计算机存储容量很大,数据库可以存储几十兆甚至几百万兆字节的数据,在数据库管理系统的支持下,计算机能够从浩繁的数据中以极快的速度向用户提供所需的信息,为用户的经营决策、业务处理、资料分析等工作提供了极大的方便。

3.2.2 数据库管理系统及主要功能

数据库管理系统作为数据库系统的核心软件,其主要目标是使数据成为方便用户使用的资源,易于为各种用户所共享,并增进数据的安全性、完整性和可用性。这些是通过 DBMS 所支持的三级结构和两级独立性特点来实现的。

数据库具有三级结构,也称为三级模式。即在用户数据逻辑结构与数据的物理存储结构之间加入了数据的整体逻辑结构,整体逻辑结构涉及到所有用户的数据定义,是全局的数据视图。这三级模式之间可以有很大差别,为了实现这三级结构之间的转换,DBMS 提供相邻二级结构之间的映象。用户只需关心自己的局部逻辑结构就可以了,而不必关心数据在系统内的表示与存储。

数据库管理系统保证了数据和程序之间的物理独立性和逻辑独立性。所谓数据的物理独立性是指当数据的存储结构改变时,由系统提供数据的物理结构与逻辑结构之间的映象或转换功能,保持数据的逻辑结构不变,从而应用程序不需要修改。数据的逻辑独立性是指,由系统提供数据的总体逻辑结构和面向某个具体应用的局部逻辑结构之间的映象或转换功能,当数据总体逻辑结构改变时,通过映象保持局部逻辑结构不变,从而应用程序也不需要修改。

在数据库系统中,数据是多个用户和应用程序的共享资源,已经从应用程序中完全独立出来,由 DBMS 来统一管理。DBMS 应该提供以下几个方面的功能。

1. 数据库的定义功能

提供数据定义语言 DDL(Data Description Language)或者操作命令以便对各级数据模式进行精确的描述。由此,系统必须包含 DDL 的编译或解释程序。这些数据模式并不是数据本身,而是具体 DBMS 所支持的数据模型的框架结构。用 DDL 所作的定义将被系统保留在数据字典中，以便在进行数据操纵和控制时使用，用户可以查询数据定义以便共享数据库中的数据。

2. 数据操纵功能

为了对数据库中的数据进行追加、插入、修改、删除、检索等操作，DBMS 提供语言或者命令，称为数据操纵语言 DML(Data Manipulation Language)。不同的 DBMS 语言的语法格式也不相同，以其实现方法而言，可分为两个类型。一类 DML 可以独立交互式使用，不依赖于任何程序设计语言，称为自含型或自主型语言。另一类是宿主型 DML，嵌入到宿主语言中使用。如嵌入 FORTRAN，COBOL，C 等程序设计语言中。在使用高级语言编写的应用程序中，需要调用数据库中的数据时，则要用宿主型 DML 语句来操纵数据。因此，DBMS 必须包含 DML 的编译或解释程序。

3. 数据库运行控制功能

数据库中的数据是提供给多个用户共享的，用户对数据的存取可能是并发的，即多个用户同时使用同一个数据库。DBMS 必须提供以下三方面的数据控制功能。

(1)并发控制功能　对多用户并发操作加以控制、协调。例如，当某个用户正在修改某些数据项时，其他用户同时存取，就可能导致错误结果。如果两个用户同时修改同一数据时，先存储的修改就会丢失。数据库管理系统应对要修改的记录采取一定的措施，如加锁，暂时不让其他用户访问，待完成修改存盘之后再开锁。

(2)数据的安全性控制　数据安全性控制是对数据库采用的一种保护措施，防止非授权用户存取造成数据泄密或破坏。例如，设置口令、确定用户访问密级和数据存取权限，系统审查通过后才执行允许的操作。

(3)数据的完整性控制　数据完整性是数据的准确性和一致性的测度。系统应采取一定的措施确保数据有效、与数据库的定义一致。例如，当输入或修改数据时，不符合建立数据库时的定义或范围等规定的数据系统不予接受。然而系统并不能保证所有输入数据绝对准确。例如，将日期 12/08/96 误录成 13/08/96，由于没有 13 月份，系统不予接受，必须重新录入。但是如果误录成 11/08/96，系统则无法控制。另外，当突然停电、出现硬件故障、软件失效或严重误操作时，系统应提供恢复数据库的功能。如，定期转储、恢复备份等，使系统有能力将数据库恢复到损坏之前的某一个状态。

4. 数据字典

数据字典 DD(Data Dictionary)中存放着对实际数据库各级模式所作的定义，即对数据库结构的描述。这些数据是数据库系统中有关数据的数据，称之为元数据(metadata)。DD 提供了对数据库数据描述的集中管理手段，对数据库的使用和操作都要通过查询数据字典来进行。数据字典经历了人工字典、计算机文件、专用数据字典系统和数据库管理系统与数据字典一体化四个发展阶段。专用的数据字典在系统设计、实现、运行和扩充各个阶段是管理和控制数据库的有力信息工具。

上述几方面是一般的 DBMS 所具有的功能。通常在大、中型计算机上实现的 DBMS 功能比较齐全,而在小型机,尤其是在微机上实现的 DBMS 功能相应地有不同程度的减弱。

3.2.3 E-R 数据模型

E-R 数据模型所采用的概念主要是三个:实体集、联系集和属性。

1. 实体(Entity)

实体是对现实世界中客观存在并可互相区别的“事件”或“物体”的抽象。实体可以是具体的人、事、物,也可以是抽象的概念或联系,例如,学校中的每个人是一个实体,一个系、一门课,学生的一次选课也是一个实体。实体集是具有相同类型及相同性质(或属性)的实体集合。

2. 属性(Attribute)

实体一般具有若干特征,称之为实体的属性。实体通过一组属性来表示,而属性是实体集中每个成员具有的描述性性质。例如学生具有姓名、学号等属性。每个属性都有其取值的范围,在 E-R 数据模型中称为值集(Value Set)或域。例如,实体学生的属性姓名的域可能是某个长度的所有字符串的集合,属性成绩的域可能是所有正整数的集合。

在同一实体集中,每个实体的属性及其域是相同的,但可能取不同的值。一个实体是由其属性的值确定的。例如,实体班级(班级号,班级名)属性的一个取值(2011002,计算机 2010)就确定了计算机 2011 班这个实体。

3. 联系(Relationship)

实体之间会有各种关系,例如学生实体与课程实体之间可有选课关系,学生与教师之间可能有讲课关系等。这种实体与实体间的关系抽象为联系。

联系可用实体所组成的元组表示,例如元组〈e1, e2, …, en〉表示实体 e1, e2, …, en 之间的一个联系。如果 n=2,则称为二元联系,如果 n>2,则称为多元联系。同一类型的联系可能包含若干具体的联系,例如学生选课这一类型的联系就包含许多具体的学生选课联系。

E-R 模式中的一个联系实例表示所模拟的现实世界的命名实体间存在联系。参与联系集的实体集的数目也称为联系集的度,二元联系集的度为 2,三元联系集的度为 3。如图 3.7 所示。

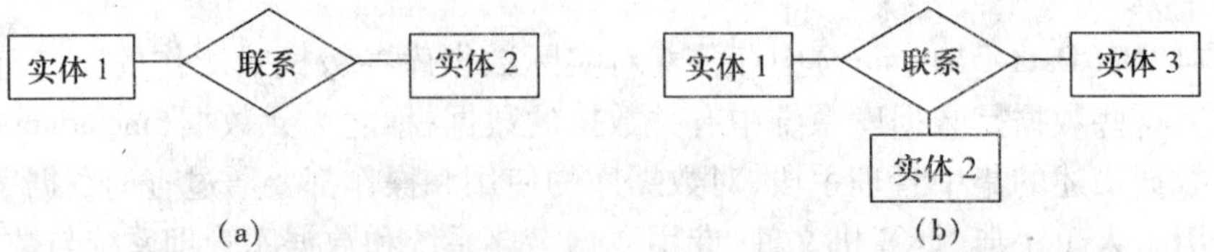

图 3.7 实体联系图

对于实体集 A 和 B 之间的二元联系集来说，映射的基数必然是以下情况之一。

(1)一对一:A 中的一个实体至多同 B 中的一个实体相联系,B 中的一个实体也至多同 A 中的一个实体相联系,例如,一个班级只有一个班长,同时一个班长不能在其他班级任班长。如图 3.8(a)所示。

(2)一对多:A 中的一个实体可以同 B 中的任意数目的实体相联系,而 B 中的一个实体至多同 A 中的一个实体相联系,例如,一个学生只能在一个系注册,而一个系有很多个学生。如图 3.8(b)(c)所示。

(3)多对多:A 中的一个实体可以同 B 中任意数目的实体相联系,B 中的一个实体也可以同 A 中任意数目的实体相联系,例如,一个学生可以选择多门选修课;一门选修课由多个学生选择。如图 3.8(d)所示。

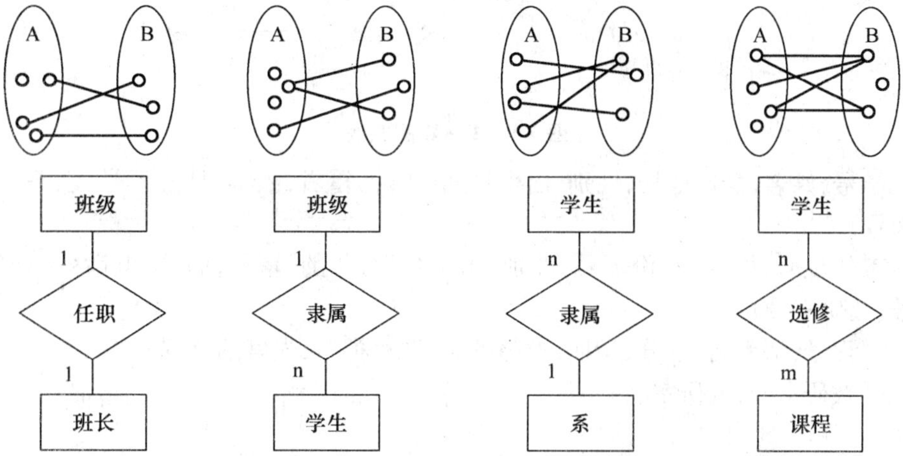

(a) (b) (c) (d)

图 3.8 二元联系集中映射的基数情况

下面以一个学校教学管理系统为例子来绘制一个 E－R 模型。已知每个学生要记录其学号,姓名,身份证号,性别,出生日期,年龄,籍贯,入学时间,所学专业和所属系别、班级,是本科生还是专科生。每个教师要记录其工作证号,姓名,身份证号,性别,出生日期,年龄,籍贯,职称,联系电话号码,参加工作时间,所属系别和教研室。学校开设的课程要记录课程号,课程名,学分,学期,上课教师姓名,课程类型,需先修的课程;另外,要记录每个学生的选课情况和成绩。

上述学校教学管理系统模型用 E－R 图表示如图 3.9 所示(图中省略了属性和角色标识)。图中的六个实体所含属性如下:

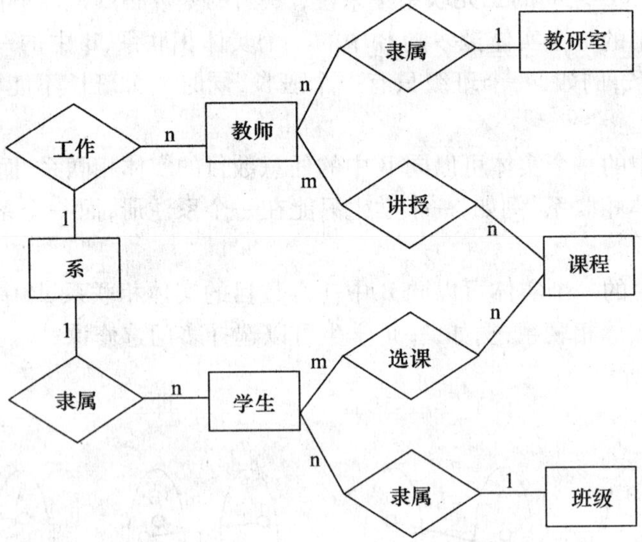

图 3.9 E-R 图实例

学生(学号,姓名,身份证号,性别,出生日期,年龄,籍贯,入学时间,系号,学籍类型号,专业号,班级号)

教师(工作证号,姓名,身份证号,性别,出生日期,年龄,籍贯,职称,电话号码,参加工作时间,系号,教研室号)

课程(课程号,课程名,学分,学期,教师姓名,课程类型,先修的课程号)

教研室(教研室号,教研室名)

系(系号,系名,地址,电话号码)

班级(班级号,班级名)

例 3.1 企业职工管理中,需要涉及的功能有:

①人事处对职工的档案和部门进行管理,包括职工基本情况,部门的基本情况以及各种职称、职务的管理;

②财务处管理职工的工资情况;

③科研处管理项目、职工参加项目的情况。

1. 确定局部应用范围,设计局部 E-R 模型,设计步骤如图 3.10 所示。

(1)确定局部应用范围

模块按部门划分为三个子模块:人事管理、工资管理和项目管理。以人事管理为例说明设计局部 E-R 模型的一般过程。

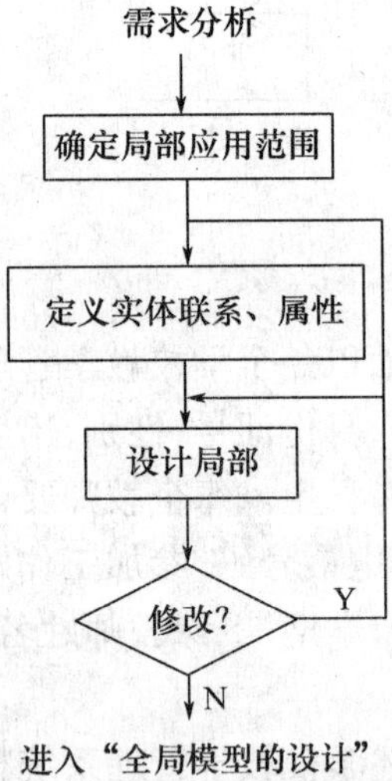

图 3.10 局部 E-R 模型的设计步骤

(2)确认实体集

在人事管理中,需要对职工、部门、职称职务进行管理,所以实体集有:职工、部门、职称职务。

(3)确认实体集间的联系集

需要判断所有两实体集之间是否存在联系。

职工与部门:n:1;

职工与职称职务:m:n,因为多个职工可有同一种职称或职务,而一个职工既可有职称又可有职务。如某职工具有高级职称(高工),同时又是处级干部。部门与职称职务之间没有联系。

(4)确认实体集的属性

职工:职工号,姓名,性别,年龄。

部门:部门号,名称,电话。

职称职务:代号,名称,津贴,住房面积。

(5)确认联系集的属性

职工与部门的联系没有单独的属性,职工与职称职务的联系有单独的属性:职称或职务的任职日期。

(6)画出局部 E-R 模型

图3.11、图3.12、图3.13 分别是人事管理、工资管理和项目管理的局部 E-R 模型。

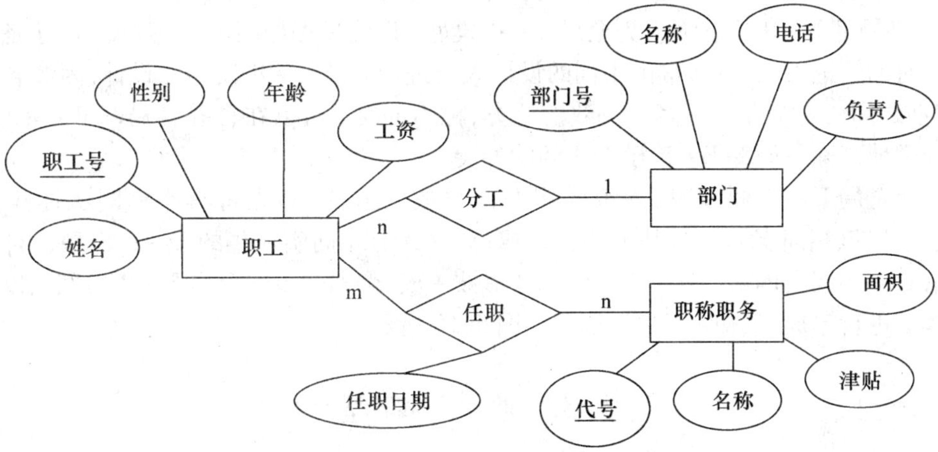

图3.11 人事管理局部 E-R 模型

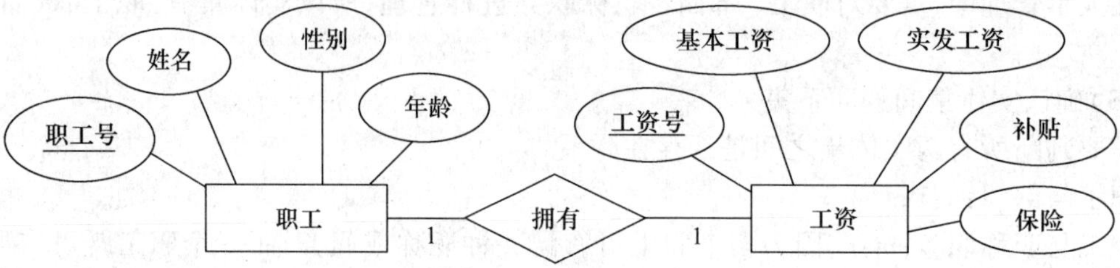

图 3.12 工资管理局部 E-R 模型

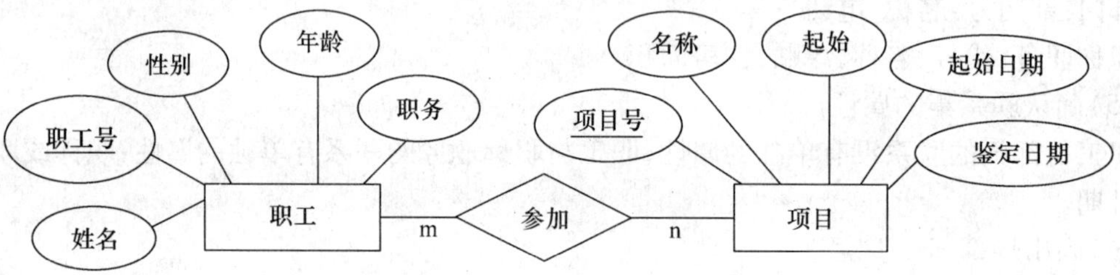

图 3.13 项目管理局部 E-R 模型

2. 集成局部 E-R 模型,形成全局初步 E-R 模型

将所有局部 E-R 模型集成为全局 E-R 模型。设计过程如图 3.14 所示。由于各个局部应用所面对的问题不同,且通常由不同的设计人员进行局部 E-R 模型的设计,因此各个局部 E-R 模型之间必定会存在许多不一致的地方,称为冲突。所以在合并各局部 E-R 模型时,首先要合理地消除各局部 E-R 模型之间的冲突。

在集成全局 E-R 模型时,一般采用两两集成的方法,即先将具有相同实体集的两个 E-R 模型,以该相同实体集为基准进行集成,如果还有相同实体集的 E-R 模型,再次集成,直到所有具有相同实体集的局部 E-R 模型都被集成,得到初步的全局 E-R 模型。以职工为公共实体集进行集成,其初步 E-R 模型如图 3.15 所示。

3.3 数据模型

为了用数据库清楚准确地反映现实世界中的各种事物及其相互关系,必须建立适当的数据结构模型,即数据模型。通过数据模型,将现实世界中的各种事物及其相互关系用数据及数据间的逻辑关系描述和反映，并将这些数据及数据间的逻辑关系存储起来形成数据库。

3.3.1　非关系模型

数据库按数据模型来分，可分为层次数据库、网状数据库、关系数据库，层次和网状数据库又称为非关系数据库。

在非关系模型中，实体用记录表示，记录由若干数据项组成。记录名和组成记录的数据项名的集合用来抽象和刻画同类记录，称为记录型，如：存款户（账号，户名，开户日，开户行，存期，电话……）就是一个记录型。而（1007，刘立，98.09.15，12月，工商行海淀支行，62626208）是这个记录型的一个值。现实世界实体型之间的联系在非关系模型中

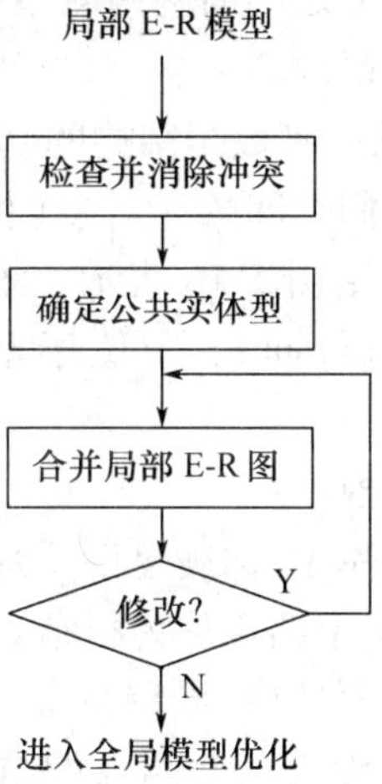

图3.14　全局E－R模型的设计步骤

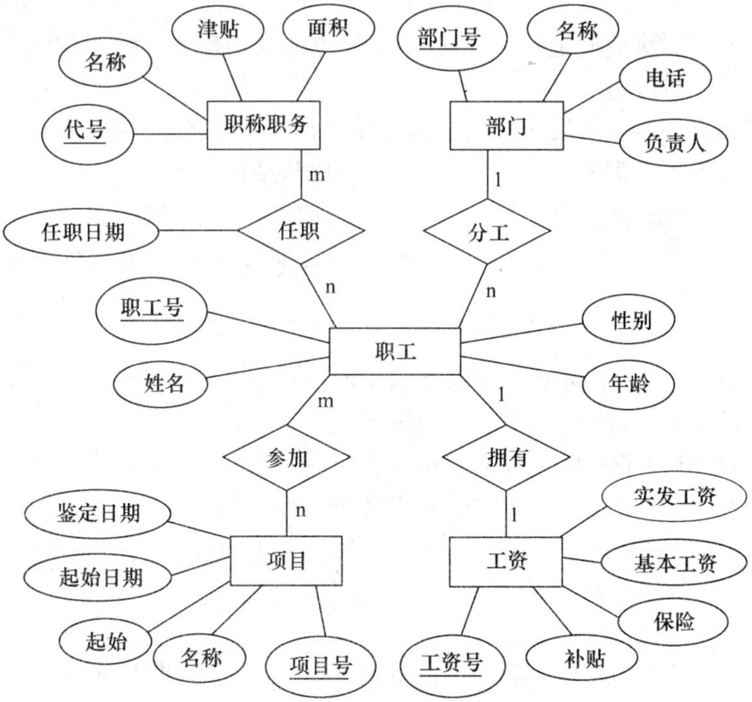

图3.15　合并后的全局初步E－R模型

转换成记录型之间的两两联系。

1. 基本层次联系

非关系模型数据结构的基本单位是基本层次联系。两个记录型以及它们之间的一对多(包括一对一)的联系称为“基本层次联系”,可用图3.16表示。图中Ri位于联系Lij的始点,称为双亲结点(Parent),Rj位于联系Lij的终点,称为子女结点(Child)。

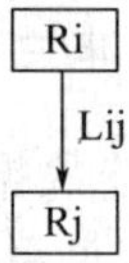

图3.16 基本层次关系

2. 层次模型

在数据库中,把满足以下两个条件的基本层次联系的集合称为层次模型:有且仅有一个结点无双亲,这个结点称为根结点,其他结点有且仅有一个双亲。

在层次模型中,同一双亲的子女结点称为兄弟结点(Twin或Sibling),没有子女结点的结点称为叶结点。图3.17是层次模型的一个例子。图中R1为根结点;R2和R3为兄弟结点,是R1的子女结点;R4和R5为兄弟结点,是R2的子女结点;R3和R4和R5为叶结点。

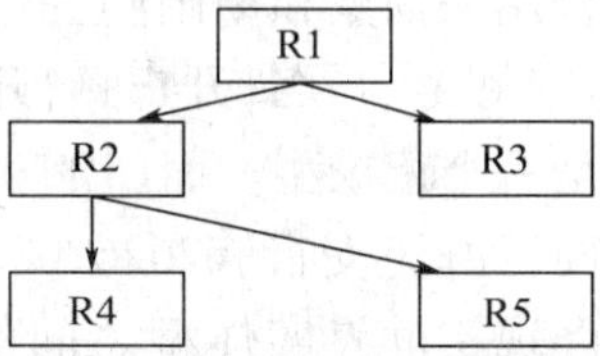

图3.17 普通的层次模型

从图上可以看出层次模型是一棵倒立的树,结点的双亲是唯一的,所以层次模型也称树状结构模型。

层次模型对具有一对多的层次联系的部门描述得非常自然、直观,容易理解,如现实世界中的家族和组织机构关系都是自然的层次结构,即树状结构的例子。若采用层次模型来组织数据,查询数据也很简便,无需设计特别的算法,因为查询路径是唯一的。但是,它毕竟是一种十分简单的模型,它无法描述事物间复杂的联系,描述能力较弱,尽管至今还有其固定用户,但其适用面还是受到限制。

3. 网状模型

在数据库中,把满足以下两个条件的基本层次联系集合称为网状模型:允许有一个以上的结点无双亲;一个结点可以有多于一个的双亲。从定义可以看出,层次模型中子女结点与双亲结点的联系是唯一的,而在网状模型中这种联系可以不唯一。因此,要为每个联系命名,并指出与该联系有关的双亲记录和子女记录。图3.18(a)和(b)均是网状模型的例子。图3.18(a)中,R1和R2之间有两种联系,分别被命名为L1和L2;图3.18(b)中,R1和R2均无双亲,R3和R5有两个双亲。网状数据库采用网状模型作为数据的组织方式。

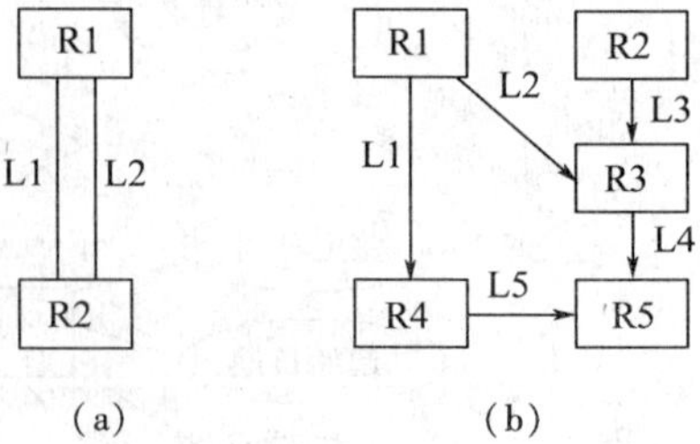

图3.18 网状模型

网状模型允许结点无双亲,或有一个以上的双亲,从而构成了比层次结构复杂的网状结构。尽管网状模型也不支持多对多联系,但由于一个多对多联系可以转化为两个一对多联系,所以网状模型可以间接地描述多对多联系。相比于层次模型,网状模型可适用于描述较为复杂的现实世界。但是,由于到达一个结点的路径可以有多条,因此应用开发者必须选择相对较优的路径来进行搜索以提高查询效率,这对应用开发人员的要求是较高的。

基于层次、网状模型的 DBMS 存在着各自的缺点。

(1)基于层次模型　结构比较复杂,而且随着应用规模的扩大,数据库的结构就变得越来越复杂,不利于最终用户掌握。

(2)基于网状模型　操作比较复杂,编写应用程序时用户必须选择适当的对数据的存取路径,因此必须了解系统结构的细节,加重了编写应用程序的负担。

3.3.2 关系模型

关系模型是数据库中所讨论的模型中最重要的模型。自 20 世纪 80 年代以来,计算机厂商推出的数据库管理系统的产品几乎都是支持关系模型的。为了便于理解,这里主要讨论按照用户观点所应了解的关系模型。在用户看来,关系模型中数据的逻辑结构,即数据结构就是一张二维表。现在以简化的存款户基本信息表为例,介绍关系模型中的一些基本概念和过程。

(1)关系:一个关系对应于平常的二维表(图 3.19)。

账号	户名	开户日	开户行	存期	电话
0101	李四	99.12.12	J 行	6 月	265888
0102	王国军	99.12.16	N 行	12 月	275968
⋮	⋮	⋮	⋮	⋮	⋮

图 3.19　存款户基本信息表

(2)属性:表中的一列称为一个属性。在实际系统中,有时又称为字段。

(3)域:属性的取值范围。

(4)元组:表中的一行称为一个元组。

(5)码:又称为关键字。表中的某个属性组,它们的值唯一地标识一个元组,则称该属性组为候选码。若一个关系有多个候选码,则选定其中一个为主码,主码的诸属性称为主属性。

(6)分量:元组中的一个属性值。

(7)关系模式:对关系的描述。它包括关系名,组成该关系的属性名。通常简记为:关系名(属性名 1,属性名 2,…,属性名 n)。属性向域的映象常直接说明为属性的类型、长度。

(8)关系数据库:对于关系数据库,也要区分型与值的概念。关系数据库的库描述,它包括若干域的定义以及在这些域上定义的若干关系模型。数据库的关系模式是在某一时刻对应的关系的集合。

关系模式是稳定的,而关系是不断变化的,因为数据库中的数据是在不断更新的。

图3.19中关系名是“存款户”,它是存款户的基本信息表。表中每一行是一个记录,是关系中的一个元组。表中存款户账号、户名、开户日、开户行、电话等均是属性,其中账号是唯一标识一个记录的属性的,因此称为主码。该关系模式可以记为:存款户(账号,户名,开户日,开户行,存期,电话……)。

某一时刻对应某个关系模式的内容称为相应模式的状态,它是元组的集合,称为关系。当无需区分时,常将关系模式和关系统称为关系,一般可以从上下文中加以区别。

3.4 数据库设计

3.4.1 设计过程概述

所谓数据库的设计,是指对于给定一个应用环境,确定最优的数据库模式,然后据此建立数据库及其应用环境,使得数据库既能有效、安全和完整地存储所需数据,又能满足用户对信息处理的要求。一般说来,数据库的设计是在某个数据库管理系统支持下进行的,其整个设计过程大体可分为以下四个阶段。

1. 系统需求分析阶段

这个阶段是数据库设计过程中最重要的步骤之一,它是后续各阶段的基础。在这个阶段要从多方面对整个组织进行调查,收集和分析用户对系统的要求,确定系统的工作范围,并产生“用户活动图”和“数据流程图”。

2. 概念模式设计阶段

根据对系统的要求,提出能够反映各个用户要求的局部概念模式,然后将局部概念模式综合为总的概念模式。应该指出,概念模式仅是用户活动的客观反映,并不涉及用什么样的数据模型来实现它的问题。因此在这一阶段,应该把注意力集中在弄清系统要求上面。暂不要考虑怎样去实现,以免分散精力。

E-R方法是设计概念模型的主要方法。在该阶段结束时应产生E-R图。

3. 逻辑模式设计阶段

这一阶段首先要选择一种适当的数据模型,然后将系统的概念模式转换为所需的数据模型。通常一种DBMS只支持某一种数据模型(如关系型、网状或层次型),所以DBMS一旦确定,数据模式的类型也就定了。此时逻辑设计的任务,仅是把概念模式转换为系统的DBMS所支持的数据模式。

4. 物理模式设计阶段

其内容包括:(1)确定存储结构,(2)建立存取路径,(3)分配存储空间等。这些工作主要由DBMS在操作系统支持下自动完成,只有少量工作可由用户选择或干预。例如,有些DBMS

允许用户在一定范围内选择主文件和索引文件的结构，决定在哪些属性码上建立索引，建什么样的(单码或组合码)索引等。在存储分配上，用户可以指定存储介质，如磁盘、磁带等。

3.4.2　系统的要求分析

准确而无遗漏地弄清用户对系统的要求，是系统设计取得成功的重要前提，这一阶段的工作，又可分为：①分析用户活动；②确定系统边界；③分析系统数据。为了便于说明，现举一个例子。假定某工厂要设计一个查询系统，其中主管供应的部门需要了解产品的价格、各种产品的用料情况以及这些材料的价格与库存量，并须根据这些资料提出材料的订购计划，以下就结合这一个例子，简单介绍每一步的工作内容。

1. 分析用户活动

一个大的用户往往包含许多职能部门。在收集和分析用户的各种业务活动时，要从数据管理的角度出发，按部门查清数据的处理过程和流向。为便于研究问题，通常把分析的结果画成“用户活动图”。图3.20就是上述查询系统的“用户活动图”。

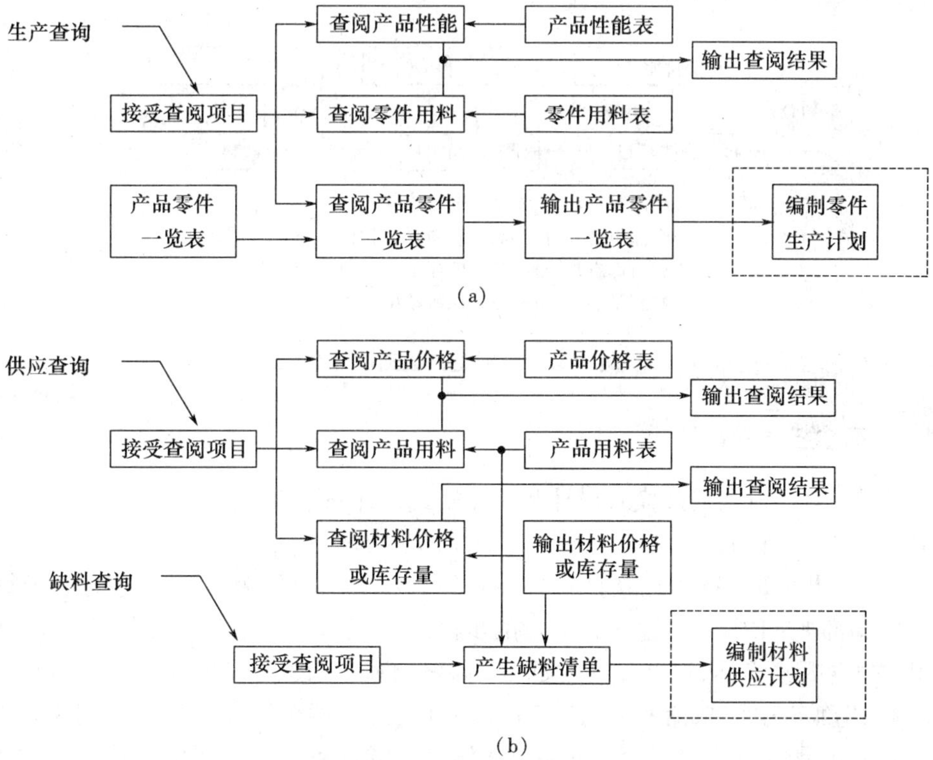

图3.20　表明系统边界的用户活动图

(a) 生产部门；(b)供应部门

2. 确定系统边界

画出用户活动图后，要区分哪些活动由计算机来完成，哪些活动仍由人工处理，确定系统的处理范围。通常都直接在用户活动图上标出系统的边界，如上图中的虚线所示。例图表明，编制材料订货计划工作不属于系统处理范围，仍将由人工完成。

3. 分析系统数据

按照用户活动图包含的每一种应用，弄清所涉及数据的性质、流向和所需的处理，分析要逐个应用分别进行，并深入到每一个数据项。在这一步结束时，要产生各个应用的"数据流程图"和"数据字典"（对于这方面内容可以参考系统分析一章），前者表明数据的流向与数据接受加工的过程，后者表明数据的名称、类型、长度和允许范围等内容。

仍以上图的缺料查询为例，系统一旦收到缺料查询请求，接受所查产品的有关数据后，首先要查阅单件产品的用料数据，并按产品生产数量算出各种材料的需用量，然后从库存账中减去这一需用量，即可找出缺料的名称和数量。图 3. 21 用图形表明了上述过程，即所谓"数据流程图"（Data flow diagram）。显然，每一种应用需要一张这样的流程图，接着，应进一步分析流程图中的所有数据项，编写数据字典。

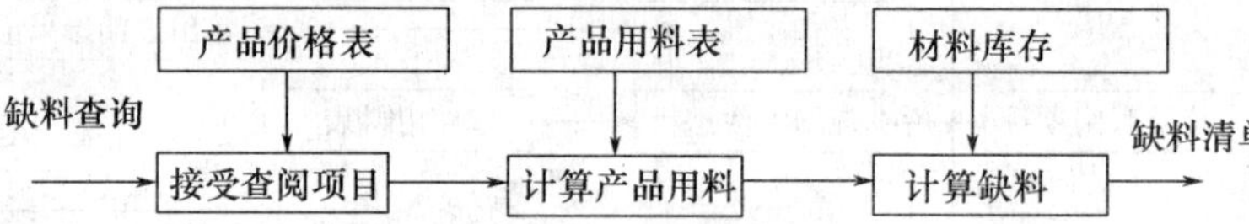

产品数据：　产品名，生产数量

产品用量表：产品名，材料名，材料用量

材料库存：　材料名，库存量

缺料清单：　材料名，缺料数量

图 3. 21　缺料查询数据流程图

3. 4. 3　概念模式的设计

概念模式设计可分为局部模式设计和总体模式设计两个步骤。

1. 建立局部概念模式

按照要求分析阶段得到的部门用户活动图和数据流程图，就可建立起对应于每一部门（或应用）的局部 E－R 模型。这里最关键的步骤，是确定实体和属性。就是说，首先要决定在每一应用中包含哪些实体，这些实体又包含哪些属性。以图 3. 22 的供应查询为例，可以把"产品""材料"确定为实体，前者应有"产品名"和"价格"两个属性，后者有"材料名""价格"与"库存量"三个属性；实体确定后，再确定实体之间的联系。在本例中，"产品"与"材料"是通过"使用"互相联系的，故可把"使用"定为联系，而"用量"是它的属性。把这些用 E－R 图来表示，就可得到供应部门的局部 E－R 模型，如图 3. 23 所示。

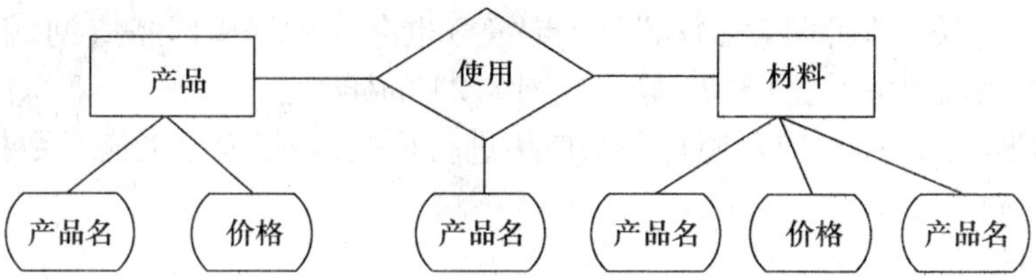

图 3.22　供应部门的局部 E－R 模型

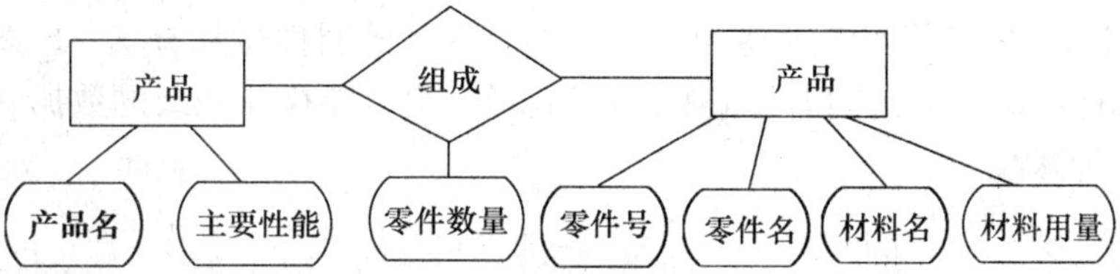

图 3.23　生产部门的局部 E－R 模型

用类似的方法，可以建立生产部门的 E－R 模型，如图 3.24 所表示，应该说明，实体和属性的划分并无绝对的标准。一般说来，凡不需要对它进行再描述的事物，均作为属性对待。

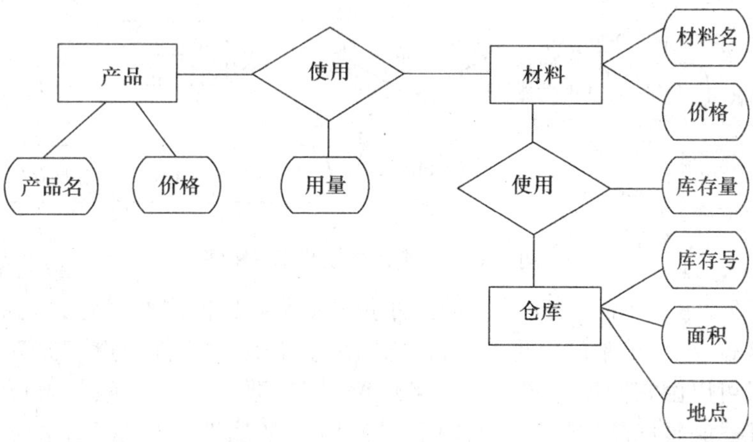

图 3. 24　更改后的供应部门 E－R 模型

举例说,假定材料不只存放在一个仓库,只需在图 3.23 的“材料”实体下再增加一个属性“仓库号”就可以了,这时的库存量也相应地改成每一仓库所拥有的材料数量。但如果需要把仓库本身的信息(例如“仓库号”“面积”“地点”等)也存入数据库以备查询,就应将“仓库”作为一个新的实体加入图中,把图 3.22 修改成图 3.24 的样子。

局部 E－R 模型建立后,应对照每一个应用进行检查,确保模型能满足数据流程图对数据处理的需要。

2. 建立总体概念模式

综合各个部门(或应用)的局部概念模式(亦称分 E－R 模型)就可得到系统的总体概念模式(总 E－R 模型)。

当进行综合时,除相同的实体应该合并外,还可在原属于不同分 E－R 图的实体之间添加新的联系。图 3.25 显示了将图 3.22 和图 3.23 综合得出的 E－R 图。图中“材料”与“零件”两实体之间的联系(“消耗”),就是综合后添加的。产品的属性也从分 E－R 图中的两项增加为三项。但是,这样综合得出的 E－R 图仅是初步的,很可能存在冗余的数据和实体间的冗余联系,需要进一步修改。

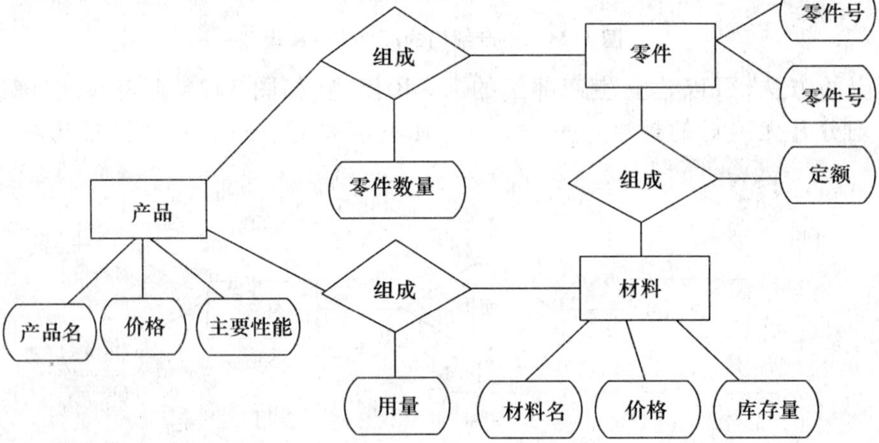

图 3.25 综合后的初步 E－R 图

仍以图 3.25 为例,产品对各种材料的“用量”实际上是根据产品包含的零件数量和零件的材料消耗“定额”推导出来的。也就是说,与“用量”相比,“零件数量”与“定额”是基本的数据,因为“用量”可以由它们推导求得。如果保留“零件数量”与“定额”,就可以消除“用量”。进一步说,“用量”又是产品与材料间的联系(“使用”)的属性,“用量”省去了,“使用”这个联系也可随之取消。这样,图 3.25 就改进为图 3.26,这就是包括生产和供应两个部门在内的系统的基本概念模式,或称为系统的基本 E－R 模型。

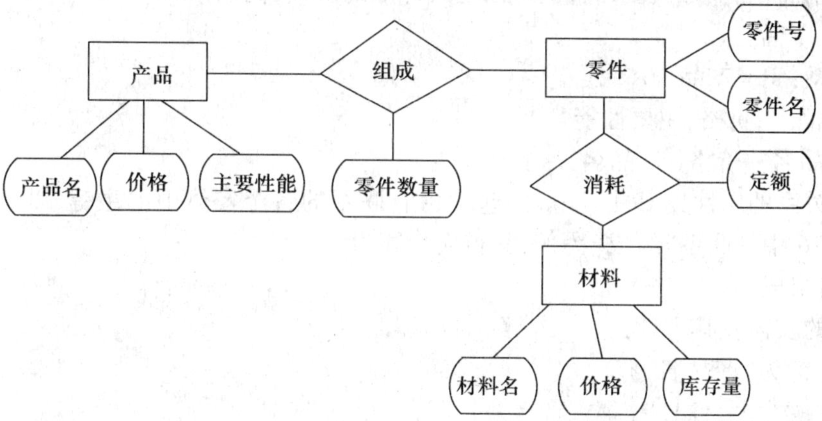

图 3.26　系统的基本 E－R 模型

消除冗余数据和冗余联系，是建立概念模式中的重要步骤。一般地说，冗余数据系指可由基本数据导出的数据，冗余联系可由基本联系导出的联系。这些冗余信息的存在，不仅将占用更多的存储空间，而且会增加数据管理的困难，甚至可能会在修改数据时破坏数据的完整性。

3.4.4　逻辑模式设计

逻辑模式设计包括初步设计和优化设计两个步骤，所谓初步设计，就是按照 E－R 图向数据模型转换的规则，将已经建立的概念模式转换为 DBMS 所支持的数据模型。

1. E－R 图向关系模型的转换

根据前面讨论的关系模型的特点，现在就是将实体和联系都表示为关系。现在结合图 3.21介绍具体作法。

把每一实体转换为一个关系首先要分析实体的属性，从中找出主键和属性间的依赖关系，然后将实体用关系 R(U,F)或其简化形式来表示，例如图 3.26 的 E－R 模型中有三个实体，可分别转换成以下三个关系：

实体名：产品

对应关系：产品(<u>产品名</u>，价格，主要性能)

实体名：零件

对应关系：零件(<u>零件号</u>，零件名)

实体名：材料

对应关系：材料(<u>材料名</u>，价格，库存量)

以上是用简化的形式表示的,也可以写成标准的形式,例如:

实体名:产品

对应关系:R=产品

U={产品名,价格,主要性能}

F={产品名→价格, 产品名 →主要性能}

在这类关系的属性集U中,一般应包含由它联系的各个实体中的主键,以及它本身的属性。以图3.26中的联系"组成"为例,其转换步骤为

联系名:组成

所联系的实体及其主键:

产品(主键为"产品名")

零件(主键为"零件号")

对应的新关系;

R=产品零件一览表

U={产品名,零件号,零件数量}

F={(产品名,零件号) →零件数量}

用类似的方法,可将图中另一联系"消耗"转换成以下对应关系:

零件用料表(<u>零件号</u>,材料名,定额)

2. 特殊情况的处理

以上介绍了一般的转换规则。在实际的E-R图中,实体与联系有各种不同的情况,转换时需要按实际情况灵活处理。

(1)不带属性的联系

把图3.27中的E-R图转换成对应关系。

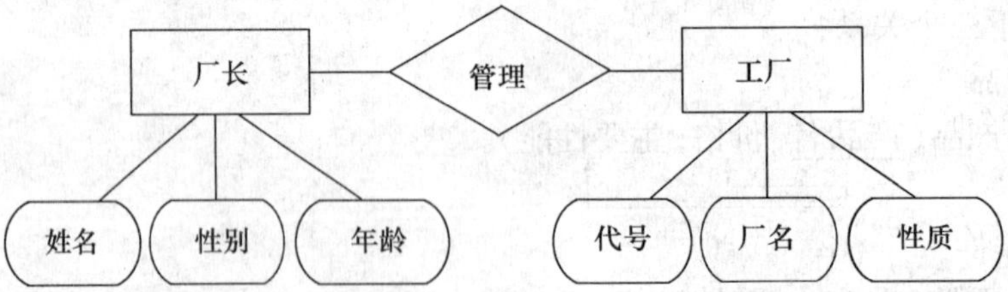

图3.27 1:1联系方式

转换后可得到:

实体或联系名	对应的关系
厂长	厂长(姓名,性别,年龄)
工厂	工厂(代号,厂名,性质)
管理	管理(姓名,代号)

图3.27中联系的类型是1∶1联系方式,即工厂与厂长是一一对应的,联系本身没有属性.所以其对应关系("管理")中的两个属性都是外来键,分别来自"厂长"与"工厂"关系的主键。

如果联系本身带有属性,如"任期",则"管理"中就要添设这一属性。

(2)带属性的一对多关系

将图3.28中的E-R模型转换为对应关系,转换后得到:

汽车(车号,车种,载客数,载重量)

司机(工号,姓名,性别,年龄,技术级别)

驾驶(车号,工号,值勤日)

(3)没有对应关系的联系

把图3.28扩充为包括单位的全体职工,如图3.29所示,将怎样进行转换呢?

图3.28 1∶n联系方式

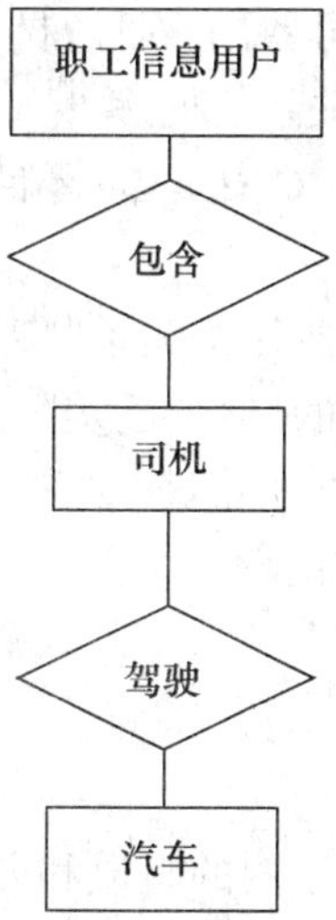

图3.29 没有对应关系的联系

由于职工中包含了司机,司机的属性可以减少到只包含"工号"与"技术等级",以减少冗余数据,此时E-R图可以转换为

实体或联系名 对应关系

汽车 汽车(车号,车种,载客数,载重量)

驾驶 驾驶(车号,工号,值勤日)

司机 司机(工号,技术级别)

职工 职工(工号,姓名,性别,年龄)

值得注意的是,图中的"包含"是一种特殊关系,专用于表明一个实体(例如"司机")是另一个实体(例如"职工")中的特定部分,它不需要与之对应的关系。

能不能干脆省去"司机"这一实体,把"职工"与"汽车"直接用"驾驶"联系呢?不能。因为大多数职工并不驾驶汽车,如果直接联系,就须在每个职工的信息中增加"技术级别"等仅与司机有关的信息,必然造成存储空间的浪费。

(4)存在与三个实体之间的联系

图3.30的三个实体之间存在多对多的联系。它表明,一个公司能向多项工程供应多种材料;每一工程需用到多种材料,并可由多家公司供应;每种材料均可由多家公司供给,并交多项工程使用。

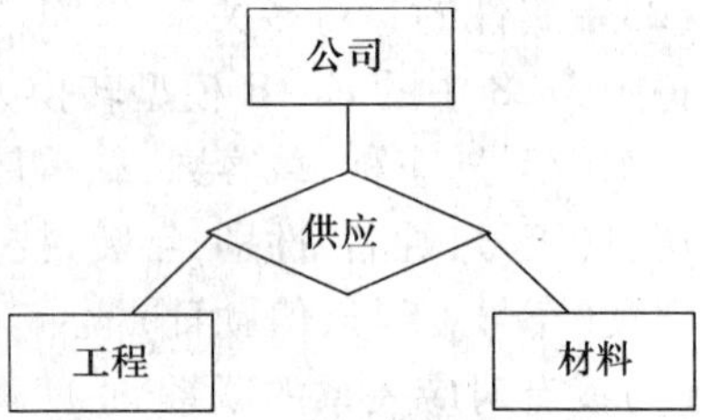

图3.30 1:n联系方式

若已知这三个实体的主键分别为"公司名","工程号"与"材料名",则它们之间的联系"供应"可转变为关系:

供应(公司名,工程号,材料名)

(5)单元关系的处理

去掉图3.26中实体"零件"的属性"零件名",只余下一个属性"零件号",转换时应怎样处理?

此时若仍然保留关系"零件",则该关系将只含一个属性("零件号"),变成单元关系。虽然语义是允许的,但缺乏实际意义。因此,可省去这一关系,保留其余四个关系("产品","材料","产品零件一览表","零件用料表")。如果想知道工厂共计有哪些零件,可通过"零件用料表"直接查得。

复习思考题

1. 简述局域网的组成和分类。

2. 数据库系统由哪几部分组成的,各部分有何作用?

3. 试述DBMS的主要功能。

4. 试述数据库系统的三级结构,这种结构的突出优点是什么?

5. 设有如下教学环境,一个班级有多名学生,一名学生只属于一个班。一个学生可以选修若干门课程,每门课程由多名学生选修。一位教师可以讲授若干门课程,一门课程只有一位教师主讲。每位教师属于一个教研室,一个教研室有若干位教师。请用E-R图画出概念模型。

6. 设有如下库存环境:在一个仓库里可以存放多种器件,一种器件可以存放在多个仓库中。一个职工只能在一个仓库工作,一个仓库有多名职工。一个职工可以保管所在仓库的多种器件，由于一种器件可以存放在多个仓库中，当然可以由多个职工保管。试用 E – R 图画出概念模型。

7. 试述数据库设计的步骤，并指出在前两个阶段当中所用的主要工具是什么？

8. 简述数据库逻辑设计阶段的步骤及内容。

9. 实地调查一个单位的信息需求，按照数据库设计步骤完成逻辑设计。

第 4 章　企业信息系统开发总论

4.1　企业信息系统开发的方法

常用信息系统典型开发方法包括结构化生命周期法、快速原型法、面向对象法和计算机辅助软件工程法。

4.1.1　结构化生命周期法

结构化生命周期法（SDLC，Structured Design Life Cycle）是一种采用结构化分析与设计的方法，按照生命周期的工作步骤来进行管理信息系统开发的方法。结构化方法由结构化分析、结构化设计和结构化程序设计构成。它是一种面向数据流的开发方法。结构化方法总的指导思想是自顶向下、逐步求精。它的基本原则是功能的分析与抽象。

所谓结构化分析，就是根据分解与抽象的原则，按照系统中数据处理的流程，用数据流图来建立系统的功能模型，从而完成需求分析。所谓结构化设计，就是根据模块独立性准则、软件结构准则，将数据流图转换为软件的体系结构，用软件结构图来建立系统的物理模型，实现系统的概要设计。所谓结构化程序设计，就是根据结构程序设计原理，将每个模块的功能用相应的标准控制结构表示出来，从而实现详细设计。

1. 自顶向下逐层分解的分析策略

面对一个复杂的问题，分析人员不可能一开始就考虑到问题的所有方面以及全部的细节，采取的策略往往是分解，把一个复杂的问题划分成若干小问题，然后再分别解决，将问题的复杂性降低到人可以掌握的程度。分解可分层进行，先考虑问题最本质的方面，忽略细节，形成问题的高层概念，然后再逐层添加细节，即在分层过程中采用不同程度的"抽象"级别，最高层的问题最抽象，而低层的较为具体。图 4.1 是自顶向下逐层分解的示意图。

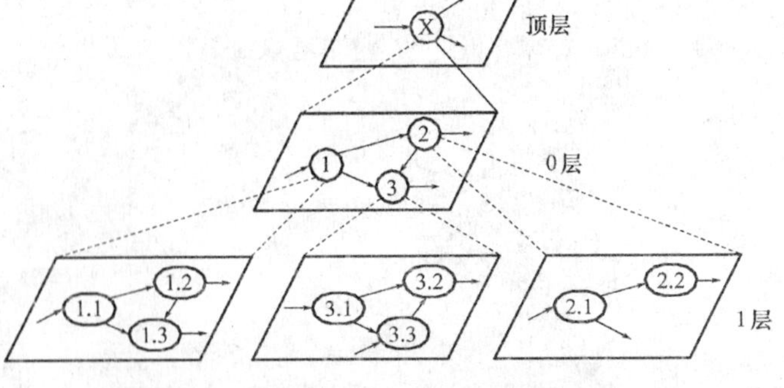

图 4.1　问题的逐层分解

顶层的系统 X 很复杂,可以把它分解为0层的1,2,3三个子系统,若0层的子系统仍很复杂,再分解为下一层的子系统1.1,1.2,1.3和3.1,3.2,3.3…直到子系统都能被清楚地理解为止。

2. 结构化生命周期法的开发过程

任何一个系统都遵循一个发生、发展和消亡的过程。新的系统在旧的系统基础上产生、发展、老化、淘汰,最后又被更新的系统所取代。如此连续、反复循环的系统发展更新过程被称为系统的生命周期。结构化生命周期法的开发方法以及各阶段生成报告如图4.2所示。

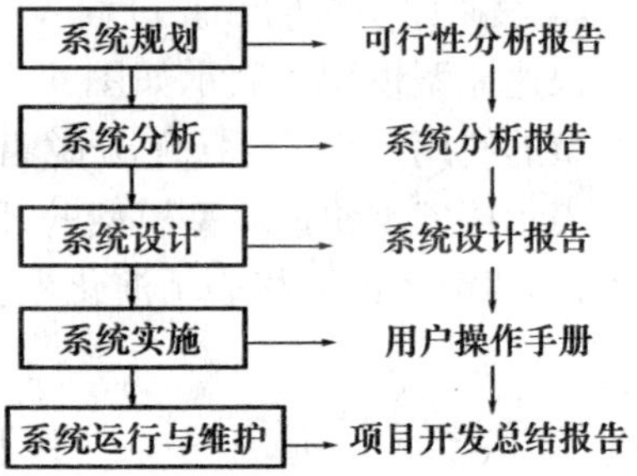

图4.2　结构化生命周期法

(1) 系统规划阶段

系统规划是由用户在现行系统因种种原因已不能适应企业发展的需要时,提出了建立一个新系统的要求开始,而进行的弄清原系统的问题,分析用户的需求及确定新系统开发的目标原则、方法等问题并进行可行性研究的工作。

(2) 系统分析阶段

系统分析是通过对企业现行系统现状、问题、需求、条件等调查分析,利用一系列图表工具,构造出新系统逻辑模型的工作。这一阶段的主要目的是要解决旧系统正在"做什么""怎么做"和新系统将要"做什么"的问题。

(3) 系统设计阶段

系统设计是在系统分析提出的逻辑模型的基础上,考虑如何用具体的物理设备和通信传输手段来实现系统各项功能的工作,也就是解决新系统具体"怎么做"的问题。

(4) 系统实施阶段

系统的实施是指按照系统设计提出的物理模型及实施方案来进行的设备安装与调试,程序设计与调试、业务人员培训与数据录入及系统测试与转换的工作。这一阶段实质是要将系统设计的物理模式变成能够实际运行的系统。

(5) 系统的运行管理与评价

这是新系统投入运行以后所进行的各项管理、维护工作,以及运行一段时间以后对系统工作质量、经济效益所进行的评价工作。这是保证系统正常运行及系统发展的需要。

4.1.2　快速原型法

快速原型法(RPP,Rapid Prototyping)是20世纪70年代中期开始提出的,旨在改进生命周期法缺点的一种系统开发的方法。它是根据用户提出的需求,由用户与开发者共同确定系统的基本要求和主要功能,并在较短时间内建立一个实验性的、简单的信息系统原型,在用户使用原型的过程中，不断地依据用户提出的评价意见对简易原型进行不断地修改、补充和完善，如此反复，使快速原型越来越能够满足用户的要求，直至用户和开发者都比较满意为止，就形成了一个相对稳定、较为理想的管理信息系统。

1. 快速原型法的开发过程

快速原型模型的表示如图 4.3 所示。图 4.3(a)说明了原型本身的表示，图 4.3(b)说明了原型的使用过程，图 4.3(c)说明了快速原型模型的开发过程。在图 4.3(c)中，实线箭头的连接表示探索型快速原型模型的开发过程，双线箭头的连接表示实验型快速原型模型的开发过程，虚线箭头的连接表示演化型快速原型模型的开发过程。

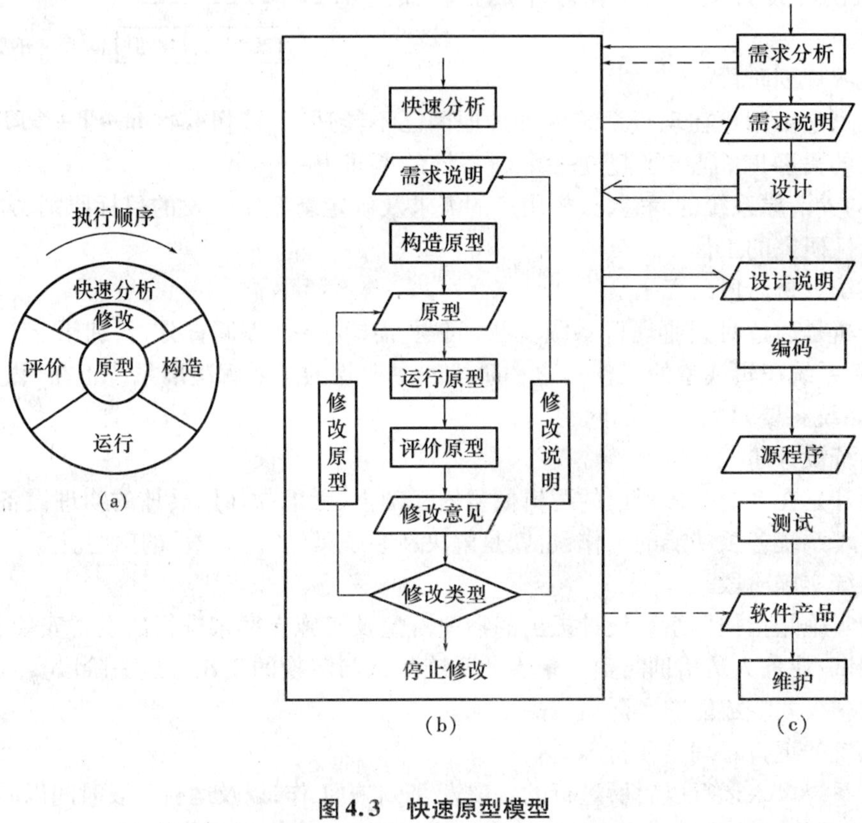

图 4.3 快速原型模型

(1)确定系统的基本要求和功能

确定系统基本需求和主要功能是建立快速原型法的首要任务和构造原型报告的依据。它是由用户通过对系统输出的描述来说明的。开发者根据用户对系统提出的主要需求与功能，确定计算机管理的范围和应具有的基本功能、人机界面的基本形式等，得到一个简单的计算机模型。通常在应用快速原型法的早期工作中，是以最简单的基本功能形式置入原型中的。

(2)建造初始快速原型框架

系统开发人员在明确了对系统基本要求和功能的基础上,依据计算机模型,以尽可能快的速度和尽可能多的开发工具来建造一个结构仿真模型,即快速原型框架。之所以称为原型框架,是因为这样的模型是系统总体结构中子系统以上的高层模型。

由于要求快速,这一步骤要尽可能使用一些软件工具和原型建造工具,以辅助进行系统开发。

(3)运行、评价、修改快速原型框架

快速原型框架建造成后,就要交给用户立即投入试运行,各类人员对其进行试用、检查分析效果。由于构造原型中强调的是快速,省略了许多细节,一定存在许多不合理的部分。所以,在试用中要充分进行开发人员和用户之间的沟通,尤其是要对用户提出的不满意的地方进行认真细致地反复修改、完善,直到用户满意为止。

(4)建造各子系统的快速原型,并将其连接到总体原型系统

用户基本满意的快速原型框架是管理决策的原型。作为一个管理信息系统,管理的范围很广,业务处理子系统很多,必须在原型的基础上通过各个子系统快速原型的构造,最后连接全部子系统快速原型,才能构成总体原型系统。

总体原型系统的建立需要通过用户和开发人员的密切合作,不断改造,反复迭代,直至双方完全满意才最终完成。

迭代结果有两种可能:一是系统双方都满意,原型成为正式原型,继续执行,最终可能成为一个完整管理信息系统;二是双方对系统都不满意,认为原型必须进行彻底的修改,或认为原型根本不可用,放弃原型。

(5)补充完善原型,形成最终管理信息系统

如果用户和开发者对原型比较满意,则将其成为正式原型,经过双方继续进行细致的工作,把开发原型过程中的许多细节问题逐个补充、完善、求精,最后形成一个适用的管理信息系统。

2. 快速原型法的特点

(1)系统开发效益高。运用快速原型法可以使系统开发的周期短、速度快、费用低,获得较高的综合开发效益。

(2)系统适用性强。由于快速原型法是以用户为中心的,系统的开发符合用户的实际需要,所以系统开发的成功率高,容易被用户接受。

(3)系统的可维护性。由于用户参与了系统开发的全过程,对系统的功能容易接受和理解,使得系统的移交工作比较顺利,而且有利于系统的运行、管理与维护。

(4)系统的可扩展性。由于快速原型法开始并不考虑许多细节问题,系统是在原型应用中不断修改、完善的。所以系统具有较强的可扩展性,功能的增减都比较灵活方便。

快速原型法的主要缺点在于系统的开发缺乏统一的规划和开发的标准,难以对系统的开

发过程进行控制,同时快速原型法对系统开发的环境要求较高。例如:开发人员和用户的素质、系统开发工具的运用,软件环境、硬件环境等,都对快速原型法的开发效果产生重要的影响。

快速原型法适用于在一般比较小的,或者有比较成熟借鉴经验的系统开发工作中运用。

4.1.3 面向对象法

面向对象法(OO,Object Oriented)是近十年来发展起来的基于问题对象的自底向上的一种系统开发方法。这种方法借助于软件工具综合的反映信息、过程和软件系统结构的关系,强调了从"用什么做"到"做什么",由系统内部结构去模拟现实世界。它解决了其他方法在开发过程中出现的不一致性的问题。

1. 面向对象法的开发过程

面向对象法的开发过程一般分为以下四个阶段。

(1)认识客观世界(如一个企业)中的对象以及行为,分别独立设计各个对象的实体。

(2)分析对象之间的联系和相互之间所传递的信息,由此构造客观世界(企业)所对应的信息系统的模型。

(3)由信息系统的模型转换成计算机软件系统的模型。

(4)由计算机软件系统模型再转化成一个现实系统。

2. 面向对象法的特点

面向对象方法最大的特点是以对象为基础,利用特定的软件模块,直接完成了从对象客体的描述到软件体系结构之间的转换,避免了其他的方法在开发过程中的不一致性和复杂性,使得系统的开发具有简单性、统一性、开发周期短、费用低的特点。

面向对象方法的主要缺点和快速原型法一样(略),因此这种方法也不适用于大的、复杂的系统开发。

4.1.4 计算机辅助软件工程方法

计算机辅助软件工程法(CASE,Computer Aided Software Engineering)是自20世纪80年代末期,从计算机辅助编程工具、第四代语言(4GLS)和绘图工具发展而来的一个大型综合计算机辅助软件工程开发环境。

CASE具有自动编程的功能,并逐渐发展成为可以进行各种需求分析、功能分析、结构图表生成(如数据流程图、结构图、层次化功能图)等功能的,支持整个系统开发全过程的一种大型综合系统。它简化了软件管理和维护工作,使开发者从复杂的分析设计图表和编程工作中解脱出来,从而缩短了开发的周期、提高了系统开发的质量和效率。

综合以上分析,结构化生命周期法、快速原型法、面向对象法和计算机辅助软件工程方法等,都具有各自的优点和不足,只有在实际运用中互相结合才能在系统开发中发挥较为理想的效果。

4.2　系统的战略规划

4.2.1　战略规划的重要性

企业战略规划是对企业在较长时期内关于发展方向、目标方面的计划。信息系统规划的必要性体现在以下四个方面。

1. 战略规划是系统开发的前提条件。

2. 战略规划是系统开发的纲领。

3. 战略规划是系统开发成功的保证。

4. 战略规划是系统验收评价的标准。

4.2.2　系统战略规划的方法

企业系统规划法(BSP, Business System Planning)是IBM公司在20世纪70年代开始采用的一种信息系统规划方法。由于该方法可操作性强,在信息系统规划中得到了广泛应用。企业系统规划法的基本思想是:信息系统是为企业目标服务的,信息系统应该能够满足企业各个管理层次的信息要求,并向企业提供一致的信息。信息系统由多个互有联系又相对独立的子系统以集成的方式构成,并且应该具有相对稳定的系统结构。

信息系统规划的基本思路:识别企业目标和战略;确定企业业务和企业数据;分析业务和数据之间的关系;根据业务和数据的聚合关系导出信息系统的子系统构成和结构。该方法的思路如图4.4所示。

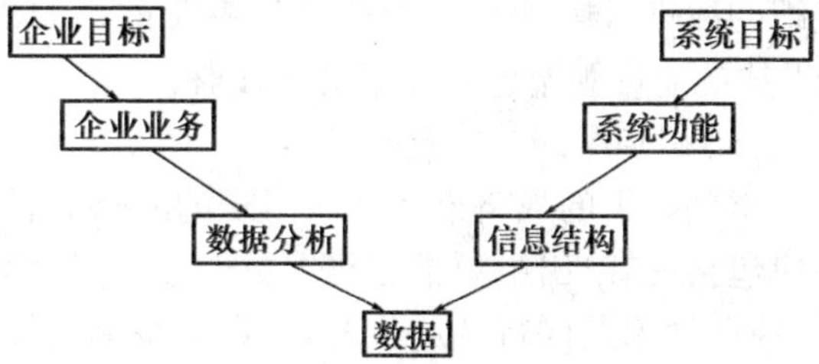

图4.4　BSP方法的基本思路

信息系统战略规划的方法很多,包括关键成功因素法,战略目标集转化法,企业系统规划法,企业信息分析与集成技术法,产出/方法分析,投资回收法,征费法等。下面仅介绍应用最多的三种方法。

1. 关键成功因素法

关键成功因素法(CSF, Critical Success Factors)是1970年美国哈佛大学教授Willian Zani提出的,并在MIS模型中首先应用的一种方法。该方法包含四个步骤。

(1)了解企业目标。

(2)识别关键成功因素。

(3)识别性能的指标和标准。

(4)识别测量性能的数据。

其中关键因素识别就是识别联系系统目标的主要数据类及其关系。经常运用树枝因果图来分析这些关键因素。其原理可以用图4.5来表示。

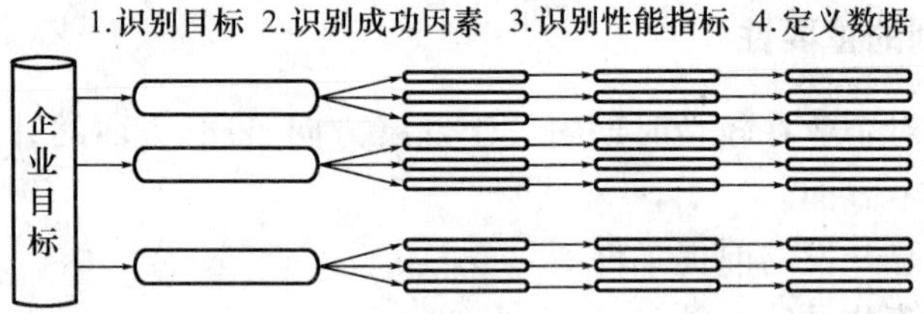

图4.5 关键成功因素法

CSF法能够抓住主要矛盾,使目标的识别重点突出。它比较适合在高层领导的规划中应用,因为高层领导面临的非结构化问题较多,自由度较大,经常考虑的是关键因素问题。

2. 战略目标集转化法

战略目标集转化法(SST,Strategy Set Transformation)是1978年由William King提出的一种确定信息系统战略目标的方法。该方法是将整个战略目标看成是由使命、目标、战略和其他战略变量(如管理的复杂性、改革的习惯以及重要的环境约束等)组成的一个"信息集合"。把组织的战略目标转变为管理信息系统战略目标的过程就是管理信息系统的战略规划过程。SST法的应用基本包括以下两个步骤。

(1)识别组织的战略集

识别组织的战略集是在该组织的战略集长期计划的基础上进一步归纳描绘的。内容和步骤应包括:描绘出组织中各类人员的结构,如卖主、经理、雇员、供应商、顾客、贷款人、政府代理人、地区社团及同行业竞争者等;识别每类人员的目标;识别每类人员使命及战略。

当识别组织的战略后,应立即交企业组织负责人,经审阅修改后进行第二步。

(2)将组织战略集转化成管理信息系统的战略集

将组织战略集转化成管理信息系统的战略集的过程应该是一一对应的,包括目标、约束、设计原则,最后提出一个完整的管理信息系统结构。这个结构经企业组织负责人审查批准后就可以实施了。

战略目标转移过程如图4.6所示。

SST方法从另一个角度去识别管理目标,反映了各种人员的要求,而且给出了按照要求分层,然后转化为管理信息系统目标和结构化方法。它能够保证目标的描述比较全面,但是重点不太突出。

3. 企业系统规划法

企业系统规划法(BSP，Business System Planning)是美国IBM公司在20世纪70年代初用于企业内部系统开发的一种方法。这种方法是基于用信息支持企业运行的思想，首先是自上而下的识别系统目标、识别企业的过程、识别数据，然后再自下而上的设计系统目标，最后把企业的目标转化为管理信息系统战略的全过程。这个过程可以归纳为以下四个阶段13个步骤，如图4.7所示。

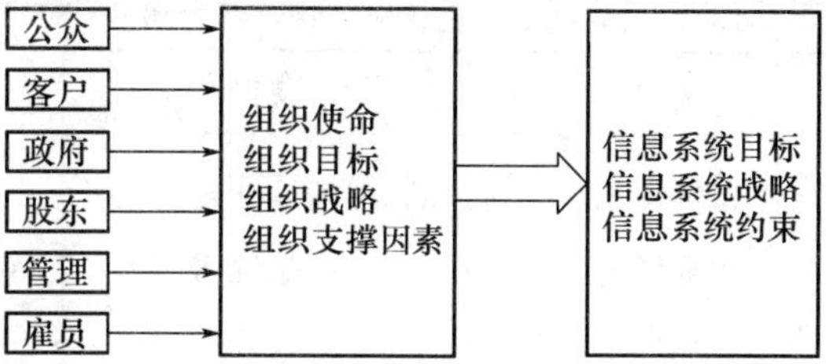

图4.6　战略目标转移过程

(1)准备阶段

准备阶段是系统规划的前期工作，包括以下三个方面的工作。

①在企业领导及主管部门批准后，立项下达任务，明确系统开发的目标，成立系统开发的组织。

②做好系统调查计划、对象、大纲的准备工作。

③开好动员会，这是系统开发工作开始前的一次重要会议。它由信息系统开发负责人介绍企业的现状、组织机构、决策过程、用户对现有系统的看法和对新系统的期望，统一明确对系统开发的问题和要求等。

(2)系统分析阶段

系统分析阶段是系统规划的基础工作，是系统设计工作的前提。包括以下四个方面的工作。

①定义企业过程。它是指识别企业逻辑上相关的一组决策和活动的集合。企业管理活动是由许多企业过程组成的，主要归纳为计划与控制、产品和服务及支持资源三个方面。识别企业过程实际也是识别这三个方面的过程。

计划与控制的企业过程识别是从第一个源计划与控制的过程出发，经过分析、讨论、研究和磋商，逐步地可以将企业的战略规划和管理控制方面的过程列成表，见表4.1。

表4.1　计划与控制过程

战略规划	管理控制	战略规划	管理控制
经济预测	市场/产品预测	预测管理	预算
组织计划	工作资金计划	目标开发	测量与评价
政策开发	职工素质计划		
放弃/追求分析	运行计划		

产品与服务的企业过程识别是按照产品的生命周期(要求、获得、服务、退出)的每个阶段来列出产品与服务过程。这个过程也是由不太合乎逻辑开始，是一个逐步识别、合并、调整的过程，见表4.2。

表 4.2 产品与服务的企业过程

要求	获得	服务	退出
市场计划 市场研究 预测 定价	工程设计开发 产品说明 工程记录 生产调度	库存控制 接受 质量控制 包装储运	销售 订货服务 运输 运输管理

支持资源的企业过程识别也是按照资源的生命周期,列举出企业资源(包括资金、人才、材料、设备等)的企业过程,如表 4.3 所示。

表 4.3 支持资源的企业过程

资源＼周期	要求	获得	服务	退出
资金	财务控制 成本控制	资金获得 接收	公文管理 银行账 会计总账	会计支付
人才	人事计划 工资管理	招聘 转业	补充和收益 职业发展	终止合同 退休
材料	需求生产	采购 接收	库存控制	订货控制 运输
设备	主设备计划	设备购买 建设管理	机器维修 家具、附属物	设备报损

企业的过程识别除以上的制表法以外,还有流程图法和模型法,在此不再介绍。总之企业的识别是 BSP 方法的核心与关键。它可以帮助加深了解企业是如何完成其目标的,也是信息识别和构成信息系统的基础。

②定义数据类。它是指对能够激发企业管理活动所需求数据的识别。其目的是要了解企业当前数据状况和数据要求,查明数据共享的关系,建立数据类过程矩阵,为设计信息系统的体系结构提供基础。定义数据类工作有以下三个步骤。

a. 分解数据类。根据资源的管理过程可以将数据分解为计划型、统计汇总型、存储文档型和业务型四种。根据对企业组织机构的输入/输出数据的调查,结合数据的四个类型可以绘制出实体/数据类型表,如表4.4所示。

表4.4　实体/数据类型表

实体 数据类	产品	客户	设备	材料	资金	人员	其他
计划型	生产计划 生产作业计划 新产品开发计划 质量计划、规划	销售计划 市场研究计划	设备维修计划 机台定额 计量器及维修计划	原材料采购计划 原辅料使用计划 零件耗用计划 原料定额	财务计划 财务预算	劳动工资计划 劳动定额通知 职工培训计划	工作计划
统计汇总型	生产日报、月报 成品收付存月报 成品半成品检验记录汇总表 在产品质量汇总日报 产品抽验记录汇总	合约质量月报 销售合同汇总 产成品销售历史 市场营销数据	车队月工作量统计表 设备利用汇总	水、电、汽月耗表 材料发出汇总表 自制材料入库汇总 原材料收、付、存月报 库存情况报告	工业总产值、净产值 厂外加工费明细表 机配件加工费分配表	经济责任制考核报表 劳动生产率劳动时间利用报表 职工人数统计 考勤表	工伤事故统计表 样品材料计算报表

表 4.4(续)

实体 数据类	产品	客户	设备	材料	资金	人员	其他
存储型	规章制度指令、通知、文件等 工艺单/新产品工艺 成品半成品质量标准 成品半成品实验标准 成品半成品、在制品质检报告 质量分析报告	成品半成品销售登记表 客户档案消费数据	工序实验记录 设备维护记录 设备事故记录 设备使用记录	原材料实验报告单 原材料质量日报 产品组成表 用料计算表	会计报表 产品成品价格表	工资表 职工档案	样品库存明细表 劳保、环保、安保、规章制度 消防、治安有关规定
业务型	发票(提货单) 成品半成品入库单 订货合同成品半成品返修单 产品检验单	发运记录	固定资产转移、退库报废单 固定资产盈亏报表	领料单 采购通知购(销)合同 入库单 出库单	采购借款单 应收应付业务	人员流动通知 劳动定额通知 人员流动报表	样品调拨单

b. 绘制数据类/过程矩阵图。在分解数据类和数据/信息转换的基础上，将数据类作为列，数据过程(或功能)作为行，按照关系为生成时填写 C，关系为使用时填写 U，关系为无用时空着不填的原则，就可以绘制出初步的数据类/过程关系矩阵图，也称为 U/C 图，如图 4.5 所示。

③分析当前系统的支持。这是指对现行系统在开发新系统中能提供的支持条件的调查分析。如领导的支持，管理的基础、技术、设备和资金等资源情况。

(3)系统设计阶段

系统设计阶段包括以下两方面的工作。

①设计信息系统的总体结构。实际上也是划分子系统的工作。它分为以下两个步骤。

第一步是将图 4.7 中 U/C 矩阵中的内容进行调整。将开始时 U/C 矩阵中随机排列的 U 和 C 调整为使数据类的排列符合过程的生成顺序。具体作法是：从上至下地检查每个过程，若过程行中有生成关系 C，则将对应的数据类列左移。如将销售预测过程中的两个 C(预算和计划)移至第

1,2 列;将产品设计过程中的两个 C(产品和零件)移至第 4,5 列。依此类推,反复调整,最后使 C 尽量形成了矩阵中的对角线,也就形成了信息系统中各子系统的初步界限,如图 4.8 所示。

过程＼数据类	顾客	预算	财务	供应厂家	材料计划	材料库存	产品库存	顾客合同	费用	销售	价格	收支	计划	人员	工资	在制库存	生产进度	机床负荷	采购合同	工艺	产品	设备	零件	材料定额	工时定额
市场分析	U							U		U	U		U								U				
产品调查	U							U		U	U										U				
销售预测	U	C								U	U		C								U				
财务计划		U	U						U				C												
借贷资金		U	C										U												
基金管理		U	U																						
产品设计													U								C		C		
产品工艺																				C	U		U		
制订定额																				U	U		U	C	C
材料计划				U	C	U							U						U		U			U	
采购				C	U	U													C		U			U	
进货				U	U	U													U						
库存控制						C			U								U		U						
作业计划						U							U			U	C	C		U			U		U
在制品控制							U		U							C	U			U			U		
作业安排														U		U	U	U		U					U
设备管理																		U				C			
设备维修																		U				U			
机床安排																		U		U		U			
顾客服务	C						U	U		U	U										U				
产品库存管理							C	U	U	U	U														
顾客合同管理	U						U	C		C	U														
包装								U													U				
运货	U							U																	
财务记账		U	U					U			U	C							U						
出纳		U	U						U		U	U			U										
现金收支									U			C			U										
费用计算						U	U		C			U			U	U						U			
预算计划		C	U					U	U			U	U			U									
成本计算			U						U		C	U													
利润分析			U						U		U	U													
人员管理				U									U	C	C										
招工													U	U	U										
人员分配														U											U
考勤														U	C										U
支付工资			U											U	U										

图 4.7　U/C 矩阵调整图

④分析对新系统的要求。这是指对企业领导和各管理职能部门对新系统要求的调查分析。如对信息的种类,提供信息的周期和格式的要求等。

过程 \ 数据类	预算	计划	财务	产品	零件	工艺	材料定额	工时定额	材料计划	供应厂家	采购合同	材料库存	生产进度	机床负荷	在制库存	设备	顾客	产品库存	顾客合同	销售	收支	费用	价格	人员	工资
市场分析		U		U													U		U	U			U		
产品调查				U													U		U	U			U		
销售预测	C	C		U													U			U			U		
预算计划	C	U	U												U				U		U	U			
财务计划	U	C	U																			U			
借贷资金	U	U	C																						
基金管理	U		U																						
产品设计		U		C	C																				
产品工艺				U	U	C																			
制订定额				U	U	U	C	C																	
材料计划		U		U			U		C	U	U	U													
采购				U			U		U	C	C	U													
进货									U	U	U	U													
库存控制											U	C	U									U			
作业计划		U			U	U		U				U	C	C	U										
在制品控制					U	U							U		C			U				U			
作业安排						U		U					U	U	U									U	
设备管理														U		C									
设备维修														U		U									
机床安排						U								U		U									
顾客服务				U													C	U	U	U			U		
产品库存管理																		C	U	C		U	U		
顾客合同管理																	U	U	C	C			U		
包装				U															U						
运货																	U		U						
财务记账	U		U								U								U		C		U		
出纳	U		U																		U	U	U		U
现金收支																					C	U			U
费用计算												U			U	U		U			U	C			
成本计算			U																		U	U	C		
利润分析			U																		U	U	U		
人员管理		U	U																					C	C
招工		U																						U	U
人员分配								U																U	
考勤								U																U	C
支付工资			U																					U	C

图 4.8 U/C 矩阵调整图

第二步是将排列好的 U/C 矩阵转换为数据流程图。具体作法是在 U/C 图中各业务子系统的界限之外寻找对应的 U，确定画出输入、输出各子系统的数据流，经过整理后就得到了新系统的数据流程总图，如图 4.9 所示。

②确定系统开发的优先次序。管理信息系统的总体结构由若干个子系统组成，它的开发优先顺序要根据企业的需求程度、领导重视程度、各项资源的支持程度等因素的具体实际情况来确定。

(4) 文件归档阶段

文件归档工作主要是对以上各项工作的总结归纳。主要包括建议书和开发计划两个方面文件的制定工作。这是系统开发阶段性的成果，形成的报告经由有关领导和部门的审批后即可进行实施。

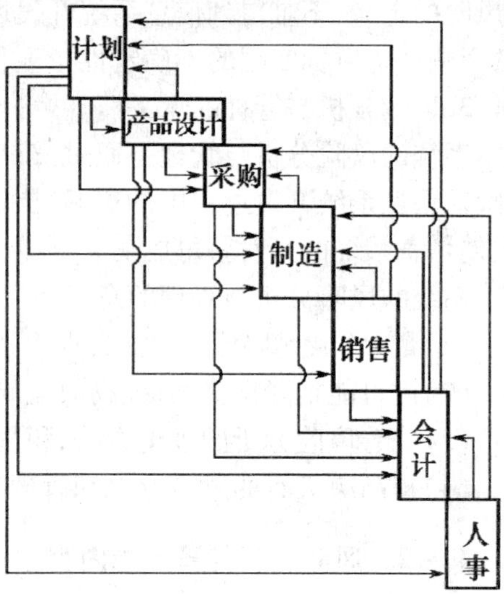

图 4.9　U/C 矩阵图转换为数据流程图

4.3　信息系统的风险分析与管理

4.3.1　风险分析与管理的意义

1. 风险的概念

风险是现代社会中经常用到的一个术语。但是由于人们站在不同的角度各自有不同的解释，所以若想对风险下一个确切的定义并非易事。这里给出两种较为普遍的定义。按照字面通俗地解释：风险是不幸事件(生命与财产受到损失或损伤)发生的可能性，或者说风险是一个事件产生人们不希望的后果的可能性(概率)。这种解释强调了风险是某预期后果遇到了不利的情况，而且这种不利的情况是可以用概率去描述的。

然而以上的解释对于社会问题或大的、复杂的经济系统是不完全的。美国 Cooper D. F and Chapman C. B 在《大项目风险分析》一书中对风险给出了较为权威的定义："风险，是由于从事某项特定活动过程中存在的不确定性而产生的经济或财务损失，自然破坏或损伤的可能性"。这种解释强调了两点：一点是风险是由可确定因素和不确定因素所产生的，对这一点美国水资源委员会也曾定义可确定因素是可以用已知的或能得到专家们一致估计的概率分布去描述各种可能的后果；另一点是产生的后果具有损失或盈利的两种可能，即风险是一种损失或盈利并存的机会。

总结以上的定义，风险可归纳为：可以分析的不确定性产生的损失或盈利的机会。有了以上风险的定义,不难得到信息系统开发风险的定义:它是指在信息系统开发的生命周期全过程中,影响系统目标实现的不确定性产生积极或消极影响的事件发生的机会。

2. 风险分析与管理的意义

系统的风险分析与管理是通过辨识那此可能影响信息系统开发的各种不确定因素,揭示风险对信息系统开发过程中的影响,制定风险管理的方法措施,最终达到降低风险的不利影响,使信息系统的开发获得成功。

系统的风险分析与管理的意义主要有以下几点。

(1)最大限度地降低不利影响的可能性,排除干扰,为信息系统的开发创造平静、稳定的环境。

(2)尽可能地降低费用,提高效益。

(3)完善风险分析的理论方法,积累风险分析与管理的经验。

(4)提高决策者的风险意识和管理决策的能力。

4.3.2 风险分析与管理的内容

1. 风险分析的内容

关于风险分析美国 Champan C. B 在 1987 年所著的"Risk Analysis for Projects"一书中作了如下定义:风险分析是分析处理由不确定性产生的各种问题的一套方法,包括风险的辨识(Identification)、风险的估计(Evaluatition)和风险的控制与管理(Control and Management)。

这个定义指出了风险分析的工作对象是由不确定性产生的各种问题,同时也指出了风险的辨识、风险的估计和风险的评价是风险分析包括的主要内容。其内容组成的风险分析框架如图 4.10 所示。

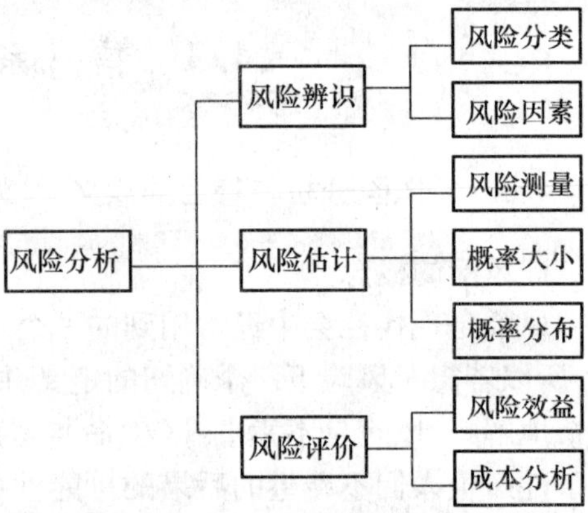

图 4.10 风险分析的组成框架

(1)风险的辨识

风险的辨识是指在信息系统开发之前对可能引起风险的因素和产生后果所进行的分析工作。它包括以下两项具体工作。

①风险的分类

风险的分类是按照一定的原则对可能发生的风险进行归类。按照研究风险的不同角度,大致有以下几种风险分类的方法。

a. 按风险的严峻程度可以分为两类。

第一类为特殊风险,也称为非常风险。这类风险主要指由于战争、政变等政治原因引起的政权更迭,导至项目合同作废,没收承包商财产等后果的政治风险,以及由于地震、洪水等导致项目无法进行,财产遭受损失的自然风险。这种风险一般是致命的几乎无法弥补的风险。

第二类为非特殊风险,这类风险泛指特殊风险以外的风险。这类风险一般通过必要的防范措施是可以转移或者避免的。

②按风险来源的性质可分为五类。

第一类为社会环境风险,是指由于国际、国内的政治、经济政策的波动,或者由于自然界产生的灾害而给信息系统开发的双方带来的后果。例如政策变化、外汇汇率的涨落等,以及自然灾害等。这种风险是属于大环境下因素变化造成的,它所带来的后果是泛指处在这一环境变化中的所有项目,而不是某一个具体项目的承包商,这类风险造成损失的大小主要取决于承包商调整承包战略的能力。

第二类为经济风险,是指由于与信息系统开发相关的经济因素变化,而给项目开发双方带来的可能后果。例如价格、税收、工资等因素的变化。

第三类为技术风险,是指由于与信息系统开发相关的技术因素的变化,而给开发双方带来的可能后果。如系统开发各阶段的设计质量水平、系统文件的编制水平、设备和功能指标等因素的变化。

第四类为公共关系风险,是指由于与信息系统开发相关的各种内部、外部的关系因素的变化,而给开发双方带来的可能后果。如信息系统开发内部各阶段、各层次人员的关系,与外部各主要部门之间的关系,以及与开发商、同行业之间关系等因素的变化。

第五类为管理风险,是指由于与信息系统开发有关的管理职能与管理对象等因素的变化,而给开发双方带来的可能后果。如管理组织、领导素质、各阶段开发监督和协调等因素的变化。

除了以上风险分类的方法以外还有许多不同的方法,例如可以按信息系统开发的各阶段来进行风险分类等。这要视系统开发的具体实际来运用。

②风险因素的辨识

风险因素的辨识实际上是以风险分类为基础,对各种风险因素的细划与归类,也就是要找出该项目将遇到的风险是什么,这是进行风险分析的前提。若按信息系统开发的风险来源性质进行各类子风险的因素辨识,如表4.5所示。

表4.5 信息系统开发风险分类及因素

信息系统开发的风险	社会环境风险	战争和内乱,国际关系,国家政策,外汇汇率,通货膨胀,新技术发展,同行业竞争
	经济风险	设备价格,税收变动,工资变动,人员的增加和减少,工期变化
	技术风险	系统规划,系统分析,系统设计,系统实施,系统运行,系统保护,各项文件编号,设备功能,机房设施
	公共关系风险	与立项单位关系,与主管部门关系,开发单位与内部各方的关系,计算机人员与管理人员关系,开发方同行业之间的关系
	管理风险	领导素质,组织机构计划,开发各项目组成员素质,开工准备,各阶段的协调

图中各类风险的因素只是一般情况下信息系统开发遇到的主要风险因素，并不全面，仅供在今后的实践中参考。

(2)风险的估计

风险的估计是指对风险辨识得到的各风险要素进行测量，得到某一风险要素发生的概率以及导致后果的性质大小和概率。如果说风险辨识回答的是要遇到的风险是什么，风险估计则回答的是这种风险有多大。

(3)风险的评价

风险的评价是对各种风险要素发生的概率以及对后果产生的影响进行的分析、比较、论证、选出最优方案的工作。也就是要回答各风险因素影响是什么，对待这些风险因素的方法是什么，最优的方案是什么。

2. 风险管理的内容

风险管理是指在风险分析的基础上，为了将风险限制在最低限度而进行的各项管理工作的总称。实际是如何具体落实控制风险的方案。它包括建立健全职能管理的组织；确定风险管理的策略、风险管理的评价与反馈三项工作。

(1)建立健全管理组织

是指将一个项目看作一个整体，在信息系统开发的整个生命周期中建立相应的风险管理部门。这里的风险管理部门根据项目的大小和需要，可以独立的组成，也可以由原项目管理部门兼做风险管理的工作。负责制定具体的风险管理政策、步骤、目的以及责任。这样有利于贯彻全过程风险管理的思想，并且避免了重复性工作，节约了信息系统开发的总成本。

(2)确定风险管理策略

是指对风险分析作出的各种风险评价，判定出合适的管理方法。风险管理策略一般分为两大类：一类是采取旨在避免或降低风险发生的可能以及造成危害的策略，也称为风险控制策略；另一类是采取旨在弥补风险可能产生的损失的策略，也称为风险融通策略。具体的风险管理策略有以下四种方法。

①风险的回避

风险的回避是指充分利用合同的条款而回避减少风险的方法。它一般包括采取增设保值的条款；选择合适的外汇计价结算方式和结算方式和减少预付、垫付资金数额等策略。

②风险的分散与转移

这是一种将风险向其他部门分散、转移而减少项目风险的方法。风险转移的方向有以下两个方面。

a. 向保险公司投保转移风险

这是将一部分不可抗拒的特殊风险（如战争、自然灾害、意外事故等造成的风险）转移给保险公司来承担的办法。如人身事故险、机械安全险、货物运输险以及战争保险等。这种方法虽然要支付一定的保险费用，但相对于风险损失而言要小得多，况且保险费用是可以计入工程成本的。

在是否参加保险的决策时，可以引入生存风险度的概念

$$生存风险度\ SD = \frac{决策可能带来的最大损失}{致命损失}$$

式中决策可能带来的损失有两种可能：一种是当前决策投保时，所支付保险费的损失；另一种是指致命损失（投保的资产金额）。

当生存风险度 SD≪1 时就应该投保，所以对一些资产较大，且存在风险的因素应该通过投保险公司转移风险。

b. 向子项分包商转移风险

这是指在子项分包合同中，要求分包商接受合同文件中的各项条件，使分包商分担风险的方法。这是一种国际承包商常用的风险转移的方法，一般国际通用的分包合同范本中有明确的规定，分包商也是能够接受的。

③风险损失的控制

风险损失的控制是通过内部的经营及管理方面对风险的控制而减少经济损失的方法。这种方法包括控制成本和提出索赔两个方面。

a. 控制成本

控制成本是对信息系统开发的各项费用控制在总成本计划中。这里首先要制订成本计划，要为不可预见的因素或风险留有余地，在投标定价中应考虑增加一定比例的风险费，在国内称作不可预见费或应急费；其次是加强信息系统开发过程中的成本管理，经常统计考核成本指标，密切注意并反馈风险发生发展征兆，以便采取必要的控制措施。

b. 提出索赔

这是根据合同条款向项目的所有权单位，保险公司和子项承包商要求经济赔偿的方式。

④风险的投机与利用

在风险的管理过程中，管理者必须要充分地认识到风险分为两种类型：一种称为纯粹风险；一种称为可利用风险。纯粹风险是有害的风险。这种风险不是由项目开发者可以控制的，只能想办法尽量地减少或转移一部分风险。可利用风险也称为可投机风险。这种风险存在着有利和不利的两个方面，只要项目的开发者充分认识这种风险的可利用一面，及时准确地做好预测，并主动地创造索赔条件，就可以变不利为有利，使风险的因素成为盈利的来源。

（3）风险管理的评价

是指对风险管理过程中的协调与监督工作。这项工作是动态反馈的过程，每一个过程的结论都可能向前一过程反馈，以便协调整体的风险管理效果。

（4）风险分析的技术方法

风险分析是一门理论性和实用性都很强的综合性学科。在风险分析的过程中，运用一定

的定量技术方法是正确地进行风险辨识、估计、评价与管理的保证。风险分析的方法很多,主要包括专家调查法,层次分析法,概率统计法,蒙特卡罗模拟法,敏感性分析以及投资成本分析与 CIM 模型法,费用－概率曲线法等。

3. 风险分析与管理工作过程

综上所述,系统的风险分析必须在信息系统立项的前期进行,系统的风险管理必须贯穿在信息系统的全过程之中,并且风险分析与管理只有有机地结合,才能保证风险管理工作有序地高效地进行。现归纳出系统的风险分析与管理方法的工作流程,如图 4.11 所示。

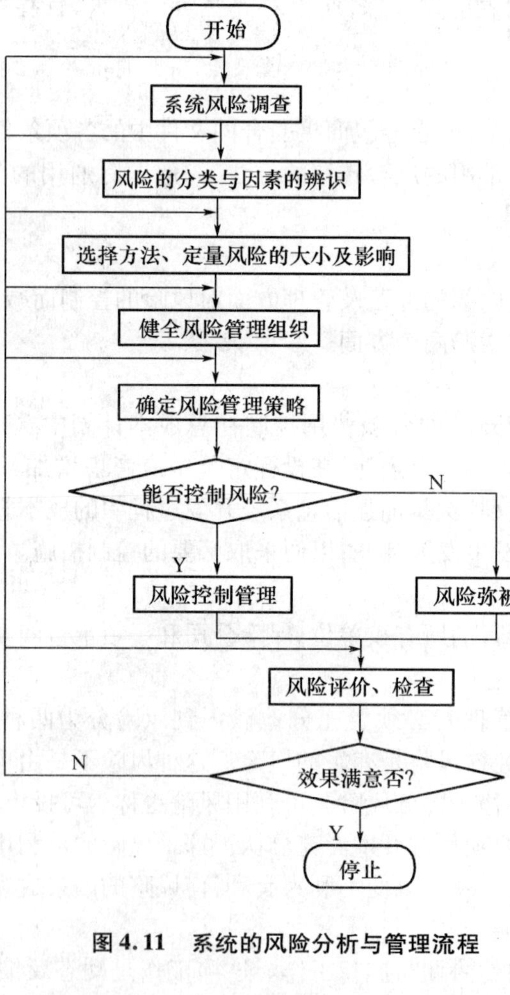

图 4.11 系统的风险分析与管理流程

复习思考题

1. 什么是生命周期，生命周期经过哪些阶段，有什么特点？
2. 简述快速原型法的原理和特点。
3. 战略规划的重要性体现在哪几方面？
4. 战略规划有哪几种方法，简述每种方法的规划过程。
5. 简述由初始 U/C 矩阵转化为数据流程图的过程。
6. 什么是风险，进行风险分析与管理有什么意义？
7. 风险是如何辨识的？

第5章　企业信息系统分析

企业信息系统分析阶段完成企业系统初步调查和可行性分析，在确定新系统可行后进入系统详细调查与结构分析阶段。系统分析阶段需要完成新系统的逻辑设计，编写系统分析报告。

5.1　企业信息系统分析概述

5.1.1　系统分析的定义

系统分析又称为新系统的逻辑设计，以系统的观点对已选定的对象与开发范围进行有目的、有步骤的实际调查和科学分析。系统分析的目的是要弄清楚新系统将做什么，依据用户的需求和管理部门提出的目标，确立新系统的范围和功能。系统分析是建立新系统模型的关键阶段。系统分析从现行系统入手，通过详细调查研究和分析，反复讨论和修改后得到目标系统的逻辑模型。

系统分析阶段的基本任务是：系统分析员与用户一起充分讨论用户的要求，并把双方的理解用系统说明书表达出来。系统说明书审核通过之后，将成为系统设计的依据和将来验收系统的依据。它是一个反复调查、分析和综合的过程，是下一阶段工作的基础，为系统设计提供“怎样做”的依据，系统分析工作深入与否直接影响到系统设计的质量。许多信息系统开发失败的原因往往是忽视或没有做好系统分析。

5.1.2　系统分析的原则

做好系统分析阶段的工作要掌握以下三个原则。

1. 逻辑模型与物理模型分开考虑的原则

系统的逻辑模型，是根据用户的具体情况，规定出所设想的信息系统应该做什么，应该具有什么样的功能。所谓逻辑，是与物理相对而言的，是从抽象的信息处理的角度看待系统，而不问这些功能是用什么具体的技术手段来完成的，也不问这些任务是用什么具体的处理方式来实现的。把逻辑模型和物理模型分开考虑是从大量经验中得出的一条重要原则。在开始使用计算机时，往往马上就想要编程序，这样会造成许多麻烦，常常是多次返工。因此，在系统分析阶段，只考虑逻辑模型，而在下一阶段才设计系统物理模型。

2. 系统研制人员与用户相互沟通，满足用户要求的原则新系统逻辑模型是否满足用户需求,这是系统分析开发所面临的重要问题。系统分析阶段用户和系统研制人员一起来充分理解用户的需求,并把共同的理解明确地表达出来,这常常是很难做到的。因为用户和系统研制人员之间缺乏共同的语言,双方交流时存在着隔阂,用户熟悉本身的业务但不熟悉计算机技术,系统研制人员则熟悉计算机技术而不了解用户的业务。系统研制人员考虑的是程序结构、程序语言、数据结构等问题,而用户并不能确切地理解这些概念。于是系统研制人员往往急于求成、在未明确新系统究竟应该“做什么”的情况下,就开始进行模块设计、程序编写等工作,而用户却不清楚开发人员在设计一个怎样的系统。直至系统完成之后,用户才发现它们不符合要求,但这已经太迟了。这是造成系统开发失败的主要原因之一。

3. 采用结构化分析的原则

结构化是一般系统工程常用的方法之一。它是有组织、有计划、有规律的一种安排。结构化分析的基本思想是以抽象和分解为手段,对系统进行自顶向下的逐层分解,逐步细分,逐步求精,从而达到易于理解的目的。

分解就是把一个复杂的系统分割成若干个较小、较易解决的问题,然后分别处理。一个复杂系统在刚接触时往往会感到无从下手,如果运用了分解的手段,把系统自顶向下逐层分解,就能清楚地把一个大系统分解成若干子系统,每个子系统又可分为若干个功能模块,每个功能模块又能分成若干个处理,依次分割,直到不能再细分为止。这时在我们面前就非常明朗和清晰地展示了整个系统的内容,就能容易理解系统。

分解时必须采用抽象的方法,抽象就是把复杂的处理内容隐蔽起来,例如在系统最顶层把系统内部如何处理的细节都隐蔽了,只反映系统总的目标及系统与外界的信息关系。当分解下一层时,把各子系统如何处理的细节隐蔽,只反映了系统由几个子系统组成,相互之间的信息关系如何。所以在分解时,上一层是下一层的抽象,下一层是上一层的分解。由于将大量细节隐蔽在下一层,使得上一层得到简化,如此不断细分,也就逐步求精,往往最后一层就单一地表达具体做什么细节。这种从抽象着手,逐步具体的方法使复杂系统得到简化,使系统研制人员能容易地掌握系统的本质问题。这个原理可用图5.1来示意。

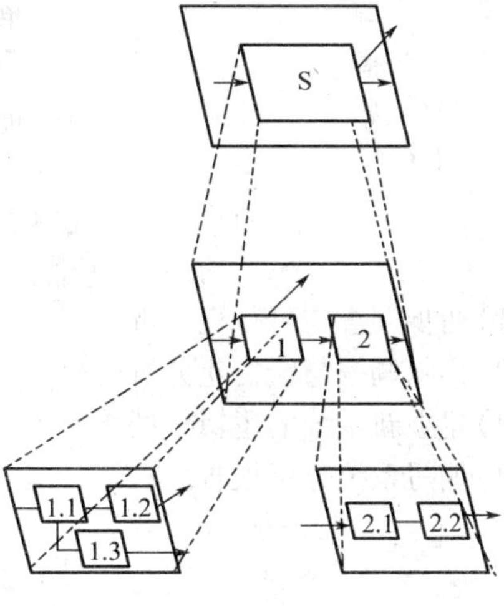

图5.1 结构化分析示意图

5.1.3 系统分析工作的任务

系统分析工作开始于用户提出开发新系统的需求,首先进行初步调查与可行性分析;确认新系统开发为可行，即可进行详细调查与分析，提出新系统逻辑模型；最后写出系统分析报告。系统分析工作步骤如图 5.2 所示。

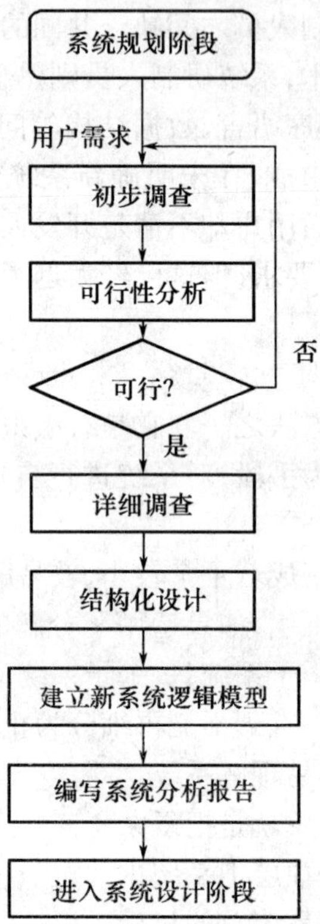

图 5.2　系统分析工作步骤

(1)初步调查与可行性分析。

(2)详细调查与结构化分析。

(3)建立新系统的逻辑模型。

(4)编写系统分析报告。

5.2　初步调查与可行性分析

5.2.1　初步调查

初步调查的目的是明确问题和进行可行性分析，即了解这个开发项目是否有必要、有可能在现在开始。初步调查的重点是用户与现行系统的总的情况，现行系统与外部的关系，要了解的是系统的能力、资源和受到哪些外界条件的限制，因为这些因素是系统研制人员所不能左右的，而必须在工作中服从的因素，对可行性的影响很大。在初步调查中，需要较多的具有经验的系统研制人员及外单位类似系统的经验。

初步调查是在接受用户提出请求后，系统研制人员与用户的管理人员第一次沟通。用户的领导人和有关的管理工作人员提出的要求，可能是以书面的方式提出，也可能是以口头的方式提出。不管用什么方式提出，系统研制人员必须尽可能完全、准确地记录下来，这是整个工作的出发点，是系统研制工作的起因，反映了使用者的要求及希望。这时所提出的要求及希望有两方面特点。一方面，它是原始的要求，是关于系统目标的第一手材料，是将来真的要使用系统的人所提出来的，因而特别宝贵，特别值得重视，应该尽可能完整、准确地记录下来；另一方面，它是由非系统研制人员提出来的，这些人对于计算机能做什么并没有确切的概念，更没有定量的标准，因而，一般来说是含糊地、不确切地、往往不分主次地罗列出的许多问题及要求。这种情况的出现是必然的，不能要求用户领导人和管理工作人员都能通晓计算机的细节。把这些要求明确化、定量化、条理化，形成科学、严格的系统目标的任务，必须由系统研制人员来完成。

初步调查的主要内容如下：

(1)用户组织的概况。包括它的规模、历史、系统目标、人力、物力、设备和技术条件、机构等。

(2)系统的外部环境。现行系统和哪些外部实体有工作联系，有哪些物质或信息的来往关系，哪些环境条件(包括自然环境和社会经济环境)对该组织的活动有明显的影响。

(3)现行系统的概况。功能、人数、技术条件、技术水平、管理体制(归哪一级领导)、工作效率、可靠性等。

(4)现行系统的重要性。它和用户的领导、各管理部门以及各基层是怎样联系的，信息收集和传输的渠道是什么，它能掌握哪些信息，不能掌握哪些信息，哪些部门向信息系统提出信息要求。

(5)各方面对现行信息系统的情况及新信息系统的研制持怎样的态度。包括各级领导、各管理部门、各基层单位以及有工作联系的外单位，它们对现行系统是否满意，什么地方不满意，希望如何改变，反对如何改变，以及这些看法的理由。

(6)系统研制工作的资源情况。用户研究新的信息系统，可以或者打算投入多少人力(何种技术水平及管理水平的人)、物力(多少钱，多少设备)以及时间(可以给出多长研制时间)。

初步调查的方法有：个别访问、开座谈会、发调查表等。初步调查应在较短的时间内，弄清系统现有的条件和存在的问题，以此作为可行性分析的资料和依据。

5.2.2 可行性分析

系统的可行性分析的目的是明确新系统开发的必要性和可行性。在当前组织内外的具体条件下，这个信息系统的研制工作是否具备必要的资源及其他条件。可行性分析主要包括技术可行性、经济可行性和管理可行性。

1. 技术可行性

技术可行性是指根据现有技术条件能否达到新系统所提出的要求;所需要的软硬件设备、技术力量等物理资源是否具备,能否得到。

对计算机系统主要考虑技术先进性、成熟性、适应性、可靠性和安全性等。计算机硬件技术主要包括内存容量、运算速度、网络通信能力、外部设备的功能效率等。计算机软件技术主要包括操作系统、数据库管理系统的配置和功能、程序设计语言的种类等。技术力量主要包括技术开发人员水平和技术。要说明的一点是,技术的可行性应在已经普遍使用、已经成为商品的技术基础之上,不能以刚出现的甚至正在研究中的技术为依据。

2. 经济可行性

经济上的可行性主要是对开发项目的成本/效益进行分析,即评估新系统所带来的经济效益是否超过开发和维护所需要的费用,判断一下搞这样的项目在经济上是否合算。这包括费用和收益两个方面。

(1)系统所需费用

系统所需费用主要包括以下内容。

①系统开发成本,包括设备费用(计算机硬件、软件、输入输出设备、空调、电源及其他机房设施以及设备的安装和调试费用)。

②消耗品费用,主要包括打印纸、软盘、水、电等费用。

③系统管理和维护费用。

④人员费用。主要包括用户管理人员、操作人员培训,维护人员培训等费用。

⑤其他费用,除上述所列外的相关费用。

在费用估计时,维护费用是一个经常被忽略的问题,一些单位只考虑购买设备的费用,一次性投资审批可以通过,但每年的维护费用却没有预算,出现买得起、用不起的局面。

(2)系统的收益

收益的估计不像费用估计那样具体,因为应用系统的收益往往不易定量计算,收益估计可以从直接效益和间接效益两方面考虑。

直接效益:是指系统交付使用后,在某一时期能产生的明显经济效益,例如,加强库存管理减少流动资金积压,加强财务核算减少成本开支,优化调度提高生产效率增加产值等。

间接效益:管理信息系统所产生的间接效益是不能忽视的,大量从事数据处理的信息系统,目前主要表现出的是间接的经济效益,其中主要包括以下内容。

①提高了工作效率从而提高了企业管理水平。

②节省了人力,减轻了有关业务人员手工处理的工作负担。

③及时给企业领导提供决策信息。

④提高了企业素质,如培训人员,促进业务的规范化、程序化。进一步可引起有关管理方

式与体制的合理改革。

风险分析也是系统效益应该考虑的问题,一般用成功或失败概率表示。了解系统开发的风险,可以使我们在选择系统或选择实施策略时减少或避免风险。

3. 管理可行性

管理可行性应从以下两个方面去考虑。

(1)科学管理的基础工作是建立管理信息系统的前提。只有在合理的管理体制、完善的规章制度、稳定的生产秩序、一套科学的管理方法和程序,以及完整、准确的原始数据基础上,才能有效地建立管理信息系统。一些企业管理基础工作薄弱,管理水平与先进的信息处理技术手段不匹配,原始数据的来源与正确性和及时性没有保证,这样的企业必须先在企业管理方面作一番改进,或者是先开发一些比较规范的、见效快的业务系统。在开发中逐步积累经验,改进管理,再逐步过渡到建立全企业的管理信息系统。

(2)社会环境因素变化对管理现代化的要求颇有影响。其考虑的面比较广,一般涉及科学技术、经济体制、法律法规、市场竞争、与世界经济接轨、建立健全管理机制、信息高速公路、无纸化办公等。目前这些因素常常促使用户的领导及管理人员努力掌握先进的科学管理技术,学习使用计算机,适应新时代、新形势发展的要求。在这方面应该强调新系统的建设更重要的是从长远的发展角度来看问题,从提高组织素质、增强组织竞争力的意义上看待建立新系统的必要性。

5.2.3 可行性分析报告

初步调查与可行性分析的结果要编写成可行性分析报告。可行性报告是开发人员对现有系统初步调查、分析和规划的结论,反映开发人员对系统开发的看法,其内容主要包括以下几个方面。

1. 引言

(1)摘要。简要说明新系统的名称、目标和功能。

(2)背景。说明系统建设的承担者、用户及本系统与其他系统或机构的联系和背景。

(3)参考引用资料及术语定义。说明本系统的文件、合同和资料所用的专门术语等。

2. 现行系统分析

(1)对现行系统进行初步调查的结果,包括现行系统的组织结构、业务流程。

(2)现行系统的人员情况、运行费用开支及设备状况和使用情况。

(3)现行系统的软硬件配置、使用效率和局限性。

(4)现行系统存在的问题等。

3. 需求调查和分析

对系统所需资源进行调查和说明,考虑各种制约因素。

4. 需求预测

5. 拟建系统候选方案

(1)拟建系统的目标。

(2)系统建设规模和初步设计方案。

(3)系统建设的实施计划。

(4)预算及投资方案。

(5)人员培训及补充方案。

(6)期望收益。

6. 候选方案选择

从技术、经济、管理三个方面进行比较,分析在现在的资源及其他条件下,系统目标是否可以达到,是否有必要达到,选择方案。

7. 结论

根据上述分析,对提出的信息系统研制工作做出是否可行的结论。结论可以是以下五种之一。

(1)可立即开始进行。

(2)需要增加资源才能开始进行(例如增加投资、增加人力、延长时间等)。

(3)需要推迟到某些条件具备之后才能开始进行(例如管理工作的改进、组织机构的调整等)。

(4)需要对目标进行某些修改才能进行。

(5)不能或没有必要进行(例如经济上不合算、技术条件不成熟等)。

可行性报告应该提交到正式会议上进行讨论,这种会议除了用户的领导、管理人员、系统研制人员之外,还应该尽可能地邀请一些有经验的局外人员参加,因为初步调查所形成的概念还是粗略的,在这种情况下做出判断,很大程度上要靠经验,靠与其他开发项目的类比。因此,有必要请非本系统研制人员来共同讨论,充分估计各种可能出现的问题,集思广益,做出尽可能符合实际的判断。

如果可行性报告通过了,这就成为一个正式文件,文件中确定的系统目标和范围就成为下一阶段工作的依据。

新系统可行性分析的详略程度应根据项目规模不同而有区别,对于一些简单的小型事务处理系统,可以根据直接类比来判断其是否可行,而对于大规模的管理信息系统或决策支持系统,就必须以严肃认真和实事求是的态度来进行可行性分析。

5.3 详细调查与结构化分析

在新系统开发项目的可行性被认定之后,系统分析就要进行详细调查与分析的工作。详细调查与初步调查不同,详细调查的对象是现行系统,是要了解现行系统中信息处理的具体情况,而不是系统的外部情况,目的在于完整掌握现行系统的现状,弄清现行系统的基本逻辑功能及信息流程,其重点在于调查分析系统内部功能结构,包括组织结构、业务流程、数据流程、数据存储及其组成等。

详细调查的细致程度比初步调查要详细得多,工作量也大,参加的人也多,而且要有一些熟悉现行系统业务和管理工作的人员参加。详细调查与分析是系统分析中最重要的工作。如果对具体情况不调查清楚,就不能完整、正确地反映现行系统的状况,也不能设计出一个好的新系统逻辑模型,因而就要影响到后面的系统设计工作,进而影响到整个系统开发的质量。详细调查分析使用工具如图5.3所示。

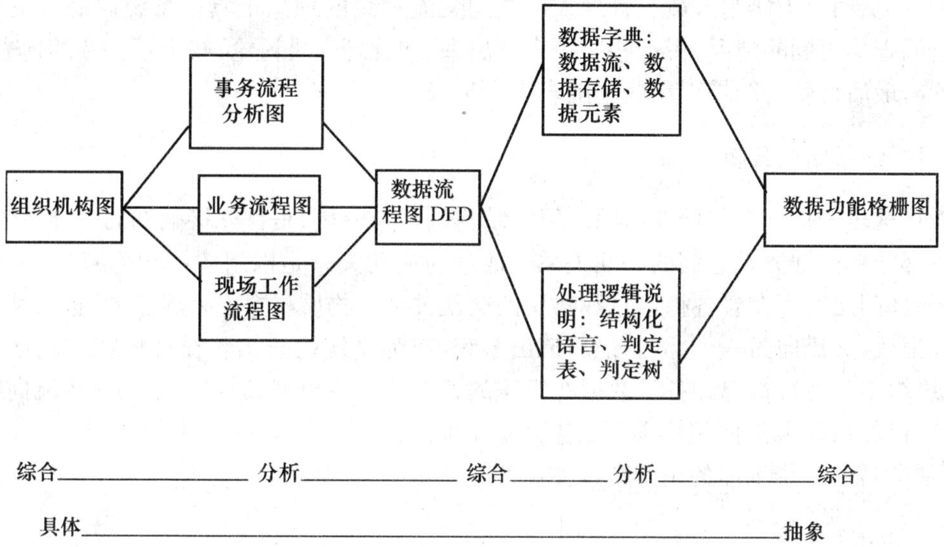

图5.3　系统分析使用工具

(1)组织结构图是一种传统的、非结构化的图形工具,它用图的形式来描述组织的总体结构以及组织内部各部分之间的联系。它把企业组织分成若干部分,按级别、分层次构成,以树形结构显示,是一张反映组织内部之间隶属关系的树状结构图。

(2)业务流程图与数据流程图是一种描述管理系统内部各单位或人员之间业务关系、作业顺序和管理信息流动的流程图,它用一些特定的符号及连线表示某个具体业务的处理过程,可以帮助分析人员找出业务流程中的不合理流向。

(3)为了摆脱具体的工作场所,我们采用事务流程分析图,以一项业务的处理为单位来描述系统的情况,用一定的符号表示业务处理过程中的各个环节。

(4)现场工作流程图是对现行系统某项业务工作实际过程的描述,通过对各机构或人员之间的业务关系、作业顺序和信息流向以及工作特点等的描述,可以体现实际业务工作的详细处理过程和处理方式。

(5)数据流程图是进行数据流程分析的主要工具,是描述系统逻辑模型的主要工具。数据流程图用几种基本符号反映了信息在系统中的流动、存储和处理。

(6)数据字典是以特定格式记录下来的、对系统的数据流程图中各个基本要素(数据流、加工、存储和外部实体)的内容和特征所作的完整的定义和说明。

(7)数据流程图中的处理逻辑已在数据字典中作了简要定义,对数据流程图中最底层的复杂的处理逻辑还有必要详细说明。常用的处理逻辑工具包括结构化语言、决策树、决策表等。

上述工具是系统分析阶段的主要分析工具,能够帮助系统研制人员理顺思路,很容易被管理人员理解,从而成为研制人员和管理人员之间交流思想的理想工具。系统研制人员可以把自己通过调查所得到的情况,用这些图表表达出来,和管理人员讨论,找出不一致的地方;再调查、再修改,最后得到的结果也用这些图表表示出来。

5.3.1 组织结构分析

组织在这里是指一个单位或部门。组织结构调查与分析,是首先接触到的一项具体内容,即组织内部的部门划分及它们的相互关系。信息的流动关系是以组织结构为背景的,在一个组织中,各部门之间存在着各种信息和物质的交换关系。物质材料由外界流入,进入某一部分加工或处理后,又流向另一个部门,最后流出系统,成为系统的输出。在这种物质流动的情况下,关于组织本身运行情况的各种数据在组织的各部分产生出来,通过一定的途径流向管理部门,加工所得的信息再流向组织领导,组织领导按照上下级的关系下达各种指令(这也是信息)给基层单位。一个工厂的组织结构如图5.4所示。

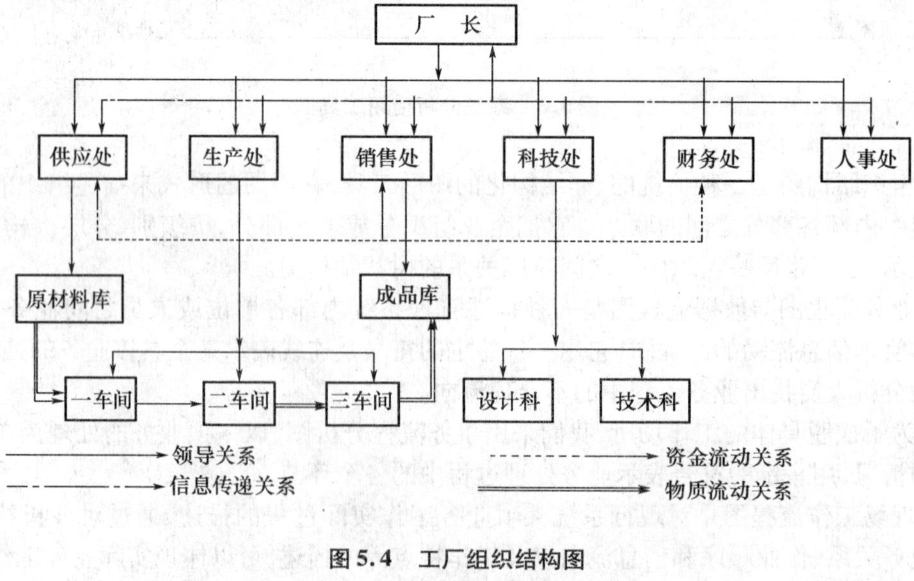

图5.4 工厂组织结构图

组织的各部门之间存在着错综复杂的关系，常见的有以下几种关系。

(1)上下级的领导关系，即行政隶属关系。

(2)物质流动的关系。

(3)资金流动的关系。

(4)资料传递的关系。

组织结构图就是把组织分成若干部分，首先标明行政隶属关系，然后逐步补充其他各种关系。组织结构图中之所以要画上以上几种关系，是因为这些关系都伴随着信息流，也就是说，这些关系中都包含着信息交换的关系，有待我们去抽象出来。因此必须把这些关系尽量全部列举出来。组织结构图就是为此目标服务的。这就是调查分析中第一步要做的。

在画组织结构图时，要注意以下几点。

第一，不能只画组织上的从属关系，即领导与被领导的行政关系。当然，这是一种关系，而且，也伴随着信息流动，如上级下达指标，下级报告工作。但是，这远不是全部的信息流，事实上，凡是物质交换、资金流动、资料流动的地方，几乎都伴随有信息的流动。为了以后分析流程时不致遗漏，应该把可能伴随有信息流的具体的流都标示出来(文件出入除外)。

第二，组织中现行的行政机构的名称有时并不能正确反映该部门实际干的工作。所以，我们绝不能抄一张单位名称就够了，而要切实地去了解每一部分究竟实际在干什么，根据这些画出组织结构图。

第三，实际工作情况往往非常复杂，不管多么完善的计算机系统，也不可能把系统的所有信息都管起来。我们总是带着一定的系统目标来调查分析的。因此，组织结构图中，应集中画出与系统目标有关的各种流，有些很明显地看出与所研制系统关系不大者，就可以不画。用一般系统理论的说法，就是要明确系统的边界和范围。在可行性报告中，系统研制人员总结组织及信息系统的现状时，实际上就已经明确了系统的边界，组织结构图画的是组织边界以内的组织结构，重点是信息系统有关的各部门。

5.3.2 业务流程分析

组织结构图描述了在组织边界之间，各部门之间的主要各种流的情况。这是信息系统工作背景的一个综合性的概述。因为在这时，究竟哪些内容与本次开发项目有关，哪些是重要的，哪些是不重要的，还不清楚。但它却为我们指出了进一步调查的方向，因为从这图上可以看出，信息处理的工作集中在哪些部门或科室。我们下一步的任务就是进一步弄清在这些科室或部门，有关信息处理的工作究竟是如何进行的。这种情况的调查分析就是业务流程分析，可以用以下三种绘图工具来完成。

1. 现场工作流程图

现场工作流程图可以用来分析业务流程图中不合理的迂回和重复等问题。图5.5是一个批发公司的处理订货单的现场工作流程图。

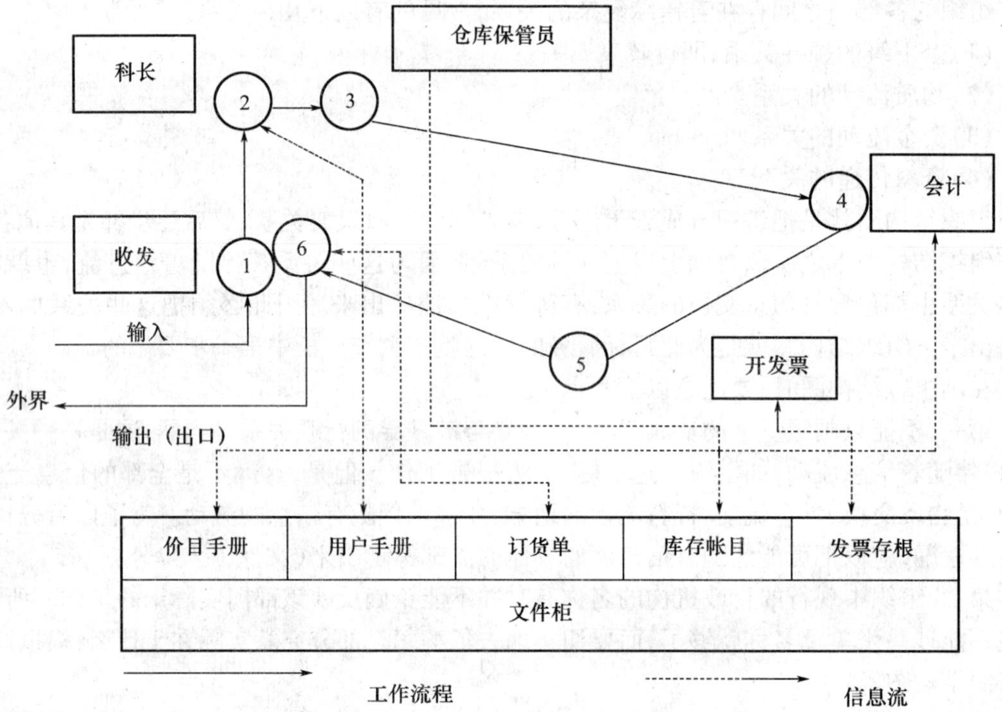

图 5.5　处理订货单的现场工作流程图

图中带圆圈的编号表示各项具体执行工作，其含义如下：

①订货单送至收发处，审核通过的传给科长，填写不清楚的订货单退回。

②科长审核，并查用户购货付款情况的历史，对于信誉不好者不予发货。

③仓库保管员检查库存，确定库存量是否足够，如果足够则同意发货，并修改库存数额。

④会计计算价格和各种折扣的考虑。

⑤开发货票，并将订货单存档待查。

⑥发出提货单及发票，将订货单存档待查。

现场工作流程图是经过简化的图，这个图画好之后，还需要进一步详细调查，在它上面补充细节。如在每一环节上平均处理一笔业务需要的时间，每天处理多少，具有什么处理规律，哪个环节易出现积压等问题。

这样，这张图就给我们一个完整的关于该办公室的工作情况的概念，进而了解哪一环节最薄弱，哪一环节需要加强力量，办公桌和文件柜的布置怎样才更合理等，这些对管理工作都是有益的。当然，对我们来说，这张图主要告诉我们信息的流通及处理过程（实线）和已存储信息的使用情况（虚线）。这样我们就把组织结构中的某一块具体化了。

现场工作流程图对于系统分析来说，具体的物理的东西太多了。信息系统的逻辑模型，应该是抽象地规定信息系统所应做的事，而不应涉及在什么地方、由什么人、用什么工具去做，只有这样才能在以后留有改进及采用新的技术手段的余地。为了调查方便，一般是要从具体的工作现场入手，但还需要进行进一步的分析与抽象，以脱离当前的具体工作方式及工作现场。下面两种流程图就是进行这种抽象的工具。

2. 事务流程分析图

图5.6中列举了一些用于表示业务处理环节的符号。图5.7就是用这些符号描述的一个仓库补充订货的业务处理过程。从图上可以看出，其业务处理过程是这样的：仓库根据库存账目进行核查，在核查中发现存货不足的项目时，便提出订货申请单，订货申请单由仓库主任审批后，发出正式的订货单，而订货申请单由仓库主任保存等查，订货单除了发给订货单位之外，还要将副本存入订货台账，保留到收到订货为止。和现场工作流程图相比，事务流程分析图就已经抽象了一步，它已经去掉了办公室、办公桌、文件柜这些具体的东西，把抽象的业务作为一个考虑对象。然而，把业务作为一个对象，还不能纯粹地考虑信息处理，因为许多业务过程中除信息流和信息处理之外，同时存在着物质流和物质加工。特别在数据发生的基层生产部门，几乎所有的信息流都是伴随着物质流的。而且，这里所描述的业务处理过程中，也还带着具体的处理方式，所有这些在分析信息流程时还要进一步抽象。

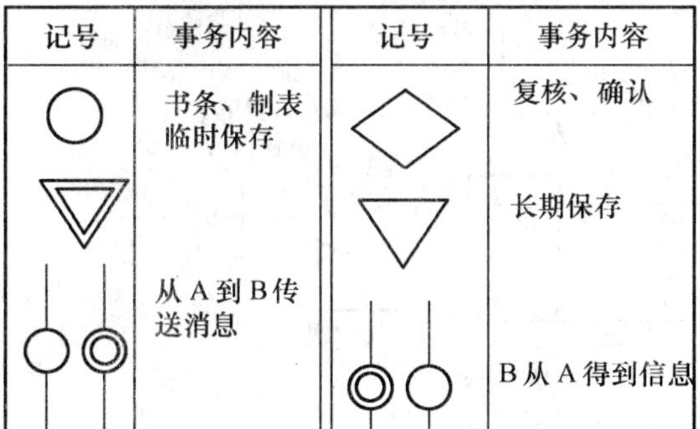

图5.6　事务流程分析图中使用的部分符号

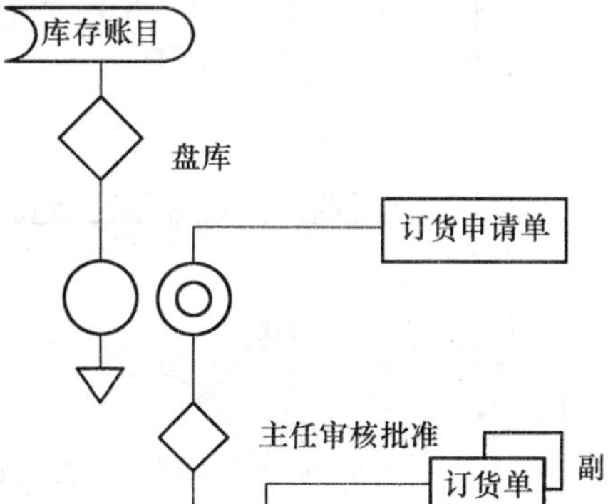

图5.7　仓库补充订货事物流程分析图

3. 业务流程图

把现场工作流程图加以抽象化的另一个途径是追踪一笔业务，从它发生而进入系统开始到结束。把这个完整过程用图表示出来，这个过程可能涉及若干部门，包括许多不同的业务处理，这就是实体生命周期图。图5.8就是一个订货单在批发公司中的业务流程描述，其过程与图5.5所描述的基本相同（个别处理顺序不同）。然而对比二者，我们可以看到，它已经摆脱了具体的场所，比较抽象地描述了一项业务在系统中的全部过程。然而，和事务流程分析图一样，它尚未完全去掉物质流，如其中的货物及付款就是这样。

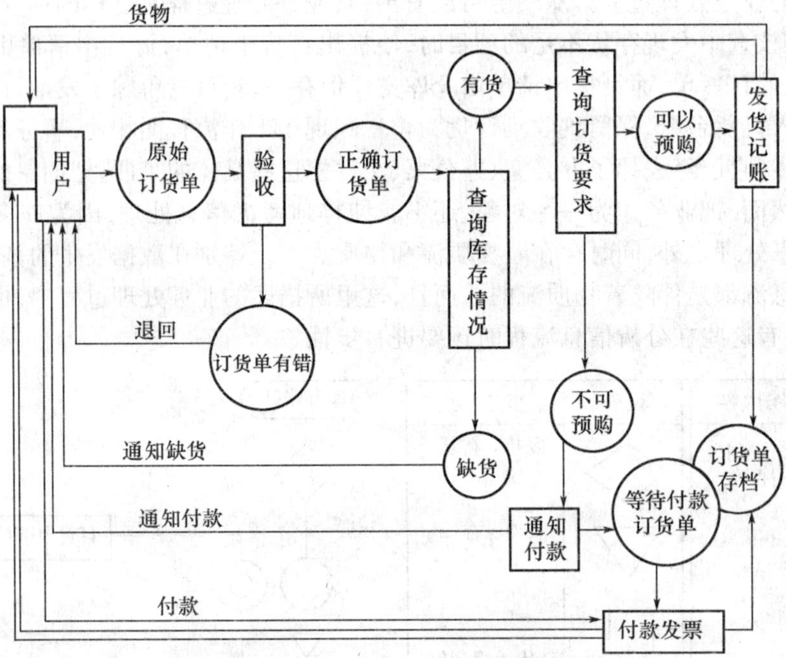

图5.8 处理订货单的业务流程图

以上介绍了三种进行业务流程分析的工具。组织结构图是信息系统工作环境的综合描述，而上述图表就是对信息系统的具体工作情况逐块逐项的详细分析。这些图的绘制过程也是调查的过程。系统研制人员以这些图作为表达和交流的工具，取得必要的概念及数量界限，用图来征求具体工作人员的意见，修改，再调查，直到如实地反映出实际的工作情况。

5.3.3 数据流程分析

业务流程分析中使用的绘图工具，较好地描述了某项业务内各个处理环节之间的信息流，但是它却不能反映出信息（数据）的处理（加工）细节。上述调查分析的结果，只是获得了现行系统的概念模型。为了得到现行系统的逻辑模型,还需要在上述工作的基础上进一步从数据流的角度对现行系统进行抽象,把进入系统的数据的流动、存储、处理加工和流出数据的详细情况描述清楚。这项工作就是系统的数据流程调查分析。描述系统数据流程的工具是数据流程图及其附带的数据字典、处理逻辑说明等图表。

1. 数据流程图(DFD—Data Flow Diagram)

数据流程图是描述信息系统逻辑模型的主要工具。它有两个特点:第一是抽象性,在画数据流程图时具体的组织机构、工作场所、物质流、货币流都已去掉,只剩下信息和数据存储、流动、使用及加工的情况,这使我们有可能抽象地总结出信息系统的任务以及各项任务之间的顺序、关系等。二是综合性,它把系统对各种业务的处理过程联系起来考虑,形成一个总体,而在事务流程分析图和实体生命周期图中,都是一项业务或一个实体由一张图来描述,彼此是分开的。事实上,系统中的各项业务之间有着错综复杂的联系,有的共用同一批数据,有的必须有先后顺序及制约关系等。数据流程图则能够反映这些情况,给出一个系统数据处理逻辑概貌。

数据流程图使用四种符号,其含义如下所述。

(1)外部实体

外部实体指系统以上的人或事物。它表达该系统数据的外部来源和去处,例如,顾客、职工、供货单位等。外部实体也可以是另外一个信息系统。

外部实体用一个正方形,并在其左上角外边另加一个直角来表示,如图5.9所示,在正方形内写上这个外部实体的名称。为了区分不同的外部实体,可以在正方形的左上角用一个字符表示。在数据流程图中,为了减少线条的交叉,同一个外部实体可在一张数据流程中出现多次,这时在该外部实体符号的右下角画上小斜线,表示重复。

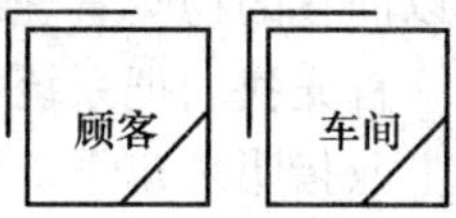

图5.9　外部实体

(2)处理(加工)

处理是指对数据的逻辑处理功能,也就是对数据的变换功能。在数据流程图中,用长方形表示处理,长方形分为三个部分,如图5.10所示。

标示部分用来给一个功能编号,一般用字母加数字下标表示,如P_1、$P_{1.1}$等。

功能描述部分是必不可少的,它直接表达这个处理的逻辑功能。一般用一个动词加一个作宾语的名词表示。恰如其分地表达一个处理的功能,可以帮助加深对数据流程图的理解。

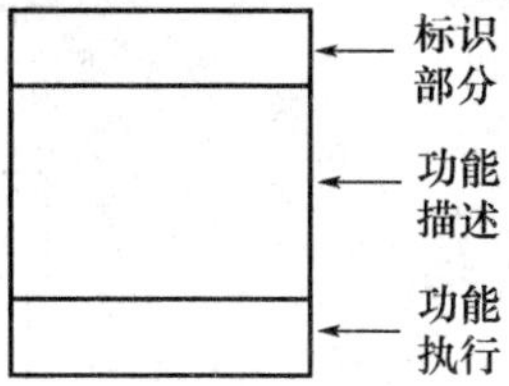

图5.10　处理(加工)

功能执行部分表示这个功能由谁来完成,可以是一个人,也可以是一个部门,也可以是一个计算机程序。

(3)数据流

用一条带箭头的直线表示数据流。箭头指出数据的流动方向。这里指的是逻辑流,它可以代表信件、票据,也可以是电话等。

对每个数据流要加以简单的描述,使用户和系统设计人员能够理解一个数据流的含义。对数据流的描述写在箭头的上方,一些含义十分明确的数据流,也可以不加说明。有时很难用简单而适当的词来描述一个数据流,如图5.11所示。

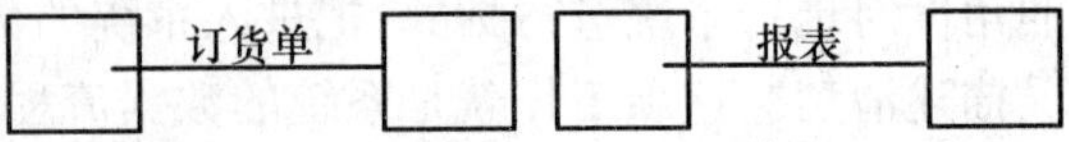

图5.11　数据流

4. 数据存储

数据存储表示数据被保存。它可以代表一个实际的账簿、文件夹、一叠登记表,也可以代表磁介质上记录的计算机文件等。

在数据流程图中,数据存储用右边开口的长方条表示。在长方条内写上数据存储的名字。其名字也要恰当,以使用户理解。为了区别和引用方便、再加一个标识,用字母S和数字组成。为清楚起见,用竖线表示同一数据存储在图上不同地方重复的出现,如图5.12所示。指向数据存储的箭头,表示送数据到数据存储(存放、改写等)。从数据存储发出箭头,表示从数据存储读取数据。

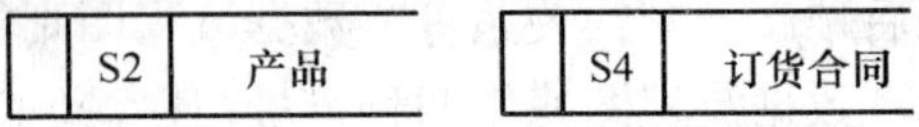

图5.12　数据存储

2. 数据流程图的画法

采取结构化分析的方法绘制数据流程图,基本思想是:自顶向下、由外向里、逐步分解。下面以简化的物资管理系统的例子来说明。

首先我们把系统看作一个整体,或一个总的数据处理模块,在最初(最顶层)的数据流程图上只指明来自系统外部的数据流和系统流出的数据流、暂时不去考虑它内部的各种信息存储、加工变换及数据流情况。例如,图5.13是物资管理系统的顶层数据流程图。图中各数据流的含义如下

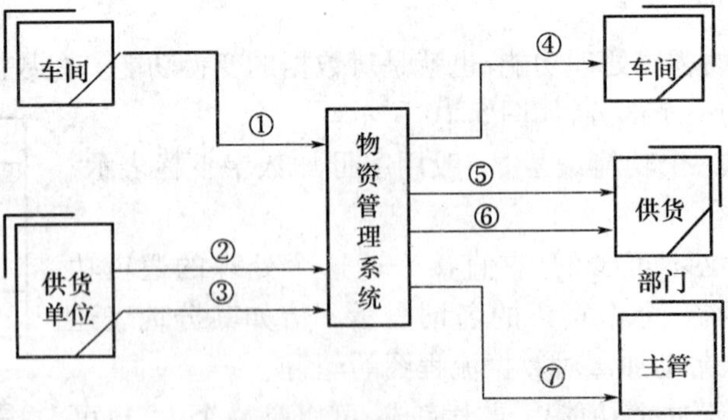

图5.13　物资管理系统顶层数据流程图

(1)车间领料申请单。

(2)供货单位发来的提货通知单。

(3)与供货单位签订的供货合同。

(4)给车间的发料单。

(5)给供货单位的催货单。

(6)给供货单的订货单。

(7)给主管部门的库存报表。

图5.13只是对一个系统的高度概括的描述,仅揭示了系统的边界、系统与外界环境的关系以及总的功能。为了更详细地描述系统的逻辑功能,需要对图中的总功能再进行分解。即把"物资管理"分解成"合同管理"和"库存管理"两大功能模块,如图5.14所示。

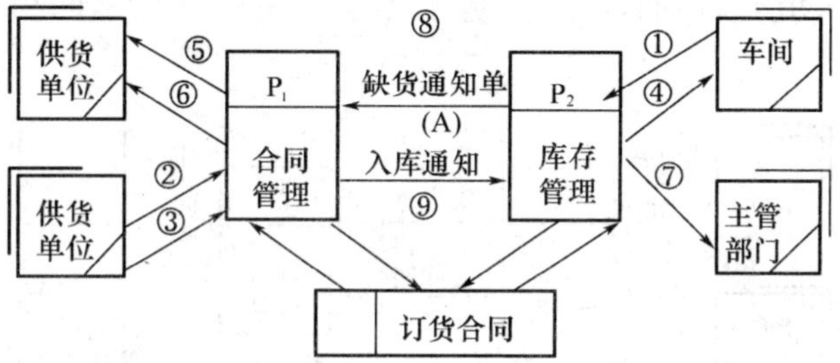

图5.14 物资管理的第一层DFD

需要确定的问题是:①上一层数据流程图中总模块与外部实体之间的数据流应画在哪个模块上;②被分解出的两个模块之间有什么数据流;③分解后的两个模块间的数据传输中有哪些信息需要存储。

上述问题要求系统研制人员必须深入调查分析,积累足够的素材。不难看出,在物资管理的例子中(图5.14),车间和主管部门并不直接与合同管理发生联系,而是与库存管理打交道。另外,与供货单位发生关系的只有合同管理。这样,第一个问题就明确了。

在系统内部,被分解的两大模块之间的数据传输关系是这样的,库存管理根据入库通知单查阅订货合同中的有关信息,在相应订货合同单上登记到货数据及日期等数据。合同组织根据仓库缺货通知,也要查阅订货合同,向供货单位发出催货单或者进行采购申请。因此,把两个模块联系在一起的主要是订货合同这样一个数据存储。此外,两个模块间的数据流还有库存管理给合同管理的缺货通知,合同管理给库存管理的入库通知。

根据上面的分析,我们就可以很容易地将图5.13分解成图5.14所示的第一层DFD。此次分解增加了库存缺货通知单和入库通知单两个数据流。

数据流程图分解时,应当特别注意以下两个问题,一是需要新增加的数据流不应该遗漏,同时每一个数据流的出发端和终止端应画正确;二是数据存储的添加,应限于各功能模块之间的接口处。各功能模块的内部,为了其自身处理工作的需要所设置的数据存储文件一般不急于添加进去,因为这里还是比较粗略的分解,而且各功能模块内部的数据存储一般不影响全局,只要抓住这个功能模块的输入输出,就能使它与整个系统协调一致地工作。在分解的每一个层次上,系统研制人员都应该把注意力集中在该层次的各个功能模块之间的关系上,而把各个功能模块内部的情况,包括它的处理机制和信息存储都暂时置于不顾,即把它视作一个“黑箱”。这是人们有步骤、有层次地认识一个复杂系统的行之有效的方法。

尽管我们已经把总功能“物资管理”分解成了图 5.14 所示的“合同管理”和“库存管理”两个子功能,但是它仍然显得比较复杂,不够简单和清晰,不便于理解它们,为此,还需要再进一步对这两个功能进行分解。根据调查,合同管理由“签订合同”和“催货”两项业务活动组成。库存管理由“入库”、“发料”和“月终结账”三项业务活动组成。根据前面介绍的分解方法,通过对图 5.14 中的两个功能模块的再分解,就可以得到图 5.15 所示的物资管理的第二层数据流程图。

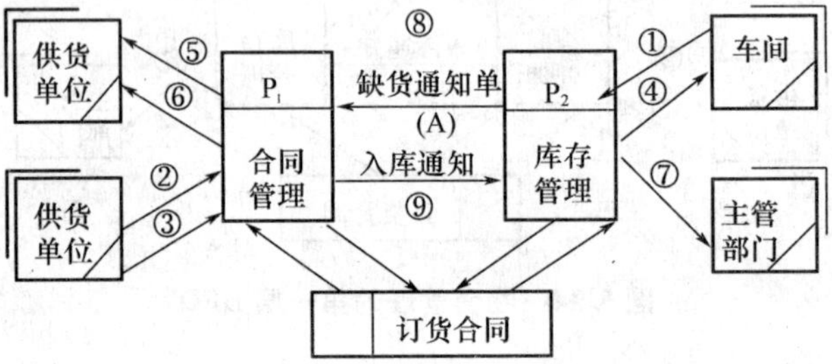

图 5.15 物资管理的第二层 DFD

按照这样的方法,可以继续分解下去,直到详细程度达到要求为止,从而获得一套分层的数据流程图。分解的终止点应视具体情况而定,一般来说,当每个处理(加工)模块都已足够简单时,分解就可以结束。这时最底层的各个处理(加工)称为基本处理(加工)。

5.3.4 数据字典与处理逻辑说明

数据流程图是系统结构化分析行之有效的工具,它抽象地描述了系统数据处理的概貌,描述了系统的分解,即系统由哪些部分组成,各部分之间有什么联系。但是它却不能说明系统中各个部分是什么,也不能表达系统中各个处理(加工)的详细内容。因此,还要对数据流程图中出现的数据流和处理(加工)做进一步补充说明,这就是数据字典和处理逻辑说明。

1. 数据字典(DD - Data Dictionary)

数据字典包括三种类型的条目:数据流、数据存储文件和数据元素(指不可再分解的数据项)。数据字典中使用一些简单的符号表示如下含义:

+表示“与”;

[|]表示“或”,即选择方括号中的某一项;

{ } 表示“重复”,即括号中的项要重复若干次;

( ) 表示“选择”,即括号中的项可能没有。

(1)数据流条目

数据流是指流动的数据。因此,数据流条目中不仅要说明数据流的名称、组成等本身的特性,还应指明它的来源、去向和流量等。

下面是图 5.15 中的领料单和库存报表两个数据流条目的例子。

数据流名称:领料单
编号:F1
来源:车间
去向:发料(P2.2)
数据流量:30 张/天
组成:{材料编号 + 材料名称 + 领用数量 + 日期 + 领用单位}

数据流名称:库存报表
编号:F3
来源:月终结账(P2.3)
去向:主管部门
数据流量:1 份/月
组成:{材料编号 + 材料名称 + 单价 + 累计入库数量 + 累计出库数量 + 金额}

---

(2)文件条目

数据存储文件条目用来描述数据的静态结构。文件条目不仅要定义每个文件的名称、编号和组织方式,而且同数据流一样,还要描述组成它的数据项,还应指出相关联的处理加工(加工编号或加工名称)。

下面是图 5.15 数据流程图中的几个数据存储文件条目的实例。

文件名:库存台账
编号:S1
组织方式:按材料编号升序排列
组成:{材料编号 + 材料名称 + 单价 + 库存数量 + 备注}
相关联的处理:P2.1,P2.2,P2.3

文件名:发料流水账
编号:S2
组织方式:按领用单位排序
组成:{日期 + 领用单位 + 材料编号 + 材料名称 + 领用数量}

文件名:订货合同
编号:S3
组织方式:按材料编号排序
组成:{合同号 + 材料编号 + 订货数量 + 单价 + 订货日期 + 交货日期 + 供货单位}

---

(3)数据元素条目

下面是物资管理系统中两个数据元素条目的例子。其中,相关联的数据是指这个数据元素出现在哪些数据流或数据存储文件中。

名称:材料编号

编号:D1

别名:材料编码

类型及宽度:字符型,4 位

取值范围:"0001" ~ "9999"

相关联的数据:订货合同,库存台账,发料流水账等。

名称:单价

编号:D2

别名:价格

类型及宽度:数字型:7 位,其中小数 2 位

取值范围:0 ~ 9999.99

相关联的数据:订货合同,库存台账,库存报表等。

数据字典是关于数据流图的补充说明,一旦数据字典建立起来,并按编号排序之后,它就是一本可供人们查阅的字典。编制和维护数据字典是一项十分繁重的任务,不但工作量大,而且单调乏味。目前已出现了专门辅助人们编制数据字典的软件工具。

2. 处理逻辑说明

对数据流程图中各个基本处理(加工)(即不再进一步分解的加工)的精确描述称为处理逻辑说明,其目的在于交待清楚系统中每一个加工处理可能包括的运算,数据存取和条件判断的情况和过程,便于以后程序实现。

处理逻辑说明的条目内容包括:处理逻辑名、说明、处理逻辑编号、输入的数据流、处理过程、输出的数据流和处理频率等。

下面是处理逻辑说明的举例。

处理逻辑名:催货

说明:根据缺货单 A 和订货合同处理缺货事件

处理逻辑编号:P1.2

输入的数据流:由库存管理报来缺货单;订货合同情况来源于数据存储。

处理过程:根据缺货单 A 检索订货合同文件;确定某种缺货是否已订货。将已订货而尚未到货的缺货列入催货单;尚未订货的缺货列入缺货单 B。

输出的数据流:催货单送至供货单位;缺货单 B 送至签订合同。

处理频率:对每张缺货单 A 中的每种缺货处理一次。

在数据流程图中,有些处理(加工)环节中可能具有比较复杂的、难以叙述清楚的条件判断情况。为了简洁地说明问题,通常用以下三种方法来表达。

(1)结构式语言

结构式语言是一种介于自然语言与程序设计语言之间的语言。它由程序设计语言的框架(即允许三种基本结构:顺序结构、分支结构、循环结构)和自然语言的词汇(如动词、名词)组成,这种结构式语言易于编写,又能简明地描述较复杂的处理逻辑功能。

结构式语言中所使用的语句,有简单的祈使语句、判断语句、循环语句和复合语句。其中最典型是复合语句,它是一个复合结构,即三种基本语句之中还可以嵌套任何一种基本语句,以便描述复杂的处理逻辑。

例如:H 公司的折扣政策为:年购货在 5 万元或 5 万元以上的客户,如果最近 3 个月无欠款,则折扣为 20%,虽然有欠款但与公司已经有 5 年或 5 年以上的交易关系,则折扣率为 10%,否则折扣率为 5%;年购货在 5 万元以下的顾客则没有折扣。用结构化语言描述该处理逻辑为:

```
lf 年交易额在 5 万元以下 then
折扣率 =0
else
lf 无欠款 then
折扣率 =20%
else
if 与本公司交易 5 年以上 then
折扣率 =10%
else
折扣率 =5%
endif
endif
endlf
```

(2)决策树

当某个动作的执行依赖于若干个条件时,采用结构化语言描述需要多层判断语句,结构复杂,不能一目了然。采用决策树方法描述该逻辑比较合适。上述实例处理逻辑采用决策树方法描述,如图 5.16 所示。

(3)判定表

判定表也称为决策表。有一些问题不易用语言表达清楚,例如,“检查订购单”的加工逻辑是:如果金额超过 500 元,又未过期,则发出批准单和提货单;如果金额超过 500 元,但过期了,则不发批准单;如果金额低于 500 元,则不论是否过期都发出批准单和提货单,在过期的情况下还需发出通知单。该逻辑不太容易理解的,但是用判定表来描述这个加工逻辑则一目了然。当需要描述的加工由一组操作组成,而是否执行某些操作又取决于一组条件时,用判定表达加工逻辑将比较合适。

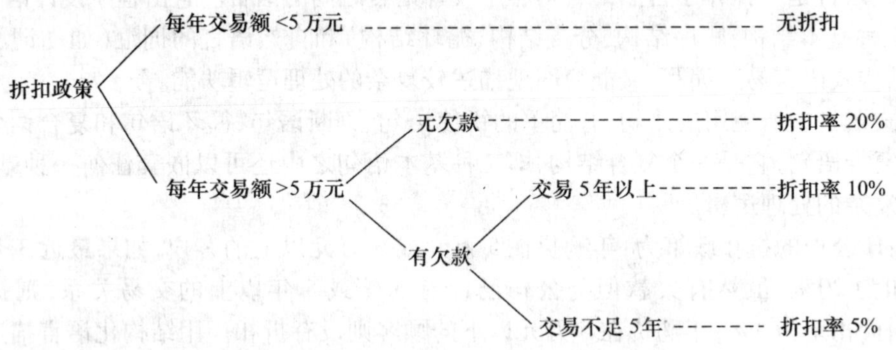

图5.16 用决策树描述处理逻辑

某厂对一部分职工重新分配工作,分配原则是(1)年龄不满18岁,文化程度是小学者,脱产学习;文化程度是中学者当电工;(2)若年龄满18岁但不足40岁,文化程度是小学或中学者,男性当钳工,女性当车工;(3)若年龄满40岁及40岁以上,文化程度是小学或中学者当材料员;(4)凡是大学毕业生,都当技术员。请根据上述逻辑,条件取值如表5.1所示。

表5.1 条件取值

条件	取值	含义
年龄	1	不满18岁
	2	满18岁但不足40岁
	3	满40岁及40岁以上
文化程度	1	小学
	2	中学
	3	大学
性别	1	男
	2	女

决策表分成四大部分，左上角为条件说明，左下角为判定结果，右上角为各种条件的全部组合，右下角为各种条件组合下采取的决策方案。根据题意绘制初始决策表如表 5.2 所示。C_i 表示第 i 个条件。

表 5.2　职工分配工作初始决策表

条件组合 条件和决策	1	2	3	4	5	6	7	8	9	10	11	12	13	14	15	16	17	18
C_1：性别	1	1	1	1	1	1	1	1	1	2	2	2	2	2	2	2	2	2
C_2：年龄	1	1	1	2	2	2	3	3	3	1	1	1	2	2	2	3	3	3
C_3：文化程度	1	2	3	1	2	3	1	2	3	1	2	3	1	2	3	1	2	3
A_1：脱产学习	√									√								
A_2：电工		√									√							
A_3：钳工				√	√								√	√				
A_4：车工																		
A_5：技术员			√			√			√			√			√			√
A_6：材料员							√	√								√	√	

优化决策表如表 5.3 所示，“ - ”表示不需要考虑的条件。在决策优化时，将相同决策结果的不同条件组合中不需要考虑的条件进行合并。

表 5.3　职工分配工作优化决策表

条件组合 条件和决策	1 (1/10)	2 (2/11)	3 (3/6/9/12/15/18)	4	5	6 (7/16)	7 (8/17)	8	9
C_1：性别	-	-	-	1	1	-	-	2	2
C_2：年龄	1	1	-	2	2	3	3	2	2
C_3：文化程度	1	2	3	1	2	1	2	1	2
A_1：脱产学习	√								
A_2：电工		√							
A_3：钳工				√	√				
A_4：车工								√	√
A_5：技术员			√						
A_6：材料员						√	√		

5.4 新系统逻辑模型与系统分析报告

5.4.1 新系统逻辑模型的提出

新系统逻辑模型是在现行系统逻辑模型的基础上提出来的。通过对现行系统的调查分析,抽象出现行系统的逻辑模型,分析其存在的问题,如某些数据流向不合理,某些数据存储有不必要的冗余,某些处理原则不合理等。产生这些问题有各种各样的原因,有的可能是习惯遗留下来的问题,有的可能是以前的技术落后造成的,还有些可能是某种体制不合理造成的等。

在调查分析中。要找出现行系统运行的"瓶颈"在何处,把本次系统开发的人力、物力投入到关键之处,才会见到实际效益。

新系统逻辑模型的提出,要以现行系统数据流程图为基础,并以新系统的目标为依据,逐层修改现行系统的数据流程图来实现。

新系统逻辑模型包括以下四个方面。

1. 新系统的目标

新系统的目标是在详细调查分析的基础上,根据可行性分析中所提的目标进行确定。确定新系统目标的原则如下。

(1)适用性。要求新建立的系统能解决系统中的关键问题,能够在短时期内表现出明显的经济效果。

(2)经济性。研制任何一个信息系统,都要考虑成本费用,因此,应该根据企业的现有条件和可能提供的条件出发,分阶段去实现。

(3)整体性。新系统的目标既要考虑到眼前的现状,又要考虑到长远发展的需要,最终要形成一个完整的管理信息系统。

确定新系统目标的依据是:①以现行系统存在的问题作为系统开发的突破口;②根据开发的资源情况,恰当地确定新系统开发的范围和进度;③按照 EDP,MIS 和 DSS 三个层次,先易后难地进行开发。

2. 新系统的边界

在确定新系统的边界之前,首先要检查系统的边界是否有变更,以及边界上的输入和输出信息有无增加或减少。除了在这方面对数据流程图进行修改和完善外,尤其还要增加一些出错或例外情况的处理细节,以保证系统能正常运行。

新系统边界的确定,也就是确定了新系统的人机接口边界,即恰当地划定出哪些处理部分由计算机处理比较合适,而哪些处理由人工来完成。

3. 新系统的功能

首先是检查系统中的主要处理功能是否能够满足新系统目标的要求,如果需要增加新的功能,可修改 DFD 来实现。

其次要检查每项功能细节,比如有些处理细节是否需要删除、合并,或者增添新的细节。

同样地,还要检查文件是否都有保留的必要,比如哪些可以去掉,哪些可以归并,还需要在何处增加新的数据存储文件等。

随着上述情况的变动,还要求合理地修订出新系统内部的各种数据流及其合理流向。

4. 新系统的数据处理方式

新系统数据处理方式的确定对于满足用户要求,改善系统的服务质量,以及选择计算机系统设备是很重要的一个方面。数据处理方式可分为成批处理和联机实时处理两种方式。

成批处理方式适用于:①固定周期处理的管理活动;②大量的来自不同方面的数据综合处理业务;③需要在一段时间内积累数据后才能进行数据处理;④没有通信设备而无法采用联机实时处理的情况。

成批处理的特点是费用较低,而又可以有效地使用计算机。

联机实时处理方式适用于:①需要反应迅速的数据处理;②负荷量产生波动的数据处理;③数据收集费用较高的数据处理。

联机实时处理的特点是及时性,但费用较高。

从总的情况来说,新系统的逻辑模型与旧系统逻辑模型相比,变化是很小的,可能只是在某一个或几个处理中引进新技术,改变几处数据的流程,或者改变某些数据存储的组织方式。一般情况下,在开发过程中进行变更应该是切实可行、能够较快地带来收益的,而且尽可能地循序渐进,不要企图一下作过多的变更。否则会牵涉面过大,出现预想不到的困难,造成组织中震动太猛,扰乱日常工作,形成一些不必要的社会和心理上的阻力。

即使所作的变更不大,还必须谨慎地全面考虑其影响,特别是当进行这样的变更时,有关的环节和有关人员的工作方式及工作负担会发生怎样的变化。信息系统是一个组织的神经系统,牵一发而动全身,对于我们提出的变更所可能带来的各种影响,必须事先有充分的估计。

5.4.2 系统分析报告

整个系统分析阶段的成果,最终要以系统分析报告的形式提出。

系统分析报告应该包括以下内容。

(1)用户组织情况。它简要地说明系统的工作过程、任务、目标是什么,与它有关的外部实体是什么,它与这些外部实体之间有哪些物质及信息的交换关系。

(2)开发项目目标。列出信息系统研制工作的目标。这里的目标比可行性报告中的目标又前进了一步,因为经过详细调查,对于组织的内部情况已经有了全面的了解。因此,对于项目所要达到目标的定量描述,就可以更确切更具体了。有些任务的提法可以进一步明确,例如“提高某一业务的处理速度”,可以明确为“通过更新某一环节的技术手段提高该业务的处理速度”。

(3)现行系统概况。以数据流程图为主要工具,给出现行信息系统的概况。数据字典、判定表、判定树、数据功能格栅图等篇幅较大,可以作为附件。但是由它们得出的一些主要结果应在正文中列举出来,如主要业务的业务量,总的数据存储量,处理速度,主要查询要求的特点等。由于现行信息系统是一个实际在运行的系统,它所使用的具体处理方式及技术手段也应作一概括的介绍。在此基础上,对现行系统的特点、弱点做出评价。

(4)新系统逻辑模型。指出为了达到的系统目标,可以作哪些变更。如前面所说,从表面上看,只是对旧的逻辑模型作少量的修改。但系统研制人员应对这些变更所带来的结果和影响做出客观的全面的介绍,即要指明这样变动将对组织的哪些部分发生影响,对组织的工作方式及人员配置发生什么影响。当然,对于这样的变更将付出什么代价,投入多少资源,也应做出粗略的估计。

一般情况下,应该列举出多种方案,并列举它们的区别及利弊。系统研制人员可以提出自己倾向于哪种方案,然而必须尽可能地保持客观。有时,可以由不同的小组提出不同的方案来进行对比。

5.5 系统分析举例

本节简单介绍一家汽车配件公司的概况,主要讨论如何以数据流程图为工具,采用自顶向下的方法进行系统分析。

对汽车配件公司现行的人工系统经过调查分析以后,系统研制人员已基本了解公司的业务过程,而且也知道了公司领导想用电子计算机处理业务的想法和要求。在这个基础上,系统研制人员初步形成 一个新系统的设想,它可以由销售、采购和会计三个子系统组成,并且确定了新系统的主要逻辑功能和基本目标,概括起来有以下 20 条。

(1)顾客的订货要求有三种形式,一是邮寄订货单,二是打电话,三是直接到汽车配件公司营业部来办理。

(2)不管用哪种方式,都以一种标准的订货单格式输入到系统内。

(3)对每一张订货单必须首先加以验证,是否填写正确。验证的内容包括汽车配件名称、规格、编号、顾客名称、地址、电话、开户银行账号等信息。

(4)如果正确无误才能给以处理。

(5)如果有错误,应当输出错误信息,通知业务人员加以纠正。

(6)按订货项目检索配件库存,确定是否能够满足顾客的要求。

(7)如果当前的库存量能够完全满足顾客的要求,销售子系统开出发货单给顾客提货,并记入应收款明细账以备会计收款,同时记入销售历史存档,还要修改该配件库存量。

(8)如果这项配件的当前库存量不能全部满足顾客的订货要求,只能暂时提供一部分,对这部分配件办理销售业务(同第 7 条);同时还要把暂时不能满足的部分记录到暂存订货单文件中，通知采购子系统向供应商订货。

(9)如果这项配件现在一件也没有，就要把这张订货单记录到暂存订货单文件中，并通知采购子系统向供应商订货。

(10)采购子系统根据要求，按订货配件汇总，再按供应商汇总，分别填写向供应商的订货单，一式两联。第一联寄给供应商，第二联保存，以便到货后核对。

(11)当收到来自供应商的发货单(即配件已经到货)以后，采购子系统要根据订货单核对验收。

(12)验收以后，把这项配件有关的数据，如配件名称、规格、数量、单价、供应商名称等记录到应付款账目中。

(13)将验收后的配件入库，并修改库存量。

(14)采购子系统向销售子系统发出到货通知。

(15)销售子系统根据到货通知，查暂存订货单，将配件发给顾客，补齐订货数量，并办理销售业务(同第7条)

(16)顾客的付款方式有两种：一是现金支付；一是支票转账。会计子系统收到顾客付款后要与应收款明细账核对，正确无误才能接受，并修改收款明细账，同时开收据交给顾客。

(17)会计子系统收到来自供应商的应付款通知单以后，要与应付款明细账核对，正确无误后才能付款，并修改应付款明细账。

(18)根据应收款明细账和应付款明细账修改会计总账。

(19)按周、月、季度、年度定期编制库存报表、销售分析报表、会计报表，提交给配件公司经理。

(20)公司经理可以随时查询各项汽车配件的当前库存量。

根据上述20条内容，首先要确定系统的外部项，其次要确定系统的输入和输出，第三要逐层画出数据流程图。

该系统的外部项共有四个：顾客、供应商、公司经理、业务人员。

第一层的数据流程图要反映汽车配件公司最主要的业务，显然是采购和销售，外部项是顾客和供应商，其数据流程图如图5.17所示。

图5.17表示系统从顾客那里接受订货要求，把汽车配件卖给顾客。当存货不足时，汽车配件公司向供应商发出订货要求，以满足销售的需要。

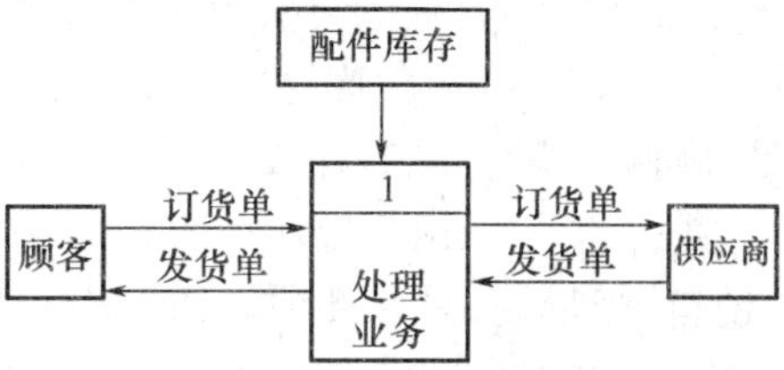

图5.17　第一层数据流程图

这张图没有反映账务，而且销售和采购也没有分开表示，只是高度概括地反映了汽车配件公司的业务，因此要进一步扩展出第二层数据流程图，如图5.18所示。

由图5.18可知，该系统的主要逻辑功能有三个:销售、采购、会计。主要的外部项有两个:顾客和供应商。当然允许有许多顾客和许多供应商。

当顾客的订货要求被接受以后,就要按照顾客要购买的汽车配件以及需要的数量查找库存量,是否能够满足顾客的订货要求,如果能够完全满足,就给顾客开发货单,并修改汽车配件的库存量,同时还要通知会计准备收款。如果只能满足一部分或完全不能满足顾客的订货要求,就要把不能满足的订货记录下来,并通知采购部门,应向供应商发出订货要求。当供应商接到汽车配件公司的订货要求,把货物发来后,采购部门要办入库手续,修改库存量,同时向销售部门发出到货通知,销售部门按到货配件检索订货单,向顾客补齐所要求的配件数量。会计部门收到供应商的发货单后,应该准备办理付款业务。

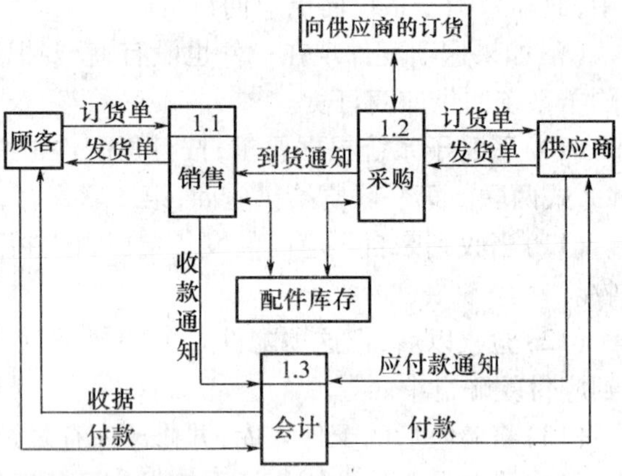

图 5.18 第二层数据流程图

图 5.18 已经比图 5.17 进了一步,比较具体地反映了汽车配件公司的数据流程,但是只考虑了正常情况,有关发生错误或特殊情况尚未考虑。例如顾客订货单填写不正确,供应商发来的货物与采购部门的订货要求不符合等,都属于出错或特殊处理。但一般在第二层数据流程图不反映出错处理和例外处理,它只反映主要的、正常的逻辑处理功能,出错或例外处理应该在低层的、更为详细的数据流程图里反映。把图 5.18 中的“销售”、“采购”、“会计”三个处理逻辑分别扩展出第三层数据流程图,如图 5.19、图 5.20 和图 5.21 所示。

由图 5.19 可知,对顾客的订货单首先要加以编辑,验证其是否正确。验证的内容有两项:一项是根据“配件”文件,验证顾客要求购买的汽车配件,其名称、规格等数据是否填写正确;一项是根据“顾客”数据文件,验证是新顾客还是老顾客。如果是新顾客,就要建立顾客档案,记录该顾客的名称、地址、开户银行、账号等数据。如果是老顾客,要验证该顾客的数据内容是否发生变化。不合格的订货单显示出来,通知业务员设法加以纠正。对合格的订货单按顾客的订货要求检索“配件库存”数据文件,检查该配件现有库存量是否满足订货数量,如果完全满足,就修改库存量,开出发货单交顾客准备提货,并记入“应收款明细账”,同时修改“销售历史”数据文件。“采购”模块在图 5.18 中是整个系统中的一个处理逻辑,但是在图 5.19 中,相对“销售”模块说,是外部项。如果现有配件的库存量不能满足顾客的订货要求,就要产生暂存订货单,交给“采购”模块去处理,准备向供应商发出订货单。

不能满足顾客的订货要求有两种情况:一种是该配件现有库存量只能先提供一部分,余下部分以后再给;一种情况是该配件现有库存量为零,暂时不能提供,待到货以后才能向顾客提

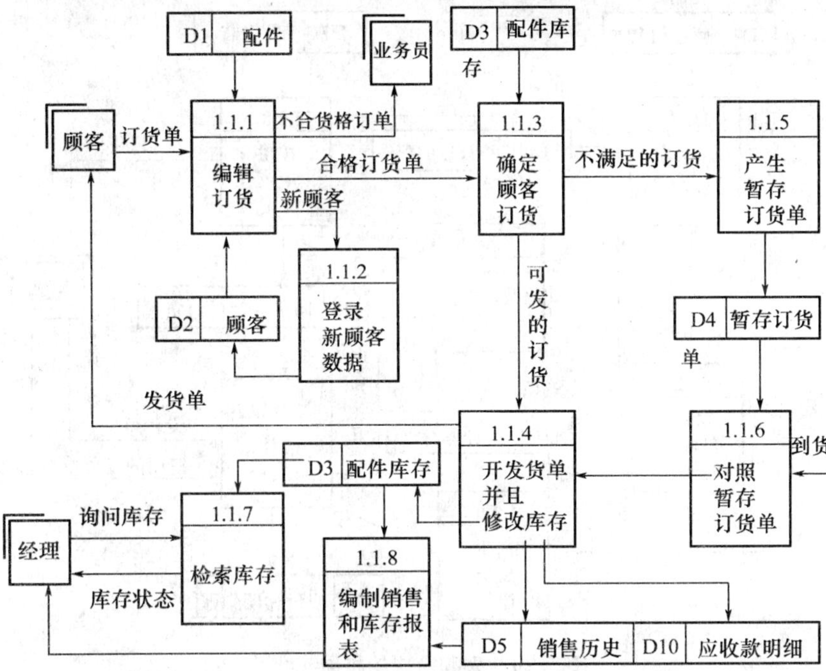

图 5.19 销售模块的扩展

供。处理的办法是对不能立即提供的汽车配件及其数量记录在“暂存的订货单”数据文件中，在获得到货通知以后再向顾客补齐所要的订货数量。

由图 5.20 可知“采购”模块根据“销售”模块产生的“暂存订货单”，形成一个“待订货的配件”数据文件，在适当的时候，以最经济的订货数量向供应商发出订货通知。一般来说，同一种汽车配件可能由若干家供应商提供，同一家供应商可能提供若干种汽车配件，因此是一个库存管理问题。汽车配件公司既要按期、如数地向顾客提供货物，又要尽可能地减少库存占用资金，提高资金的利用率。根据“待订货的配件”和“供应商”两个数据文件，确定应当向哪一家供应商订货，并开出订货单一式两联，一联发给供应商，另一联保存起来，以备到货后核对用。当供应商把货物发来后，首先要根据订货单核对发来的货是否符合订货要求，如果不符合，要通知供应商给以纠正。如果是正确的发货单，办理入库手续，修改“配件库存”数据文件中相应配件的库存量。同时还要修改“待订货的配件”数据文件中相应的配件订货数据，并且通知“销售部门”，新的一批配件已经到货。核对后的发货单还要记入“应付款明细账”数据文件中，以备会计向供应商付款之用。

图 5.21 是汽车配件公司数据处理系统中的“会计”模块，它主要的逻辑功能是处理顾客的付款和处理向供应商的付款，即债权和债务的处理。“会计”模块接受顾客的付款并修改

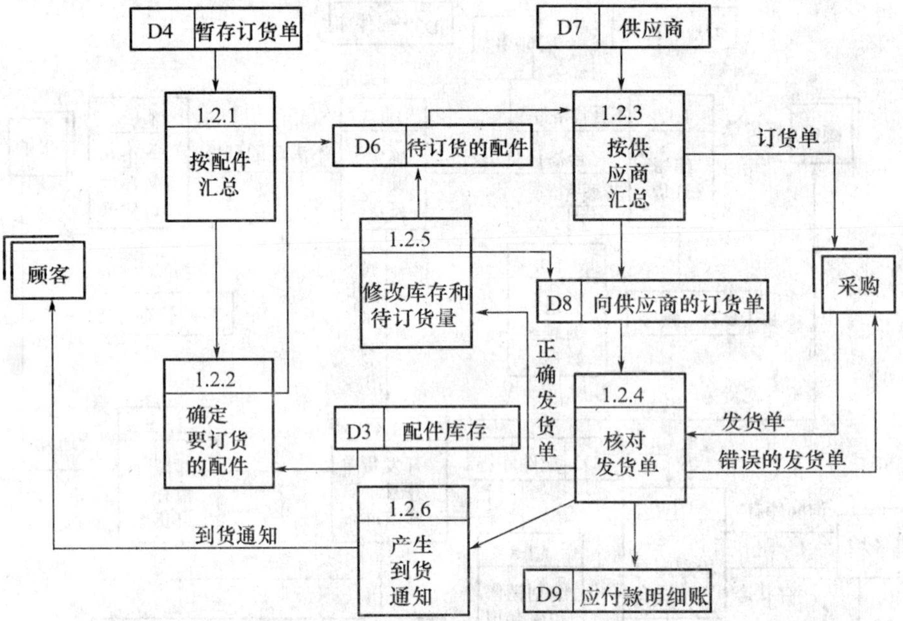

图 5.20　采购模块的扩展

“应收款明细账”数据文件，根据供应商发来的付款通知单核对后，向供应商付款，并修改“应付款明细账”数据文件，无论是债权处理还是债务处理，都要修改“总账”数据文件，定期编制会计报表。

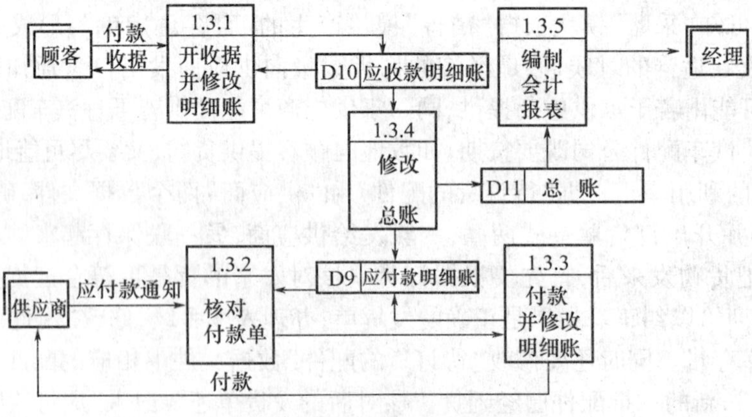

图 5.21　会计模块的扩展

扩展到这种程度，图 5.19、图 5.20 和图 5.21 已经基本上反映了系统的主要逻辑功能。这三张图可以联结起来形成一幅完整的数据流程图。

复习思考题

1. 系统分析阶段的任务、工作特点及工作成果是什么?
2. 系统分析阶段的工作原则主要有哪几方面?
3. 怎样理解逻辑模型与概念模型的区别?
4. 简述结构化系统分析的基本思想。
5. 系统分析工作分哪几步进行?
6. 系统分析中,经常使用哪些图表和工具进行调查分析? 它们之间是什么关系?
7. 可行性分析的任务是什么,一般从哪几方面考虑可行性分析?
8. 初步调查有什么特点,它与详细调查有什么区别?
9. 详细调查分析过程中,怎样体现结构化系统分析的基本思想?
10. 逻辑设计和物理设计的关系和区别是什么,为什么要区分这两个工作阶段?
11. 为什么说数据流程图是表达逻辑模型的主要工具,它与其他图表之间的关系如何?
12. 数据字典和处理逻辑说明有什么作用?
13. 系统分析报告主要包括哪些内容?
14. 画数据流程图时应注意哪些问题?

第6章 企业信息系统设计

系统分析阶段对企业的组织结构、原系统的业务处理过程、数据流程以及存在的问题进行了分析,建立起了新系统的逻辑模型,解决了系统要"做什么"的问题。系统设计阶段要解决"如何做"的问题,即根据新系统的逻辑模型建立系统的物理模型。

6.1 企业信息系统设计概述

系统设计根据新系统逻辑模型所提出的各项功能要求,结合实际的设计条件,详细地设计出新系统的处理流程和基本结构,并为系统实施阶段的各项工作准备好全部必要的技术资料和有关文件。系统设计阶段是开发管理信息系统的关键环节之一,它的工作质量直接关系到新系统的质量和经济效益。因此,整个系统设计过程的各项工作都必须按照科学的方法和程序进行。下面首先就系统设计的目标、系统设计的原则、系统设计的内容和步骤等问题分别加以论述。

6.1.1 系统设计的任务

系统设计过程一般分总体设计和详细设计两个阶段。

1. 总体设计

总体设计把总任务分解成许多基本的、具体的任务,这些具体任务合理地组织起来构成总任务。总体设计的基本任务有如下两条。

(1)系统模块化结构设计

将系统划分为若干个子系统的工作,通常是在系统分析阶段或在总体结构设计中基本完成,但不够详细。这一步的工作是在系统分析阶段对子系统划分的基础上,再进一步地通过结构化设计方法将其逐层分解成多个大小适当、功能单一、具有一定独立性的模块,以便于进行程序设计。

(2)系统处理流程设计

系统处理流程设计是通过处理流程图的形式,将系统对数据的处理过程和数据在系统存储介质间的转换情况详细描述出来。它是系统物理模型的重要组成部分,也是进行程序设计的主要依据之一。

总体设计是系统开发过程中关键的一步,系统的质量及一些整体特性基本上是由这一步决定的。系统越大,总体设计的影响越大。

2. 详细设计

详细设计为各个具体任务选择适当的技术手段和处理方法。它包括以下几条。

(1) 代码设计

代码设计就是对系统中的数据进行编码,并使这种编码作为数据的一个组成部分,用以代表客观存在的实体或属性,以保证它的唯一性和便于计算机进行分类处理。

(2) 数据库设计

数据库设计,主要是根据系统分析阶段所得到的数据关系集和数据字典,再结合系统处理流程图,进行数据文件结构的标准化设计和进行数据库设计。

(3) 输入/输出设计

输入/输出设计主要是指对以记录为单位的各种输入输出报表格式的详细描述。另外,人机对话格式的设计以及对输入/输出设备的考虑也在这一步完成。

(4)网络及数据通信接口设计

网络及数据通信接口设计是根据系统中用户终端数目和地理分布情况,以及对通信量和通信速度的要求,选择最佳的系统规模,提出对网络的基本要求,并进行网络和数据通信接口设计。

(5)系统标准化设计

系统标准化设计是指对各类数据编码要符合标准化要求,对各类文件的命名及对各类图表的绘制等都要按照一定的规范和标准进行。另外,为了保证系统能够安全可靠地运行,还要考虑对系统的可靠性和数据的保密性进行设计。

(6)程序流程设计

程序流程设计是根据模块的功能和系统处理流程图的要求,设计出程序框图,为程序员进行程序设计提供依据。在这一步设计中,也可以结合运用判定表或结构式语言等工具,来更清楚地描述出程序的功能和结构。

(7)描述系统设计结果

系统设计的最终结果是系统设计说明书、程序设计说明书、系统测试说明书以及各种图表等,要将它们分门别类汇集成册,交有关人员和部门审核批准。

(8)拟定实施方案

在系统设计结果得到有关人员和部门认可之后,就可以拟定新系统实施计划,详细地制定出实施阶段的工作内容、时间安排和具体要求。实施方案经过批准后,就可以正式转入实施阶段。

6.1.2　系统设计的原则

系统设计总的原则是保证系统设计目标的实现,并在此基础上使技术资源运用达到最佳。具体地说,对系统设计的一般要求可以包括以下几个方面。

(1)系统性原则。系统是作为统一整体而存在的。因此,在系统设计中,要从整个系统的角度进行考虑,系统的代码要统一,设计规范要标准,传递语言要尽可能一致;对系统的数据采集要做到数出一处,全局共享,使一次输入得到多次利用。

(2)灵活性原则。为保持系统的长久生命力,要求系统具有很强的环境适应性,为此,系统应具有较好的开放性和结构的可变性。在系统设计中,应尽量采用模块化结构,提高各模块的独立性,尽可能减少模块间的数据融合,使子系统间的数据依赖减至最低限度。这样,既便于模块的修改又便于增加新的内容,提高系统适应环境变化的能力。

(3)可靠性原则。可靠性是指系统抵御外界干扰的能力及受外界干扰时的恢复能力。一个成功的管理信息系统必须具有较高的可靠性,如安全保密性、检错及纠错能力、抗病毒能力等。

(4)经济性原则。经济性是指在满足系统需求的前提下,尽可能减少系统的开销。一方面,在硬件投资上不能盲目追求技术上的先进,而应以满足应用需要为前提;另一方面,系统设计中应尽量避免不必要的复杂化,各模块应尽量简洁,以便缩短处理流程,减少处理费用。

以上是系统设计的一些基本原则。除此之外,还要根据系统设计的具体目标和条件,考虑其他的一些具体设计要求和原则。

6.1.3 系统设计的目标

系统设计的基本目标就是要使所设计的系统必须满足系统逻辑模型的各项功能要求,同时要尽可能地提高系统的性能。系统设计的目标是评价和衡量系统设计方案优劣的基本标准,也是选择系统设计方案的主要依据。评价和衡量系统设计目标实现程度的指标主要有以下几个方面。

1. 系统的可靠性

系统的可靠性是对系统的基本要求,也是系统设计时必须要首先解决的主要问题。系统在工作时,可能遇到各种各样的外界因素的影响和干扰,有的是无意的操作错误,有的是外界不可控因素造成的。在系统设计时应尽量考虑到所有可能发生的影响或干扰并采取相应的防范措施,提高系统的可靠性。一般情况下,可以从系统的硬件、软件和运行环境三方面来考虑:选用可靠性较高的硬件设备,设置软件程序中各种检验措施以防止误操作和非法使用,注意对系统的硬件和软件的各种安全保障措施、操作的规章制度等。

2. 系统的可变更性

系统的可变更性指系统的可维护或可修改性。系统投入运行以后,由于系统的环境和条件是在不断地发展和变化的,所以不可避免地会逐渐暴露出设计上的缺陷和功能上的不完善,以及在使用过程中出现的硬件故障和软件故障等情况。因此,系统就需要不断地修改和完善,以适应用户的使用要求。而对系统修改的难易程度,主要取决于系统硬件的可扩充性、兼容性和售后服务质量;系统软件的可操作性、先进性和版本升级的可能性;数据存储结构规范化程度及方便性;应用软件的设计方式等方面的因素。如果对应软件采用结构化设计方法,将会增加系统模块的独立性,使系统的结构清晰,便于维护和修改,从而可以提高系统的适应性。

3. 系统的效率

系统的工作效率可以用对处理请求的响应时间或单位时间内处理的业务量来衡量。由于系统所选择的工作方式不同,其工作效率的含义也不相同。如联机实时处理系统的工作效率为对处理请求的响应时间,而批处理系统则为单位时间内平均处理的业务量。这里需要指出的是,系统的工作效率和计算机的效率是有一定区别的。一般来讲,影响系统工作效率的主要因素有:硬件的运行速度;系统软件的性能;参数的设置情况;应用软件结构设计的合理性及中间文件调用的次数和数量等。

4. 系统的通用性

系统的通用性是指同一软件系统在不同使用单位的可应用程度。系统的通用性好,可以保证当系统的使用条件发生变化时,该系统不经变动或经少量变动后,仍能完成预定的使用功能。对于一般的用户来说,都希望所购得的软件系统不经修改或经过少量修改后就可以用于本单位。因此,提高软件系统的通用性,可以扩大它的应用范围,降低研究成本,减少系统扩展时的工作量和费用,增强系统的生命力。影响系统通用性的主要因素是系统功能的完善程度和处理业务的规范化、标准化程度。

5. 系统的工作质量

系统的工作质量是指系统处理数据的准确性,输出各种信息的易读易懂性,系统操作的方便性等。系统的工作质量和系统的硬件设备及软件设计质量有直接关系。硬件设备是系统工作的基础,然而硬件设备作用的发挥必须有高质量的软件设计作保证。系统设计阶段的各项工作几乎都与系统的工作质量有关,直接影响系统的使用效果。因此在系统设计时,既要考虑到实现系统功能的要求,又要考虑到使用者的要求和反应。

上述评价系统性能的指标是互相联系、互相制约的。在某些条件下,它们是互相矛盾的,但是在另外一些条件下,它们又可能是彼此促进的。

6.2　企业信息系统结构设计

系统结构设计是从计算机实现的角度出发,将整个系统划分为多个子系统,再将子系统进一步逐层分解,直至分解到模块。20 世纪 70 年代以来,出现了许多种先进的系统结构设计方法,包括杰克逊方法、帕纳斯方法、结构化设计方法等。其中有代表性和运用最广泛的是结构化设计方法。它运用一整套标准的准则和工具,帮助设计人员确定组成系统的模块及相互关系,自上而下逐步求解,先全局后局部、先总体后细节、先抽象后具体,进行整个系统的开发。模块分解设计是结构化设计的核心。由于系统分析时得到的数据流程图上的模块是逻辑处理模块,没有说明模块的物理构成和实现的方法。另外,流程图上也还不能清晰表明模块的层次分解关系，因此系统设计时首先要将流程图转化为模块层次结构关系图，然后进行模块的分解设计。

6.2.1 结构化设计的概念和原理

1. 结构化设计的提出

在进行系统结构设计时，系统的工作效率、工作质量和可靠性等都在很大程度上依赖于系统的可变更性。系统在设计和运行过程中，根据条件的变化和发现的新问题，不可避免地要对系统进行修改和维护，以提高系统的工作效率、工作质量和可靠性。对于任何一个复杂系统，都可以通过一定的方式将其逐层分解为相对简单的子系统。因此，对于一个系统的任何修改即是对其中子系统的修改，或者是对各子系统之间相互关系的修改。但是，由于在系统的各个组成部分之间存在着互相调用、互相控制和信息变换等多种关系，所以对系统的某一部分进行任何改动，都可能影响到系统的其他部分。因此，要想提高系统的易变更性，必须从系统的内部结构加以研究。

如果能将一个系统分解为由一些相互独立、功能简单、易于理解的模块所组成的系统，则这样的系统就会容易修改和维护。由模块组合构成的系统一般称之为模块化结构系统。在模块化结构系统中，由于各个模块之间基本上是相互独立的，所以每个模块都可以独立地被理解、编程、调试和修改，使复杂的系统设计工作变得相对简单。模块的相对独立性也能有效地防止某个模块出现错误在系统中扩散的问题，从而可以提高系统的可靠性。另外，在模块化结构系统中，想要增加或删除一些功能时，只要增加或删除相应的模块就可以了，对系统的其他功能和结构不会产生太大的影响，使系统的修改和维护工作比较容易进行。而采用结构化设计方法就是要将系统设计成模块化结构系统。

2. 结构化设计原理

结构化设计方法的基本思想是使系统模块化，即把一个系统自上而下逐步分解为若干个彼此独立而又有一定联系的组成部分，这些组成部分称为模块。对于任何一个系统都可以按功能逐步由上向下，由抽象至具体，逐层将其分解为一个多层次的、具有相对独立功能的模块所组成的系统。在这一基本思想的指导下，系统设计人员以逻辑模型为基础，并借助于一套标准的设计准则和图表等工具，逐层地将系统分解成多个大小适当、功能单一、具有一定独立性的模块，把一个复杂的系统转换成易于实现、易于维护的模块化结构系统。

结构化设计的工作过程可以分为两步，第一步是根据数据流程图导出系统初始结构图，第二步是对结构图的反复改进过程。因此，系统结构图是结构化设计的主要工具，它不仅可以表示一个系统的层次结构关系，还反映了模块的调用关系和模块之间数据流的传递关系等特性。

3. 模块划分的标准

首先讨论子系统划分。根据系统功能，子系统的划分按以下原则进行：

①各子系统相对独立完成部分管理功能；

②子系统按业务信息逻辑方式划分；

③子系统划分从管理科学化出发,不受管理体制可能变化的影响；

④子系统间边界清晰,系统内业务和数据联系紧密。

子系统划分后将其模块化。结构化设计要解决的主要问题是把系统分解成一个个模块,并用结构图的形式表达出其内在的联系。因此,模块划分是否合理,直接影响到系统设计的质量,影响系统开发的时间、开发成本以及系统实施和维护的方便程度等方面。模块划分的总体原则是具有较强的独立性。在划分模块时要遵循如下原则:

①尽量把密切相关的子问题划归到同一模块；

②把不相关的子问题划归到系统的不同模块。

评价和衡量系统的结构化程度及模块的独立性主要通过模块与模块之间的耦合性和模块内部各个组成部分之间的内聚性判断,即通过关联度和聚合度两条标准判断。

(1)模块耦合

耦合指系统内模块之间的关联度,即一个模块与其他模块之间联系的紧密程度。模块之间的联系越多或者越复杂,模块间的依赖程度就越高,模块的独立性越差。反之,关联度越低则说明模块之间的联系越少,模块的独立性就越强,就越容易独立地进行编程、调试和修改,一个模块中产生的错误对其他模块的影响也就越小。两个模块之间关联有数据耦合、控制耦合、公共耦合和内容耦合。

①数据耦合

如果两个模块间不仅存在调用和被调用关系,而且彼此间的联系通过数据传递,或者说由参数交换信息,称之为数据耦合。数据耦合是最理想的耦合,耦合程度最低。但要把模块间传递的数据量控制在最少,既要降低信息通信的复杂程度,又增强了模块的独立性。

②控制耦合

两个模块A,B之间,除了传递数据信息外,还传递控制信息。控制信息形式上是数据,但实质上是一个“标志”或一个“状态”。接收控制信息的模块A根据控制信息的状态作出判断执行不同的处理功能,称这种耦合为控制耦合。控制耦合是中等的耦合程度,在设计时应尽可能少。

③公共耦合

两个模块彼此间通过一个公共的数据区传递信息,则模块间出现较强的耦合程度。例如系统中建立了多个模块都引用的一个全程变量,那么这几个模块间也存在较强的耦合关系。全程变量的修改或公共数据的修改,有可能引起有关模块的修改,给系统的维护带来困难。这种耦合称为公共耦合,应设法避免。

④内容耦合

一个模块与另一个模块的内容发生联系(如要使用该模块的内部数据或控制信息),称这种耦合为内容耦合。内容耦合的耦合程度最高,它增强了系统的复杂程度,给系统的维护带来很大的困难,在系统设计中应该坚决避免。

在进行模块设计时应使模块的耦合程度尽可能低。为保证模块的独立性,尽量采用数据耦合,最好少用控制耦合,应尽量避免用公共耦合,绝对不能采用内容耦合。

(2)模块内聚

模块内聚是用来描述和评价模块内部各个组成部分之间联系的紧密程度。一个模块内部的各种组成部分之间联系的越密切,其聚合度越高,模块的独立性也就越强。模块的聚合度是由模块的聚合方式决定的。根据模块内部的构成情况,其聚合方式可以分成以下七种形式。

①偶然性内聚。将几个毫无联系的功能组合在一起,形成一个模块,叫偶然性内聚。这种模块内部的各个组成部分之间几乎没有什么联系,只是为节省存储空间或提高运算速度而结合在一起,因此聚合度最低。

②逻辑性内聚。将几个逻辑上相似,但彼此并无联系的功能组合在一起所形成的模块,叫逻辑性内聚。这种聚合形式,其聚合度也非常低,模块中的各种功能要通过控制变量选择执行。

③时间性内聚。将几个需要在同一时段进行处理的各项功能组合在一起所形成的模块,叫时间性内聚。如系统的初始模块、结束处理模块等可以考虑采用时间性聚合方式。

④过程性内聚。将为了完成某项业务处理过程,而执行条件受同一控制流支配的若干个功能组合在一起所形成的模块,叫做过程性内聚。这类模块的聚合度较前几种要高一些。

⑤数据性内聚。将对同一数据加工处理的若干个功能组合在一起所形成的模块,叫做数据性内聚。这种模块能合理地定义功能,结构也比较清楚,因此其聚合度也较高。

⑥顺序性内聚。把若干个顺序执行的、一个处理的输出是另一个处理的输入的功能组合在一起所构成的模块,叫做顺序性内聚。这种模块的聚合度要更高一些。

⑦功能性内聚。为了完成一项具体任务,由简单处理功能所组成的模块,叫做功能性内聚。这种模块功能单一,内部联系紧密,易于编程、调试和修改,因此其独立性最强,聚合度也最高。

在上述七种模块聚合方式中,其聚合度是依次升高的。由于功能性聚合模块的聚合度最高,所以在划分模块的过程中,应尽量采用功能性聚合方式。其次根据需要可以适当考虑采用顺序性聚合或数据性聚合方式,但要避免采用偶然性聚合和逻辑性聚合方式,以提高系统的设计质量和增加系统的可变更性。

(3)结构图

结构图(structure chan)又称系统结构图或控制结构图,它与数据流程图、过程结构图和伪码等一起构成一组标准的图表工具,用来描述系统层次结构和相互关系,是结构化系统设计的可修改性和可维护性。图6.1是结构图的一个例子。

在划分系统模块的设计时,除了要考虑降低模块的关联度和提高模块的聚合度这两条基本原则之外,还要考虑到结构图中模块的层次数和模块结构的宽度。如图6.1所示,如果一个

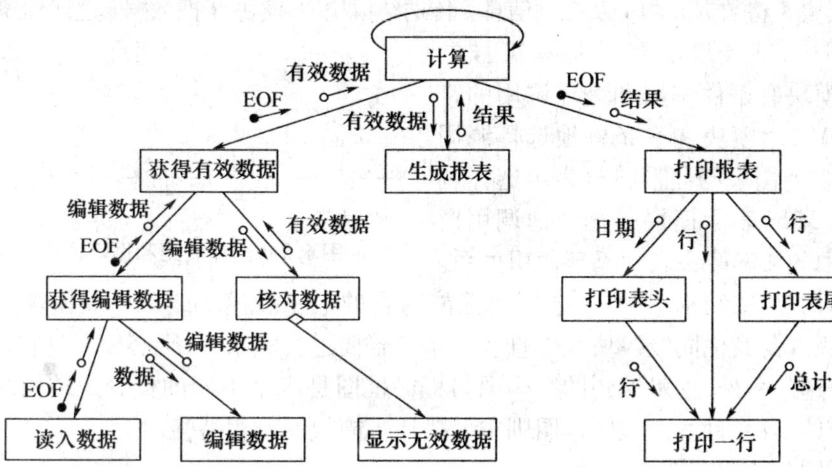

图6.1　结构图

系统的层数过多或宽度过大,则系统的控制和协调关系也就会相应复杂,系统的规模也要相应地增大,结果将是设计和维护的困难增大。

6.2.2　结构化设计的工具

1. 结构图的构成

系统结构化设计的主要工具是结构图。结构图的构成主要有以下几个基本部分。

(1)模块。模块用矩形方框表示。矩形方框中要写有模块的名称,模块的名称应适当地反映这个模块的功能。

(2)调用。用从一个模块指向另一个模块的箭头线,表示前一个模块中含有对后一个模块的调用关系。

(3)数据。调用箭头线旁边带圆圈的小箭头线,表示从一个模块传送给另一个模块的数据。

(4)控制信息。调用箭头线旁边带圆点的小箭头,表示从一个模块传递给另一个模块的控制信息。

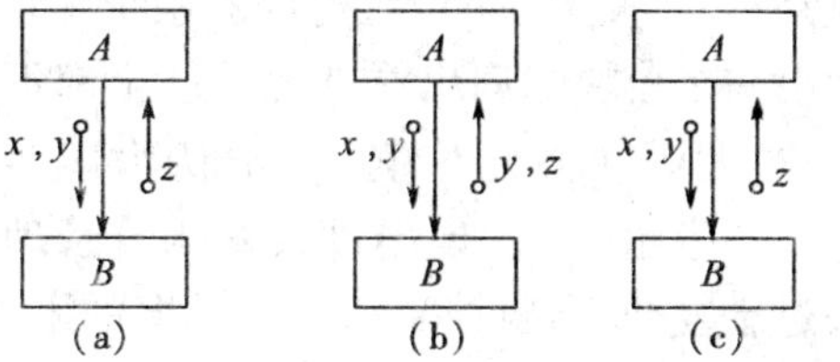

图6.2　选择调用和循环调用示意图

图6.2(a)的结构图说明模块 A 调用模块 B 的情况。当模块 A 调用模块 B 时,同时传递数据 x 和 y,处理完后将数据 z 返回模块 A。如果模块 B 对数据 y 修改后,再送回给模块 A,则数据 y 应该出现在调用箭头线的两边,如图6.2(b)所示。图6.2(c)表示模块 A 调

用模块 B,且模块 A 将数据 x 和 y 及控制信息 c 传送给模块 B,模块 B 把数据 z 返回到模块 A。

在结构图中,除了以上几种基本符号之外,还有表示模块有条件调用和循环调用的符号。图 6.3(a)表示模块 A 有条件地选择调用模块 B 或 C 或 D,图中的菱形符号表示选择调用关系。图 6.3(b)表示模块 A 循环地调用模块 B 和 C,图中的弧形箭头表示循环调用关系。

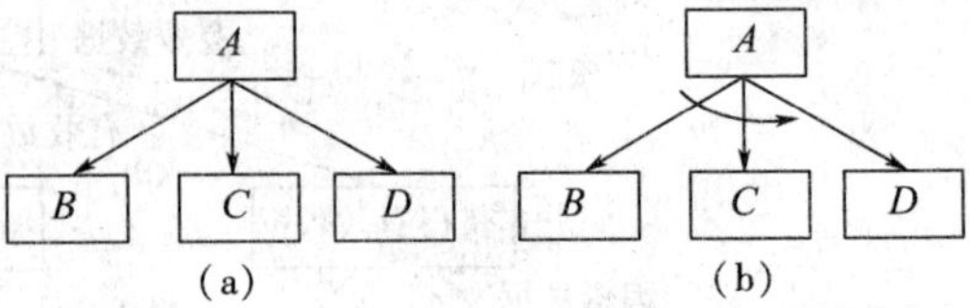

图 6.2 选择调用和循环调用示意图

应该指出的是,在结构图中,一个模块只能与它的上一级模块或下一级模块进行直接联系,而不能越级或与其他同级模块发生直接联系。若要进行联系时,则必须通过它的上级或下级模块进行传递。另外,这里谈到的结构图与程序框图是两个不同的概念。结构图从空间角度描述了系统的层次特性,而程序框图则主要描述了模块的过程特性。

2. 作用范围与控制范围

程序中的每个判断都会产生这样的结果:根据此判断的结果,某些处理执行了,而另外一些没有执行。也就是说,有些处理的执行受判断的影响。由此引出判断的作用范围(或称影响范围)这一概念。一个判断的作用范围是所有这样的模块的集合,这些模块内含有依赖于这个判断结果的处理。

图 6.3 中,模块 A 有条件地调用模块 B 和 C,说明在模块 A 中调用 B,C 的语句受判断(是工人还是干部)结果的影响。因此,模块 A 属于这个判断的作用范围。当然,模块 B,C 也属于这个判断的作用范围。一个模块的控制范围是指它本身及其所有下属模块的集合。这里所说的下属模块包括直接下属模块及下属模块的下属模块。图 6.3 中,模块 A 的控制范围是集合 $\{A,B,C,D\}$。

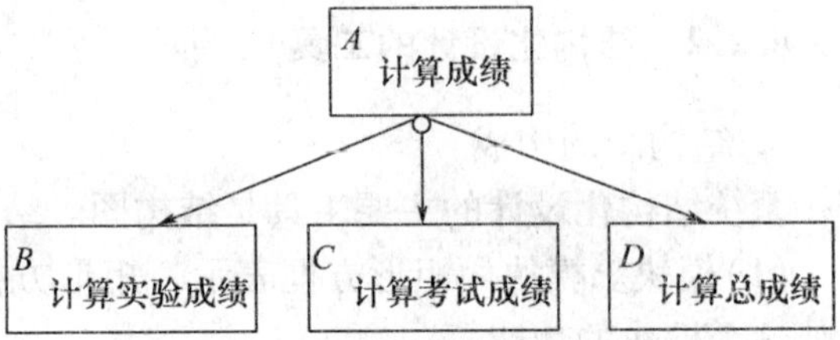

图 6.3 作用范围与控制范围

3. 模块的扇入与扇出

模块的扇出是指模块的直接下属模块的个数,如图 6.4 所示。图 6.4 中,模块平均的扇出数是 2。一般认为,设计得好的系统平均扇出数是 3 或 4。

一个模块的扇出数过大或过小都不理想,过大比过小更不好。一般认为扇出的上限不应超过 7。扇出过大意味着管理模块过于复杂,需要控制和协调过多的下级。解决的办法是适当增加中间层次。

一个模块的扇入是指调用它的上级模块的个数。扇入越大,表示该模块被越多

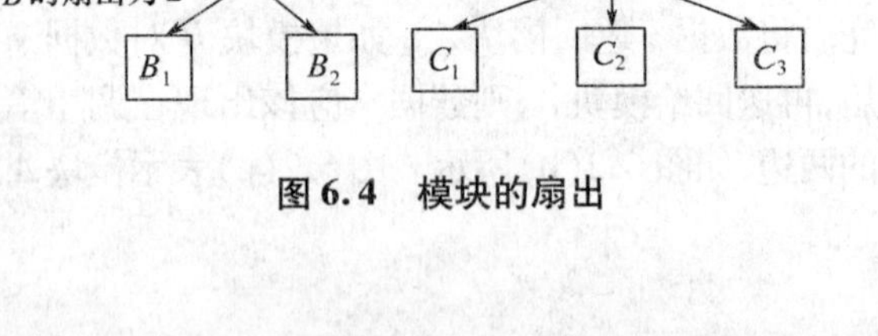

图 6.4 模块的扇出

的上级模块共享，这当然是我们所希望的，但是不能为了获得高扇入而不惜代价。例如把彼此无关的功能凑在一起构成一个模块，虽然扇入数高了，但这样的模块的内聚程度必然低。这是我们应避免的。

设计得好的系统，上层模块有较高的扇出，下层模块有较高的扇入。其结构图像清真寺的塔，上尖、中间宽、下面小。

6.2.3　建立系统结构图

系统结构的设计第一阶段需要从数据流程图出发导出初始结构图。即首先把整个系统看成一个模块，然后对其逐层分解。分解时，要遵守划分模块的基本原则和完成数据流程图所规定的各项任务及其处理顺序。每分解出一层模块，都要标明信息传递情况并考虑每一模块的实现方法，同时还要考虑系统结构的层数。第二阶段是对系统结构图进行改进，即从提高模块的独立性目标出发，检查每一模块，考虑是否还可以降低关联度，提高聚合度，如果可以，就要对其改进，直到理想为止。

在数据流程图中存在着两种典型的结构：一种是变换型结构的数据流程图，一种是事务型结构的数据流程图。与此相对应的，也有两种结构图的设计方法，即变换分析方法和事务分析方法。这两种方法的基本设计过程都是先设计出最上层的主模块，然后由上向下逐层分解，直到得出一个满意的系统结构图为止。下面分别讨论这两种结构图的设计方法。

1. 变换分析

变换分析是从变换型结构的数据流程图中导出系统结构图的一种方法。变换型结构的数据流程图是一种线状结构，它可以明显地分为输入、主处理和输出三部分，其主要功能是完成对输入数据的变换。而变换分析，就是通过对该数据流程图的分析，将其转换成系统结构图。变换分析过程一般可以分为三步。

(1)把数据流程图划分为主处理和逻辑输入、逻辑输出三部分。在数据流程图中，往往几股数据流的汇合处就是主处理部分，而在它两边所对应的分别就是逻辑输入和逻辑输出。

(2)以主处理为中心，设计结构图的最上层模块和下一层模块。数据流程图的主处理，决定了结构图最上层模块的功能和位置。有了最上层模块之后，就可以在此基础上分别按输入、变换和输出设计出下一层模块。

(3)进一步设计结构图的中、下层模块。这一步是从上向下对模块逐层分解和细化的过程。对输入和输出部分，要一直分解到数据流程图的输入端和输出端为止。而对于变换部分，由于没有一定的规则可循，因此需要根据数据流程图中主处理部分的实际情况，再进行分解模块的设计。

图6.5是根据会计账务处理系统的数据流程图应用变换分析方法设计的结构图。

2. 事务分析

事务分析是根据事务型结构的数据流程图导出系统结构图的一种设计方法。在事务型结

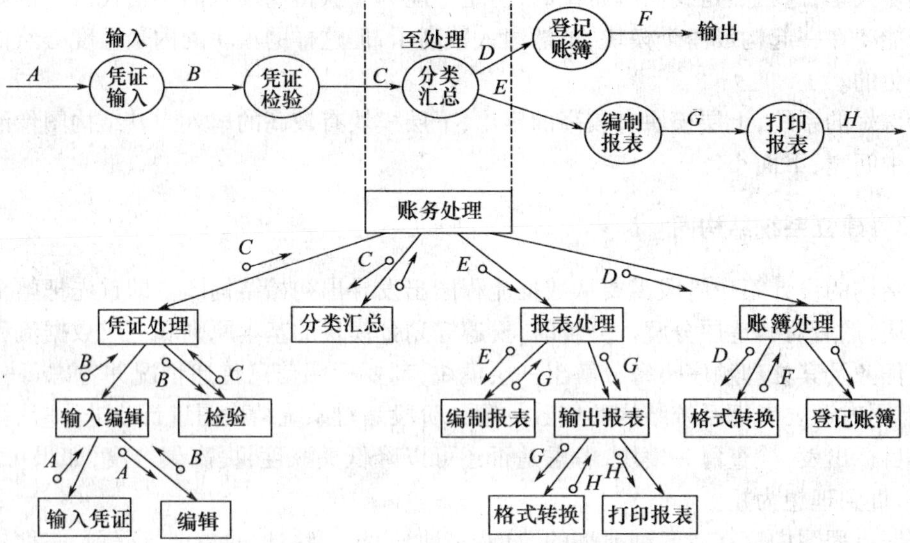

图 6.5 变换分析的例图

构的数据流程图中，输入的数据流通过某一个主处理后被分隔成一串平行的数据流，然后有选择地执行后面的某个处理。在应用事务分析方法设计系统结构图时，也是从上向下逐步细化的过程，即首先分析事务型结构的数据流程图，找出事务处理中心，并据此设计主模块和第一层模块。第一层模块一般要包括输入检验和选择处理两个组成部分。设计出第一层模块后，就要进一步地向下分解，为每一种类型的事务处理设计一个事务处理模块，再向下分解，为每个事务处理模块设计下面的操作模块，直到每项事务处理都是一个具体的操作模块为止，这就形成了一个完整的系统模块化结构图。

图 6.6 是根据事务型结构的数据流程图设计系统结构图的例图，图中的 B 是反映数据类型的控制信息，根据控制信息选择执行后面的处理。

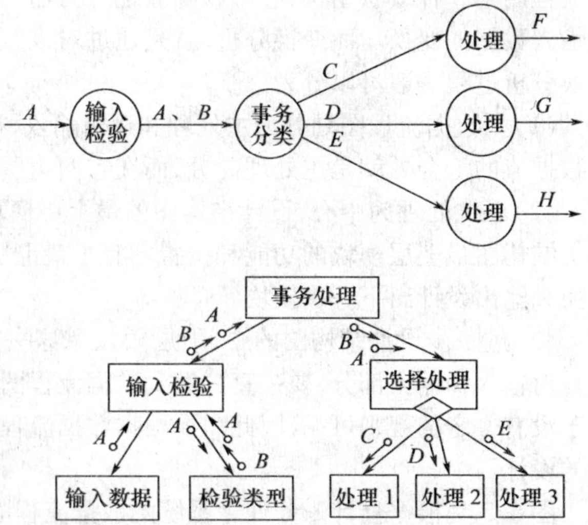

图 6.6 事务分析的例图

上面介绍了两种根据数据流程图的不同类型设计系统结构图的方法。但是在实际系统设计工作中，遇到的数据流程图往往是由变换型结构和事务型结构组成的混合结构。在这种情况下，一般是采用以变换分析为主，以事务分析为辅的方法进行系统结构设计。可以先找出主处理，设计出结构图的主模块，然后根据数据流程图各部分的结构特点，适当地运用变换分析或者事务分析的方法，最终就可以设计出一个合乎要求的系统结构图。

6.3　处理流程图设计

系统结构设计的重点在于描述系统的功能特征及其各功能模块之间的调用关系。但是，它并不能表达出系统中数据的存储情况，系统对数据的处理过程，以及各功能模块的输入数据、处理过程和输出数据之间的逻辑关系。因此，为了进一步表达系统处理过程和系统中的数据存储情况，以及各项处理过程中的输入输出情况，还必须进行系统处理流程设计和具体模块的处理流程设计，以便为程序设计提供详细的资料。

6.3.1　系统处理流程设计

系统处理流程设计主要是通过系统处理流程图来描述数据在计算机存储介质间的流动、转换和存储情况，以便为模块的处理流程设计提供详细的输入输出数据。由于并不要求处理流程图是提供详细的处理细节，因此以它的设计可以详细一些也可粗略一些，一般对应于系统流程图中的一个处理，将来可以用一个程序能实现就可以了。

绘制系统处理流程图应当使用统一符号。目前我国国家标准 GB 1526—76 信息处理流程图符号和国际标准化组织标准 ISO 1028、2636 以及美国国家标准协会 ANSI 的图形符号大致相同，常用的符号如图 6.7 所示。

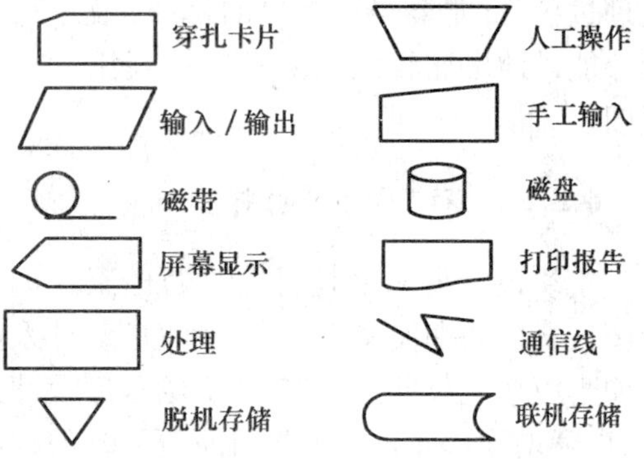

图 6.7　常用的系统流程图符号

系统处理流程图设计是系统设计工作中的一个很重要的内容。通过系统处理流程图可以反映出系统处理的方式；各个数据文件存放的介质；处理程序的目的和个数；数据在系统中的流动、处理和存储过程；处理程序的输入输出形式和内容；对计算机外部设备的要求以及对各类文件保存形式的要求等内容。对系统处理流程图的设计往往要和系统的输入输出格式设计以及数据库或数据文件的设计结合起来进行。

6.3.2　模块处理流程设计

模块的处理流程设计是指用统一规定的标准符号来描述某一模块的内部具体运行步骤的

设计过程,因此又称程序处理流程设计或程序框图设计。对模块处理流程的设计,是在系统处理流程图的基础上,通过对输入输出数据的详细分析,然后将具体的处理模块在计算机中的主要运行步骤标识出来形成模块处理流程图,作为程序设计的最基本依据。

由于结构化程序设计方法简单易学,并且能够通过几种基本的处理结构将一个复杂程序的运行步骤简明易懂地描述出来,所以是一种比较容易被接受的设计方法。利用结构化程序设计方法描述模块的处理过程,主要采用以下五种基本的处理结构:顺序处理结构;选择处理结构;先判断后执行的循环结构;先执行后判断的循环结构;多条件选择处理结构。每一种基本结构如图6.8所示。

在实际的模块处理流程设计工作中,显然遇到的问题要复杂一些,因为它可能包含着多重循环处理或多种选择的嵌套处理。但是,只要我们能以以上五种基本处理结构为出发点,根据处理功能的基本要求,确定什么地方应选择顺序处理,什么地方应采用选择处理,什么地方应采用循环处理,最后将这些基本处理结构合理地组合起来,就能够设计出合乎要求的模块处理流程图。当然,对于一个复杂的处理过程,可能要经过多次的修改,最后才能设计出比较满意的模块处理流程图。

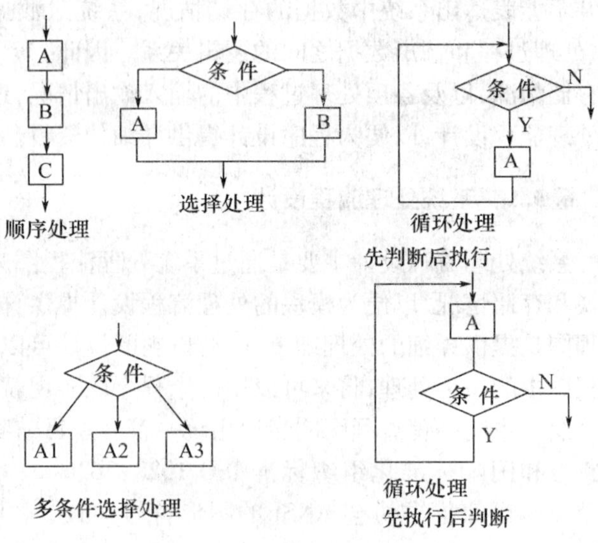

图6.8 模块处理流程的基本结构

6.3.3 模块设计说明书

模块设计说明书是对模块处理流程图注释性的书面文件,以帮助程序设计人员进一步了解模块的功能和设计要求。模块设计说明书由系统设计人员编写,交给程序设计人员使用。因此模块设计说明书必须写得清楚明确,以便增加程序设计人员对所要设计的程序的处理过程和设计要求的理解。

模块设计的说明书主要包括以下内容。

(1)模块名称。它包括反映模块功能的文字名称和标识符。如凭证输入模块PZSR.PRG等。

(2)模块所属的系统和子系统名称。

(3)编写程序所用的语言。

(4)输入数据的方式与格式。当有多种数据输入时,应当分别以每种数据的输入方式和格式作出具体而详细的说明。

(5)输出信息的方式与格式。当有多种信息按不同方式输出时,应当分别说明按各种方式输出时的格式要求。

(6)模块处理过程说明。它包括在模块中使用的计算公式、数学模型和控制方法等。

(7)程序运行环境的说明。它主要是指保证程序能够正常运行所需要的输入、输出设备的类型和数量,内存储器的容量,以及支持程序运行的操作系统等内容进行说明。

对编写模块设计说明书的工作必须引起系统设计人员的充分注意,并作为一项重要的工作和内容来完成。因为模块设计说明书不仅是程序设计人员进行程序设计时的重要参考,就是在系统投入运行之后,由于要经常根据情况的变化对系统进行调整和修改,如果没有完善的文档资料,将既不利于程序的设计工作,也不利于对系统的修改和维护工作。

6.4 代码设计

6.4.1 代码设计的原则

进行代码设计时应遵循以下基本原则。

(1)唯一性。每一个代码只能唯一地代表系统中的一个实体或实体属性;而一个实体或实体属性也只能唯一地由一个代码来表示。

(2)标准性。代码设计时要尽量采用国际或国家的标准代码,以方便信息的交换和共享,并可为以后对系统的更新和维护创造有利条件。

(3)合理性。代码设计必须与编码对象的分类体系相适应,以使代码对编码对象的分类具有标识作用。

(4)可扩充性。编码时要留有足够的备用代码,以适应今后扩充代码的需要。但备用代码也不能留得过多,以免增加处理的难度。

(5)简单性。代码结构要简单,要尽量缩短代码的长度,以方便输入,提高处理效率,并且便于记忆,减少读写的差错。

(6)适用性。代码设计要尽量反映编码对象的特点,以便于识别和记忆,使用户容易了解和掌握。

(7)规范化。代码的结构、类型、编码格式必须严格统一,以便于计算机处理。

6.4.2 代码的种类

代码的种类如图6.9所示,图中列出了最基本的代码。实际应用中,常常根据需要采用两种或两种以上基本代码的组合。

根据编码对象和从使用方便的角度出发进行考虑,常用的代码主要有以下几种。

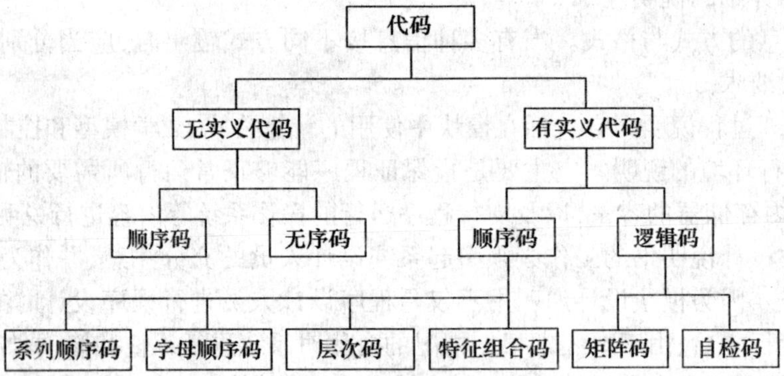

图 6.9 代码的种类

1. 顺序码

顺序码是用一串连续的数字来代表系统中的客观实体或实体属性。例如,某个班级中的学生采用顺序编码:

01 王一

02 李亮

03 孙田

⋮

28 朱明

顺序码的优点是代码简短、使用方便、易于管理、易添加,对分类对象无任何特殊规定;缺点是代码本身没有给出对象的任何其他信息。另外,由于代码按顺序排列,新增加的数据只能排在最后,删除数据则要造成空码、缺乏灵活性,所以通常非系统化的分类对象常采用顺序码,通常作为其他编码的一个组成部分。

2. 矩阵码

矩阵码是一种逻辑码。所谓逻辑码,是按照一定的逻辑规则或者程序算法编写的代码。矩阵码就是建立在两维空间 x,y 坐标基础上的代码。代码的值是通过坐标的数值构成的。

3. 自检码

自检码由代码本体部分和一个附加码组成。附加码用来检查代码的录入和转录过程中是否有差错。附加码也叫校验码,它和代码本体部分有某种唯一的关系,它是通过一定的数学算法得到的。

4. 系列顺序码

系列顺序码是排序码的一种。排序码是把对象按预先选择的某种顺序排列,分别赋予代码。系列顺序码是一种特殊的顺序码,它将顺序代码分为若干段并与分类对象的分段一一对应，给分类对象赋予一定的顺序代码。例如"国务院各部、委、局及其他机构名称代码"（GB 4657－84）采用的就是系列顺序码，用三位数字表示一个机构，第一位数字表示类别标识，第二、三位数字表示该机构在此类别中的数字代码，如 300～399 为国务院各部代码，700～799 为全国性人民团体代码。

这种代码的优点是能表示一定的信息属性，易于添加；缺点是空码较多时，不便于机器处理，不适用于复杂的分类体系。

5. 层次码

层次码是按分类对象的从属层次关系作为排列顺序的一种代码。代码分为若干层，并与对象的分类层次对应。代码左端为高位层次代码，右端为低位层次代码。每个层次的代码可采用顺序码或系列顺序码。

例如全国行政区邮政编码即为典型的区间码。这种代码共有 6 位数字组成，分成三个区段：第 1 位和第 2 位表示省或直辖市级顺序码；第 3 位和第 4 位表示地或市级顺序码；第 5 位和第 6 位表示县或区级顺序码。因此，通过一个代码就可以反映出一个地区所在的省、地和县。

6.4.3　代码的校验

代码作为数据的一个组成部分，是系统中的重要输入内容之一，它的正确与否直接影响到整个处理工作的质量。特别是人们需要重复抄写代码和通过手工将它输入到计算机中时，发生错误的可能性就比较大。为了保证输入代码的正确性，人们在设计代码时，可以在原有代码的基础上再加上一个校验位，使其成为代码的一个组成部分。校验位通过事先规定易于理解的数学方法计算出来，当带有校验码的代码输入到计算机中时，计算机也利用同样的计算方法计算代码的校验位，并将它和输入的代码校验位进行比较，以检验输入是否正确。

利用代码校验位可以检测出以下各种在代码使用中产生的错误：

抄写错误，如 1 写成 7；

易位错误，如 12158 写成 12518；

双易位错误，如 36819 写成 31869；

随机错误，由以上两种或三种错误综合形成的错误。

1. 校验码的设计

校验码的设计过程可以分为以下步骤。

（1）对原代码的每一位乘以一个权数，然后求它们的乘积之和。

设原代码有 n 位：$C_1C_2C_3\cdots C_n$

对应的权数因子：$P_1P_2P_3\cdots P_n$

它们的乘积之和：$S = C_1P_1 + C_2P_2 + C_3P_3 + \cdots + C_nP_n$

其中：权数因子可以取自然数列 $1,2,3,\cdots N$；几何级数 $2,4,8,\cdots,2^N$；或质数等其他数列。

(2)对乘积之和取模

$R = S_{\text{mod}}(M)$

其中:R 表示余数;S 为乘积之和;M 为模数,可选用 11 或 12 等数。

(3)用模减去余数即得校验码

$C_{n+1} = M - R$

其中:C_{n+1} 表示校验位;M 表示模;R 表示余数。

下面举例说明校验码的设计过程。

设原代码为:12345

对应的权数:32,16,8,4,2

求乘积之和:$S = 1 \times 32 + 2 \times 16 + 3 \times 8 + 4 \times 4 + 5 \times 2 = 114$

取模(设模为 11):$R = S_{\text{mod}}(11) = 4$

得校验码:$C_6 = 11 - 4 = 7$

最后得到带校验位的代码 123457,其中 7 是校验码。

2. 对输入的代码进行校验

利用校验码对输入的代码进行校验的过程是上述校验码设计的逆过程。因此可利用下面的公式对输入的代码进行检验,若

(原代码与权数乘积之和 + 检验码) ÷ 模 = 整数

则认为输入是正确的,否则认为输入有错。

6.4.4 代码设计的步骤

代码设计可按下列步骤进行。

(1) 确定代码对象。

(2) 考查是否已有标准代码。

如果国家标准局或某个部门对某些事物已规定了标准代码,那么应遵循这些标准代码。如果没有标准代码,那么代码设计时要参考国际标准化组织、其他国家、其他部门、其他单位的编码标准,设计出便于今后标准化的代码。

(3) 根据实际情况和代码的使用范围、使用时间,选择代码的种类与类型。

(4) 考虑检错功能。

(5) 编写代码表。

代码编好后,要编制代码表,对代码作详细说明。通知有关部门,组织学习,以便正确使用。

6.4.5 代码设计举例

在进行代码设计时,要首先填写代码设计任务书,作为代码设计的主要依据,并且作为系统文档资料的一个重要组成部分,需要妥善保管。

下面结合代码设计任务书说明会计科目代码的设计过程。代码设计任务书的格式和所反映的内容如表6.1所示。

表6.1　代码设计任务书

<table>
<tr><td colspan="7">系统设计资料编号　　代码设计任务书　　代码设计任务书编号
年　月　日</td></tr>
<tr><td colspan="2">编码对象名称</td><td colspan="2">编码方式</td><td>位数</td><td colspan="2">校验位</td></tr>
<tr><td colspan="2">会计科目</td><td colspan="2">区间码</td><td>8</td><td colspan="2">有</td></tr>
<tr><td colspan="2">编码对象数量</td><td colspan="2">使用时间</td><td colspan="3">适用范围</td></tr>
<tr><td colspan="2"></td><td colspan="2">1995.5.1</td><td colspan="3">财务管理信息系统</td></tr>
<tr><td colspan="2">代码化目的</td><td colspan="5">1. 便于输入和检验
2. 便于计算机分类处理</td></tr>
<tr><td colspan="2">构成</td><td colspan="5">第1~3位表示一级科目;第4、5位表示二级科目;第6、7位表示三级科目;第8位是校验位</td></tr>
<tr><td colspan="2">编码要求</td><td colspan="5">1. 一级科目编码采用国家会计制度规定的统一编号
2. 校验位采用几何级数法设计</td></tr>
<tr><td rowspan="2">序号</td><td colspan="3">代码</td><td colspan="3">意义</td></tr>
<tr><td>一级科目</td><td>二级科目</td><td>三级科目</td><td>一级科目</td><td>二级科目</td><td>三级科目</td></tr>
<tr><td>1</td><td>101</td><td>01</td><td>00</td><td>现金</td><td>人民币</td><td>无意义</td></tr>
<tr><td>2</td><td>101</td><td>02</td><td>00</td><td>现金</td><td>美元</td><td>无意义</td></tr>
<tr><td>3</td><td>102</td><td>01</td><td>00</td><td>银行存款</td><td>人民币</td><td>无意义</td></tr>
<tr><td>4</td><td>102</td><td>02</td><td>00</td><td>银行存款</td><td>美元</td><td>无意义</td></tr>
<tr><td>5</td><td>109</td><td>01</td><td>01</td><td>其他货币资金</td><td>外埠存款</td><td>青岛大学</td></tr>
<tr><td>⋮</td><td>⋮</td><td>⋮</td><td>⋮</td><td>⋮</td><td>⋮</td><td>⋮</td></tr>
<tr><td>200</td><td>501</td><td>01</td><td>01</td><td>产品销售收入</td><td>彩色电视机</td><td>14英寸电视机</td></tr>
<tr><td>201</td><td>501</td><td>01</td><td>02</td><td>产品销售收入</td><td>彩色电视机</td><td>18英寸电视机</td></tr>
<tr><td>⋮</td><td>⋮</td><td>⋮</td><td>⋮</td><td>⋮</td><td>⋮</td><td>⋮</td></tr>
</table>

由代码设计任务书可以看到,会计科目代码共有8位数字组成,其中前7位数字是基本代码,按区间码设计,第一位到第二位表示一级科目;第四位和第五位表示二级科目;第六位和第七位表示三科科目;第八位是检验位,按几何级数法计算得到。

(1)一级科目代码设计

一级科目的编码,是利用国家会计制度中对会计科目的统一编号来实现的。一级科目代码共由三位数字组成,其中100到199表示资产类科目;200到299表示负债类会计科目;300到399表示所有者权益类会计科目;400到499表示成本类会计科目;500至599表示损益类会计科目。在一级科目的编码中,第一位数字表示了科目的大类,第二位和第三位数字表示了科目的小类和序号。在某些会计科目之间留有空号,供增设会计科目时使用。

(2)明细科目代码设计

明细科目反映的内容极为广泛,并且由于企业不同,其明细科目的名称也不尽相同。因此,代码设计必须考虑到各企业会计核算系统的特点和管理上的要求。这里是在一级科目编码的基础上,添加两位数字表示一级科目下属的二级科目代码,二级科目代码按顺序方式设计。三级科目代码是在每一个二级科目代码后再用两位数字表示,三级科目代码仍然按顺序码设计。例如,产品销售收入的代码为501,在产品销售收入里面包括彩色电视机系列、黑白电视机系列、收音机系列等,可以在产品销售收入代码501后面顺序地加01、02、03等分别代表不同系列的产品销售收入。而在每一个系列里面还包括着不同的规格,因此,可以再用两位数字来代表不同系列下的具体规格。如果用01代表14英寸彩色电视机、02代表18英寸彩色电视机,则它们的会计科目代码就应该分别是5010101和5010102,依此类推,就可以在数据调查的基础上设计出全部会计科目的代码。

(3)校验位的设计

原代码设计完成之后,就可以进行检验位设计。校验位的权数按几何级数排列,模数取11。由于会计科目代码较多,为了减少计算的工作量和保证代码校验位的正确性,我们可以设计一个专门的计算机程序,以自动完成校验位的计算并将计算结果自动添加到原代码后面。

6.5 输入输出设计

6.5.1 输入设计

输入设计是整个系统设计的关键环节之一,它的根本任务是如何保证将数据正确地传递到系统中去,然后由计算机完成各种各样的后续处理工作。任何输入设计的不当都可导致输入数据发生错误,这时,即使计算机对这些数据的处理很正确,也不可能获得真实可靠的输出信息。因此,必须十分重视输入设计工作,要通过一切方法和手段确保输入数据的正确性,并且使一切不合法的、不完整的、不准确的数据不能被输入到系统中去。

1. 输入设计的内容和步骤

输入设计过程的基本步骤和所包含的主要内容如下。

(1)确定输入数据内容

系统的输入数据在系统分析阶段就已经基本确定，而这一步的主要工作内容是在系统分析的基础上，进一步将输入数据的内容详细化和具体化，包括确定各种输入数据的数据项名称、数据类型、取值范围和精度等内容。为了尽量减少输入数据时产生的错误，应避免数据的重复输入，要使输入量保持在满足处理要求的最低限度之内。

(2)确定数据的输入方式

数据的输入方式与数据发生地点、发生时间、处理的紧急程度有关。如果发生地点远离计算机机房，发生时间是随机的，又要求立即处理，则采用联机终端输入。对于数据发生后可以不立即处理的，可以采用脱机输入。

(3)输入数据的格式设计

对输入数据的格式设计，必须按照便于填写、便于归档保存和便于操作的基本原则进行。输入的单据，可以是专门为输入数据设计的记录单，但这样要经过一次抄转和编码；也可以直接从原始单据上输入数字，这样可以减少填写输入记录单的工作量和抄写错误。不管采用哪一种形式，作为输入的数据其内容要和屏幕上显示的内容一致，格式也要尽量一致，以便提高输入速度和减少输入差错。

(4)对输入数据的正确性检验设计

对输入数据正确性进行检验，是输入设计的重要内容之一，也是整个系统设计的一个重要内容。只有保证输入数据的正确，才能保证处理和输出的正确。因此，对于输入数据的过程中可能出现的错误，要采取相应的检验措施，以确保输入数据的正确性。在输入数据的过程中，常用的检验方法主要有以下几种。

①重复输入检验。将同一数据先后输入两次，由计算机比较两次输入的结果，以判断输入的数据是否正确。

②输入核对检验。由打印机打印或屏幕显示出输入的数据，并由人工逐一核对，以检查输入的数据是否正确。

③控制总数检验。先由人工计算出输入数据的某数据项总值，然后在输入过程中由计算机统计出该数据项的总值，比较两次计算结果以验证输入是否正确。

④记录数点计检验。通过计算输入数据的记录个数来检验输入的数据是否有遗漏和重复。

⑤合理性检验。根据具体业务中各种数据的逻辑性，检验输入的数据是否合理。

⑥界限检验。对输入数据的取值范围进行检验，以确定输入的数据是否正确。

⑦格式检验。根据输入数据的位数和位置是否符合预先规定的格式，来判断输入数据是否正确。

⑧代码校验位检验。利用代码的校验位校验输入的代码是否正确。

⑨顺序检验。通过检验输入数据的编号是否按顺序排列，来发现是否有被遗漏被重复输入的数据。

⑩平衡检验。利用有关数据之间的平衡关系，来检验输入数据的正确性。

另外,在输入设计时,还要考虑到对出错数据的处理问题。原则上讲,对于错误的数据应该由产生错误的单位进行改正。当检查出错误的数据时,可以将错误改正后再进行处理;也可以将错误数据剔出,只处理正确的数据,对于错误数据待改正后再单独处理,这要根据实际情况来确定。

(5) 确定输入设备

常用的输入设备有键盘、鼠标、读卡机、磁性墨水字符识别机、光电阅读器、条形码识别机、声音识别仪、图像扫描仪等。随着信息技术的发展,输入方式和设备也在不断更新。设备的选用应考虑以下一些因素:

①输入的数据量与频度;

②数据的来源、形式、收集环境;

③输入类型、格式的灵活程度;

④输入速度和准确性要求;

⑤输入数据的校验方法、纠正错误的难易程度;

⑥可用的设备与费用。

2. 输入设计的评价

由于输入数据的正确与否对整个系统的质量起着决定性的影响,所以,必须对输入设计的质量作出正确的评价。

(1)原始单据格式设计是否符合下列基本要求。

①是否便于填写。对原始单据的格式设计要尽量减少填写工作量,并要使版面排列有条不紊,使人看起来一目了然。

②是否便于归档管理。各种原始单据大小要标准化,内容要完善。对于不同类型的单据可以用不同的颜色来区别,并留有装订位置。

③是否方便输入操作。各种原始单据都要通过人机对话的方式输入到计算机中去。因此要尽量减少输入数据的数量,输入方式也要尽可能符合操作者的习惯。

④是否可以保证输入精度。原始单据的格式应该保证有足够的精确度,以提高输入数据的准确性。

(2)对输入数据是否有完善的出错检验措施

在输入数据的过程中,由于各种原因可能会出现这样或那样的错误。因此在输入设计时,必须要充分考虑到可能会出现的各种错误,并采取有效的防范和补救措施。在输入数据时,常见的错误可以分为以下几类。

①数据本身的错误。主要是指原始单据的填写错误或者在输入数据时产生的错误。

②数据不足或多余。这是指在数据准备过程中,由于原始单据的失散、遗漏或若重复等原因引起的数据错误。

③数据的延误。是指在数据的准备过程中,由于提供数据的时间延误所产生的错误。虽

然它在数据量和内容上都可能是正确的,但是由于数据在时间上的延误,可能会使输出的信息变得毫无价值。

针对以上的各类错误,在输入设计时是否都制订了相应的检验、预防及补救措施,是评价输入设计质量时需要重点考虑的问题。因为这些措施的完善与否,直接关系到输入系统中数据的可靠性和准确性。

6.5.2 输出设计

输出设计的目的是使系统能输出满足用户需要的有用信息。输出的信息是否能满足用户的要求,直接关系到系统的使用效果。因此输出设计的出发点是必须保证系统输出的信息能够方便地为用户所使用,能够为用户的管理活动提供有效的信息服务。

1. 输出设计的内容和步骤

1. 确定输出内容

根据系统分析的结果确定输出内容,确定输出的内容时要考虑以下两个方面的问题。

①有关输出信息方面的内容。如使用者、使用目的、报告量、使用周期、有效期、保管方法和复写份数等。

②输出信息的内容。输出信息的名称和形式,包括输出的项目、数据类型、宽度、精度、数据来源及生成算法等。

(2)选择输出设备和确定输出介质

信息的用途决定了输出设备和输出介质。需要送给其他有关人员或者需要长期存档的材料,必须使用打印机打印输出;若是需要作为以后处理用的数据,可以输出到磁带或者磁盘上;如果只是需要临时查询的信息,则可以通过屏幕显示。输出设备主要是指打印机和显示器。

(3)确定输出信息的格式

输出信息的格式设计,是为了给用户提供一种清晰、美观、易于阅读和理解的信息。因此输出信息的格式必须考虑到用户的要求和习惯,要尽量与现行系统的表格形式相一致。如果必须作出更改,则要由系统设计人员、系统分析人员和使用人员共同协商后,经过各方面人员的同意才能进行。

显示器是能够显示字符和图形的设备。一般在西文状态下,每屏幕可显示25行字符,每行可显示80个字符。显示器又分为单色显示器(简称单显)和彩色显示器(简称彩显)两大类。分辨率的高低是衡量显示器性能的主要标准。当前市场中的彩显基本分为三种规模:①CGA显示器(分辨率为640×200,称为低分辨率显示器);②EGA显示器(分辨率为640×350,称为中分辨率显示器);③VGA显示器(分辨率为640×480或1024×768,称为高分辨率显示器)。

打印机基本分为三大类:激光打印机,它的打印效果最好,但价格昂贵;喷墨打印机,打印效果也很好,但打印成本较高;针式打印机,打印效果较差,但价格和打印成本较低。针式打印机又分为9针和24针两种,按打印宽度又分为窄行(每行打印80个标准字行)打印机和宽行

(每行打印 124 个至 180 个标准字符)打印机两种。

为了便于编写有关输出程序,在输出设计时,要详细填写输出设计任务书(见表 6.2),并要将输出的报表画出标准图样。

2. 输出设计评价

输出设计是系统设计的主要内容之一,它的设计质量直接关系到用户是否能够从系统中获得满意的信息服务。因此,系统设计人员必须站在用户的角度对自己的输出设计结果作出正确、全面地评价。进行输出设计评价,主要是看设计结果是否满足了以下几方面的要求。

(1)输出设计是否能为系统使用者提供及时、准确、全面的信息服务。

(2)输出设计是否充分考虑和利用了各种输出设备的功能。

(3)各种信息的输出格式是否和原有系统相一致;对于修改的部分是否有充足理由,是否征得了使用人员的同意。

(4)输出的各种图形或表格是否符合使用者的习惯,是否便于阅读和理解。

表 6.2 输出设计任务书

资料编号	输出名称				
处理周期		处理形式		种类	
份 数		报送单位			
项目号	项目名称	位数及编辑		备 注	
⋮	⋮	⋮		⋮	

(5)输出设计是否为系统今后的发展变化留有一定的余地,输出的表格中是否为新增项目留有相应的位置。

6.5.3 输入输出界面设计

输入输出界面是人和计算机联系的主要途径。操作者通过屏幕显示和计算机对话,向计算机输入有关的数据、控制计算机的处理过程并将计算机的处理结果反映给用户。因此,输入输出界面设计必须从用户操作方便的角度出发进行考虑,与用户共同商定界面应反映的内容和格式。输入输出界面主要有以下几种形式。

1. 菜单式

通过屏幕显示出可供选择的功能和功能代码,由操作者根据需要进行选择。将菜单设计成层次结构,则可以通过层层调用引导用户使用系统的每一个具体功能。随着软件技术的发展,菜单设计也向着既美观又方便的方向发展。目前,在系统设计中常用的菜单设计方法主要有以下几种。

(1)一般菜单。在屏幕上显示出各个选择项每个选择项指定一个代号,然后根据操作者通过键盘输入的代号,计算机决定执行何种后续操作。

(2)光带菜单。这是由于在屏幕上以一条光带来指示菜单中的当前候选项而得名。通过光标控制键把光带移到所需的功能项目上,然后按下回车键即执行相应的操作。

(3)下拉菜单。这是一种两级菜单,第一级是选择栏,第二级是选择项。各个选择栏横排在屏幕的第一行上,用户可利用光标的左右移动键选定当前选择栏,在当前选择栏下即显示出该栏中的各项功能,用户可利用光标的上下移动键进行选择。

2. 填表式

填表式屏幕设计通常用于需要通过终端向系统中输入数据。系统将要输入的项目显示在屏幕上,然后用户逐项填入有关的数据。另外,填表式屏幕设计也可用于系统的输出。如果要查询系统中的某些数据时可以将数据的名称按一定的方式排列在屏幕上,然后由计算机将数据的内容自动填写在相应的位置上。由于用这种方法设计的画面简单易读,并且不容易出错,所以它是通过屏幕进行输入输出的主要形式。

3. 选择性问答

选择性问答式屏幕设计是指当系统运行到某阶段时,通过屏幕向用户提问,系统根据用户回答的结果决定下一步执行什么操作。这种方法通常用在提示操作人员确认输入数据的正确性,或者询问用户是否继续某项处理等方面。例如,当用户输入完一条记录后,可以通过屏幕向用户询问“输入是否正确(Y/N)?”,计算机根据用户的回答来决定是继续输入数据还是对刚输入的数据进行修改。

6.6 数据库设计

数据文件和数据库设计是系统设计的主要内容之一它的设计质量对整个系统的功能和效率有很大影响。因此,在进行数据文件和数据库设计时,必须充分考虑到对数据存储的完整性、可靠性、安全性和便于操作等方面的问题。

6.6.1 数据文件设计

数据文件是数据存储的基本形式,是由同一类数据记录组成的集合。在管理信息系统中,各类数据一般都是以各种文件的形式存储在计算机的外存储器中。因此,在数据文件设计之前应首先弄清楚系统对数据的处理方式,系统提供的文件组织方式、存取方式、服务程序以及对存取时间和处理时间的要求等方面的内容,然后根据系统逻辑模型中数据字典对数据存储和数据项的描述,详细地确定出数据文件的基本结构。

数据文件设计通常是从设计共享文件开始,即首先设计出共享数据文件的结构。这是因为共享数据文件与其他数据文件之间的关系非常密切,先设计好共享文件,则其他数据文件中与它具有相同的数据项时就查以用共享文件中对数据项的定义作为基准,以求得在不同数据文件中对相同数据项的描述相一致。而一个系统中的主数据文件往往就是最重要的共享文件,它的内容一般要包括全部的固定信息,半固定信息和某些流动信息。例如,工资核算系统中的主数据文件,它几乎反映了有关工资的大部分基本信息。所以,设计数据文件可以首先从设计主数据文件开始,并以此为基准设计其他数据文件。由于数据文件是由同类记录组成的集合,每一条记录都要通过不同的数据项来反映它某一方面的特征,因此对数据文件的设计,主要是详细规定组成记录的每一个数据项的名称、类型和字域宽度等内容,对于数值型数据项还要考虑到它的有效位数问题。

此外,在进行数据文件设计时,还要确定文件的组织方式和存取方式,并要考虑到数据文件的安全性和保密性问题,以防止误操作和非法操作对数据文件的破坏。

6.6.2 数据库设计

数据库设计是指在现有的数据库管理系统上建立数据库的过程。数据库设计的关键问题是如何建立一个数据模型,使其能够正确地反映用户的现实环境,包括向用户及用时、准确、全面地提供所需要的信息和支持及用户对所有需要处理的数据进行处理,并且还要使其具有易于维护、易于理解和较高的运行效率。由于数据库的设计是围绕着数据模型的建立而展开的,所以要求系统设计者必须详细了解整个系统的信息处理现状和各种信息流,并对其进行分析和概括,同时还要熟悉数据库管理系统的特点,以便利用各种工具进行数据库设计。

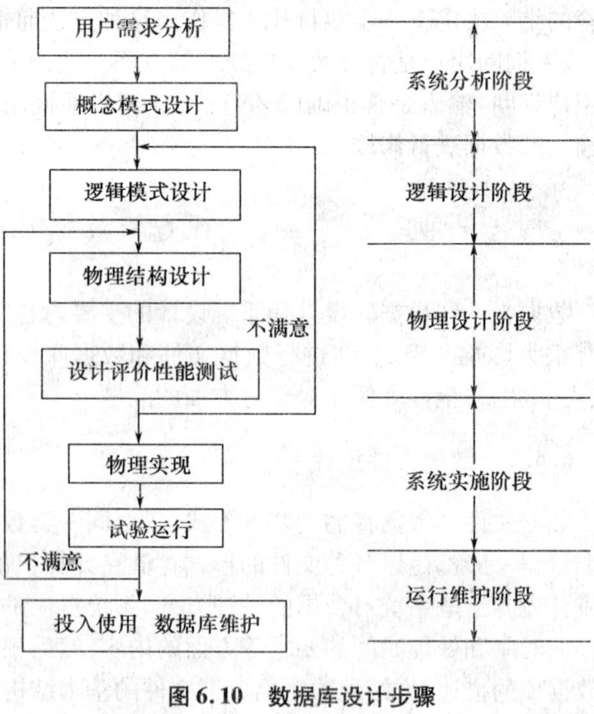

图 6.10 数据库设计步骤

数据库设计是系统设计工作中的一项十分重要而又复杂的工作,它的设计质量直接影响到系统的开发进度、应用效果及其生命力。因此,整个数据库的设计工作必须按照科学的方法和程序来进行。用软件工程的观点来分析数据库设计的全过程,则可以把它分成用户需求分析、概念模式设计、逻辑模式设计和物理结构设计四个阶段。数据库设计的基本步骤如图

6.10所示，前两步工作属于系统分析阶段的内容，后两步则主要在系统设计阶段完成。下面分别简要介绍一下它们的工作内容。

1. 用户需求分析

对用户需求进行分析，其主要目的是在系统详细调查的基础上确定各个用户对数据库的使用要求，它主要包括以下内容。

(1)分析用户对信息的需求。用户希望从数据库中获得哪些有用的信息，从而可以导出在数据库中应该存储哪些信息。

(2)分析对数据加工的要求。分析对数据需要哪些加工处理，有哪些查询要求和响应时间要求，以及对数据库的保密性、安全性、完整性等方面的要求。

(3)分析系统的约束条件。分析现有系统的规模、结构、资源和地理分布等限制条件。

2. 概念模式设计

这一步骤的主要任务是根据对用户需求分析的结果，用概念性数据模型将用户的要求明确地表达出来。概念性数据模型是一种面向问题的数据模型，它描述了从用户角度看到的数据库，反映了用户的现实环境，但与数据库怎样实现无关。概念性数据模型在用户和系统人员之间起到了一种桥梁的作用，一方面它反映了用户的需求，另一方面它又是设计数据结构的基础。用于建立概念性数据模型的方法有许多种，目前使用较多的实体联系模型方法(E－R方法)。

3. 逻辑模式设计

逻辑模式设计的主要任务是设计数据的结构。在这一步骤中，首先要根据用户需求的特点选择合适的数据库管理系统(DBMS)，然后根据概念性数据模型以及所选择的数据库管理系统的具体特点设计出这个数据库管理系统能够支持的数据模式，实现由概念模式向逻辑模式的转换。

在由概念模式向逻辑模式的转换中，必须要考虑到数据的逻辑结构是否包含了在处理中需要的所有关键字段、是否明确了各个数据项和数据项之间的相互关系及各个数据项的使用频率等问题，以便确定各个数据项在逻辑结构中的地位。另外还有一点必须注意。即逻辑模式设计与概念模式设计者的不同之处；概念模式设计仅仅是用户对信息需求的综合归纳，是对客观世界的描述，与实现无关；而逻辑模式设计则与实现有关，它依赖于具体的数据库管理系统。所以，这一步骤也可以称为实现设计。

4. 物理结构设计

物理结构设计是在逻辑模式设计的基础上进一步设计数据存储模式的一些物理细节。它的目的是要得到一个高效率的、完整的、可实现的数据库结构。物理结构设计主要包括以下内容。

(1)确定数据的存储结构。根据对数据的使用情况，从数据库管理系统提供的各种存储结构中选取适合应用环境的结构加以实现。决定存储结构的主要因素可以从存取数据的时间、存储空间利用率和对存储结构的维护代价等三个方面进行考虑。设计者需要对这些因素综合考虑后,权衡利弊,尽量使这几方面的性能都有一个令人满意的结果。

(2)存取路径的选择和调整。数据库必须能够支持多个用户的多种应用。因此,系统应该提供对数据库的多个存取入口,即对同一数据提供多条存取路径。例如,把哪些数据项作为次码建立索引,建立多少次索引,对不同数据文件的查询是否应建立链结构等。

(3)确定数据的存放位置。对数据库按不同的存取情况划分为若干个组,把存取频率和存取速度要求高的数据存放在高速存储器上,把存取频率和存取速度要求比较低的数据存放在低速存储器上。

(4)确定存储分配的参数。例如,溢出区的大小、块的尺寸、缓冲区的大小和个数等,这些参数的设置将影响存取时间和存储分配的策略,设计人员要全面考虑。

6.7 计算机软硬件配置设计

6.7.1 计算机硬件选择

计算机硬件的选择取决于数据的处理方式和要运作的软件。管理对计算机的基本要求是速度快、容量大、通道能力强、操作灵活方便,但计算机的性能越高,其价格也就越昂贵,因此在计算机硬件的选择上应全面考虑。一般来说,如果系统的数据处理是集中式的,系统应用的主要目的是利用计算机的强大计算能力,但可以采用主机－终端系统,以大型机或中小型机作为主机,可以使系统具有较好的性能。若对企业管理等应用,其应用本身就是分布式的,使用大型主机主要是为了利用其多用户能力,但不如微机网络更为灵活、经济。目前比较流行的是分布式(即由若干微机和数字同域网络联结而成)系统或分布集中式(即由一台小型或中型计算机和若干终端构成集中式的主机系统,然后再辅之以若干微机,并用数字局域网络将它们联为整体),而完全集中式(即由一台小或中或大型机为主机,其他都是通过终端与主机相连)的系统已经很少见了。

1. 设备(包括硬软件)选择的指标

在满足实际业务需要的前提下,只要资金许可,应购置技术上成熟,性能价格较高的计算机系统。由于目前计算机技术发展太快,名目繁多,何谓好,何谓成熟,都很难笼统下结论。一般根据以下几个方面来评定。

(1)技术上是否可靠;

(2)维修是否很方便;

(3)纵向,新老系统能否兼容;横向,本系统外系统能否兼容;

(4)非标准的系列不宜选取;

(5)选用用户对软件、硬件都熟悉的产品;

(6)使用是否方便；

(7)可扩充性，今后扩充系统或升档是否方便；

(8)对上作环境的要求(如温度、湿度、防尘度等)是否很高；

(9)性能价格比越大越好。

2. 计算机硬件指标

除上述谈到软件、硬件综合的指标外，对计算机硬件本身的选择还应考虑以下指标：

(1)主机的结构是一般结构，还是优化自身处理命令的 RISC 体系结构；

(2)主机的处理速度 MIPS(Millings of Instructions Per Second)，主频速度等；

(3)相对机器性能价格指标 CW(Computer World))；

(4)内存的大小；

(5)I/O 的通道数；

(6)系统的读写/存储周期；

(7)外设的速度；

(8)高速缓存器的大小；

(9)向上升档是否方便；

(10)计算机设备及其对工作环境的要求。

6.7.2　计算机网络设计

网络设计的主要任务是根据系统的目标和规模等条件来选择合适的计算机网络，并根据系统的功能将网络划分成若干个子系统，使整个系统中的各种资源能在统一的思想原则指导下，合理有效地运用和发展。

进行网络设计时，一般要按下列步骤进行。

1. 系统分析

系统分析工作的大部分内容在系统分析阶段已经完成，所以这一步的主要工作是在系统分析所完成工作的基础上，进一步明确在网络设计中需要解决的问题。

(1)详细整理需要由网络处理的业务和用户的要求条件。

(2)进一步了解和调查有关数据的内容、数量，包括地区性和时间性。

(3)掌握原材料、产品、文书、账票、现金等与物流相关联的情况。

(4)详细了解有关的限制条件：①设计条件，例如，建筑物、设备、空间、机器等现状和余度；②技术条件，例如，系统开发和应用人员的结构和技术水平等；③工期安排，例如，系统开发和运行的日程安排和要求等。

2. 比较选定构成要素和传输控制规程

要通过比较数据产生的地区性、安全性、费用和开发负担等，首先决定数据库和处理功能是放到主机上运行集中处理，还是由群集器等进行分散处理。主机和次主机要根据分析的结果，设置在合适的地点。对终端的选择，要由系统的功能、操作性、设计和费用等条件来决定。当通过引入群集器选用比较便宜的终端，并以降低线路费用或采用本地处理为主时，要注意通信线路种类和传输控制规程对终端的限制条件。对传输控制规程的选定，要考虑到机种的限制、传输效率、可靠性和网络的可扩充性等条件。最后，根据选定的基于字符的传输控制规程或基于比特的传输控制规程以及主机的种类等条件，来决定通信控制处理机。而通信控制处理机的台数则应由线路数及其能力等来决定。

3. 连接形式的确定

把所配置的机器用通信线路连接时，应决定拓扑形式、线路种类、传输速度、线路数等。若高通信量，可以采用专用通信线路；若低通信量，则采用交换网较便宜。以经济目的目的，应考虑采用次主机、远程通信处理机、群集器、频率分割多路方式、时分多路方式等多种集线化技术方法。由于线路费用不与速度成比例，因此一般高速线路在费用比例和运行费上比较有利。

在进行网络设计时，往往要提出几个方案作为详细分析比较的对象，以便从中选优。

4. 方案评价

对网络设计的方案进行评价时，可以从网络的处理能力、可靠性、可扩充性以及网络费用等方面进行综合分析论证。

5. 选择方案

根据对各个设计方案综合分析论证的结果，选择其中比较令人满意的方案，作为最终构成方案。

6.7.3 计算机软件设计

系统设计人员面临着应用软件的选择问题。选择应用软件应考虑以下几点。

1. 软件是否能够满足用户的需求

根据系统分析的结果，在软件功能上应注意以下问题。

(1)系统必须处理哪些事件和数据，软件能否满足数据表示的需要，如何记录长度等。

(2)系统必须能够产生哪些报告、报表、文档或其他输出。

(3)系统要储存的数据量及事件数。

(4)系统必须满足哪些查询需求。

(5)系统有哪些个足之处，如何解决。

2. 软件是否具有足够的灵活性

由于管理需求的不确定性，系统应用环境不可避免地要经常发生变化，因此，应用软件要有足够的灵活性，以适应应用对软件的输入、输出的要求。

3. 软件是否能够获得长期、稳定的技术支持

对于商品化软件，稳定的技术支持是必需的。这一方面是为了保证软件能够满足需求的

变化，另一方面是便于今后随着系统平台的升级而不断升级。

6.8 系统设计的标准化

在系统的研制过程中，涉及的各种文件、图表和处理方法非常多，为了满足人们在系统开发过程中进行交流的需要以及对系统的维护工作提供详细的参考，必须对系统的设计工作制订统一的标准，有了统一的设计标准，就会增加人们对各种设计方案的理解，并且能够为以后的系统维护工作提供有效的帮助。因此，系统设计的标准化问题，是在管理信息系统研究过程中的一个很重要的问题。

1. 标准化的内容

系统设计的标准化，主要反映在以下几个方面。

(1)基本名词和概念的标准化，如输入、输出、处理、数据流、模块、数据存储等。

(2)系统开发过程各个工作阶段划分的标准化，如系统规划阶段、系统分析阶段、系统设计阶段、系统实施阶段等。

(3)所使的各种图形记号的标准化，如系统研制过程中所使用的业务流程图、数据流程图、系统处理流程图、程序框图等的符号要尽量采用国际或国内的统一标准进行设计。

(4)系统研制方法的标准化，如输入输出设计、系统结构设计等要采用标准的设计方法和按照一定的步骤来进行。

(5)对系统中各种数据编码的标准化和对各种文件命名的标准化。

2. 数据编码的标准化

数据编码是指以一定的符号序列来表示一定的数据内容。因此，数据编码首先要规定一套基本符号，然后利用这些基本符号按照一定的规则组成一定的符号序列，以表示相应的数据内容。数据编码工作，是系统设计的一项重要基础工作。因此，对数据编码设计必须具有一定的标准，使其既能完全、准确地反映数据的内容，又能保证对其有唯一的理解。对数据编码的标准化问题，可以从以下几个方面进行考虑。

(1)数据编码结构要统一。数据编码的目的是为了使数据能够科学地组织起来，以便利用计算机进行各种各样的处理。因此，数据编码在结构上必须以编码对象所反映的客观事物本身的内在联系为基础，并制定出统一的标准。

(2)数据编码的书写规则要统一。数据编码的符号可以是汉字、字母、数字等。对它们的书写规则应作出统一的规定。例如，对汉字，一律用楷书，用国家规定的简体字；对字母，一律规定用大写方式；对数字，一律采用阿拉伯数字等。

(3)对同义词的编码应确定一个统一标准。在数据编码设计时，可能会遇到同一个数据有不同表达方式的情况。例如，马达与电动机、维生素与维他命、食盐与氯化钠等。对于这种同义词的情况，应按用户习惯和要求确定出一个统一的标准。

(4)对多义词的编码要用一种限定标准。由于同一个词在不同场合可能会有不同的含义,所以对多义词编码的标准化问题,也应是数据编码设计中必须考虑的一个问题。例如客车,可能是铁路客车,也可能是公路客车,这种情况在自然语言中是相当普遍的。因此,在编码设计时,必须对这类问题制定出相应的限定标准,以明确编码所代表的准确含义。

3. 文件命名标准化

文件命名标准化,主要是指对程序文件命名的标准化和对数据文件命名的标准化。对于程序文件命名的标准化和数据文件命名的标准化问题,目前并没有一个具体的方法,它要视具体系统的内容和要求来确定文件命名的原则、结构和所使用的符号。但总的原则应该是简明扼要、方便使用、一目了然,不能有重复的现象发生。一般在系统设计中,都用专门的文件来说明各类文件的命名方法,以便为系统设计人员对各种文件命名时提供依据,并为系统维护人员进行系统维护时提供参考。例如,在工资核算子系统中,可以对程序文件的命名制订以下标准。

程序文件名格式:GAABBX。

其中 G——表示工资核算子系统的程序;

AA——表示程序文件的类型,由两个拼音字母组成,用法见表6.3;

BB——表示文件作何种处理,由两个字母组成,用法见表6.4;

X——由一位数字组成,用以区分同类型程序,可以省略。

例如,GKOCR 表示建立扣款文件的程序。对于数据文件的命名,同样可以采用上述方法,即首先规定出数据文件名的结构,然后用文件和符号说明它们所代表的含义,使得数据文件命名时有统一的标准。

表6.3 程序文件类型表

符号	文件类型
ZU	主文件
BE	变动文件
KO	扣款文件
CH	主处理文件
BO	报表文件

表6.4 程序文件处理说明表

处理代号	处理性质	处理代号	处理性质
CR	建立	CA	计算
UP	更新	PR	打印
MD	修改	IN	初始化
MR	合并	TR	处理
ST	排序	CP	复制

6.9 系统设计说明书

系统设计阶段的最后一项工作是编写系统设计说明书。系统设计说明书既是系统设计阶段的工作成果,也是下一阶段系统实施的重要依据,系统设计说明书包括以下几方面的内容。

1. 引言

说明项目的背景、工作条件及约束,引用资料和专业术语。

2. 系统总体技术方案

这是最主要的部分,它包括以下内容。

(1) 模块设计　用结构图表示系统模块层次结构。说明主要模块的名称及功能。

(2) 代码设计　说明代码的方式、种类、功能及代码表。

(3) 输入设计　说明输入的项目、主要功能、输入要求、输入的承担者及输入校验方法。

(4) 输出设计　说明输出的项目、主要功能、输出的接收者、输出的数据类型与设备、介质、数值范围、精度要求等。

(5) 数据库设计　说明数据设计的目标、主要功能和要求、需求性能规定、运行环境要求(设备、支持软件等)、逻辑设计方案和物理设计方案。

(6) 网络设计　说明系统的网络结构及功能设计。

(7) 安全保密设计。

(8) 实施方案说明　主要说明实施的计划安排,给出各项工作(包括文件编制、用户培训等)的预定开始日期和完成日期,规定各项工作完成的先后次序及工作完成的标志。可以用PERT图或甘特图表示。还要有经费预算,应逐项列出本开发项目实施的各项经费(包括办公费、差旅费、机时费、资料费、设备租金等)。

除用户、系统研制人员外,还应邀请有关专家、管理人员审批系统设计说明书。并将评审意见及审批人员名单附于系统设计说明书之后。经批准后,系统设计说明书方可生效。

复习思考题

1. 系统设计的主要任务是什么?
2. 为什么把可变更性作为系统的主要设计目标之一? 如何提高系统的可变更性?
3. 设计模块结构图的主要依据是什么,有哪几种设计方法?
4. 处理流程图设计的主要目的是什么,它应该反映哪些基本内容?
5. 程序说明书应该包括哪些内容?
6. 代码设计应遵循的基本原则有哪些?
7. 试用代码校验方法之一编写一个计算机程序,实现查错和改错功能,设原代码为5位。
8. 说明输入设计的基本步骤和内容。
9. 说明数据库设计的基本步骤。
10. 说明网络设计的基本步骤。
11. 系统设计说明书应包括哪些主要内容?

第 7 章　企业信息系统实施

系统实施是新系统开发工作的最后一个阶段。所谓实施指的是将系统设计阶段的结果在硬件设备上具体实现，将原来纸面上的、类似于设计图式的新系统方案转换成可执行的应用软件系统。

7.1　企业信息系统实施概述

7.1.1　系统实施的任务

系统实施是继系统规划、系统分析、系统设计之后的又一个重要阶段。它将在系统设计的基础上具体进行实施。这一阶段的主要任务可以概括为以下几个方面。

(1)设备的购置和安装。它主要是指按照系统设计方案中提出的设备清单进行购置并安装，包括计算机系统的硬件、软件、附属设备及计算机机房的建设等工作。

(2)程序的编制。它主要是指程序设计人员按照系统设计的要求和程序设计说明书的规定，选用某种语言去实现各模块程序的编制工作。

(3)数据的录入。它主要是指将准备好的、符合系统需要格式的数据输入到计算机中的工作。

(4)人员的培训。它主要是指对系统实施与运行中所需要的各类人员进行培训的工作。

(5)系统的调试与转换。它主要是指对系统的各项功能进行单调、分调和统调的工作，以及采用某一种方式进行新旧系统的转换工作。

系统实施阶段任务之间的关系如表 7.1 所示。以上几项工作在系统实施过程中是相对独立实现的，但它们之间又是互相联系、互相促进的，必须进行统一协调和配合，以保证系统的开发成功。

表 7.1　系统实施阶段的任务之间的关系

	程序编制	设备购置	人员培训	数据准备
程序编制	-	提供调试设备	培训有关人员试用软件	提供试验数据调试程序
设备购置	提供对设备的要求	-	培训有关人员接收设备	提供存储量和内存要求
人员培训	提供程序以培训人员	提供培训设备	-	提供培训的实验数据
数据准备	规定数据准备的内容和格式	提供录入设备	提供录入人员	-

7.1.2　系统实施的计划安排

系统实施阶段的工作与前几个阶段的工作相比较,所涉及的人力和物力都要多得多。在这个阶段,整个系统的具体实施工作将逐步展开,众多的各种专业技术人员将陆续加入到各个项目的研制中来。由于各项工作之间的相互联系,所以任何一项工作的延误都会影响到整个系统的实施进度。因此,必须制订出周密的实施计划,以便各项工作能够有条不紊地协调进行。系统实施计划的制订主要应考虑以下几个方面的内容。

(1)工作量估计。工作量估计是根据系统实施阶段各项工作的内容而定。工作量的估计目前尚无充分的理论依据,一般是由系统实施的组织者根据经验并参照同类系统的工作量加以估算,单位用“人年”来表示。

(2)实施进度安排。在弄清楚各项工作关系的基础上,安排好各项工作的先后顺序,并根据对工作量的估算和用户对完工时间的要求,定出各项工作的开工和完工时间,并由此作出系统实施各项工作的时间进度计划。

(3)系统人员配备和培训计划。在系统实施阶段需要的人员较多,包括计算机硬件、软件人员;系统操作人员;系统管理人员和日常维护人员等,因此,必须根据系统实施进度和工作量确定各种专业人员在各阶段的数量和比例,并按照不同的层次需要作出相应培训计划。

(4)系统实施的资金筹措和投入计划。由于在系统实施阶段需要投入的资金较多,时间也较长,因此,系统实施的组织者应该在系统实施费用预算的基础上,根据各工期的工作内容和企业的经济状况,制订出相应的资金筹措计划和合理的资金投入计划,以保证系统实施工作能顺利完成,但也要注意不能过多地占用资金。

7.1.3　系统实施环境

由于在系统实施过程中需要的人员和设备的数量及种类都很多,因此,在正式组织实施时必须首先做好各项准备工作。

1. 购置计算机系统设备

需要的计算机系统设备的种类、数量等已在前几个阶段中确定了,在实施时则首先要进行购置设备。这些设备包括计算机硬件设备、辅助设备及相应的各种软件。购置设备的基本原则主要包括以下几条。

(1)质量可靠、价格合理。购置设备首先要考虑的应该是质量,并要在保证质量的前提下,尽可能地降低购置成本。要在广泛市场调查的基础上选购那些技术经济实力强、信誉好的企业生产的产品。

(2)资料齐全、手续完整。购置设备要求供货单位提供的设备资料必须齐全、售货手续必须完整,同时要组织好验收工作。由于计算机设备比较复杂,验收工作必须十分认真仔细地进行。要有专人负责,做到即使是一条线、一个插头也要搞清楚,并且在规定的时间内完成各种各样的测试,使问题暴露在系统安装之前,并及时解决。另外,随机携带的各种软件、资料必须齐全,要认真清点后妥善保管。

(3)计算机设备的兼容性和可维护性。购置计算机设备还要考虑它的兼容性和可维护性。应尽量选购那些兼容性好、可维护性好、并且能够提供良好售后服务的设备。对于一些易损易坏的部件,应购置一些必要的备品备件以保证计算机设备的正常运行。

2. 计算机机房的建设

计算机机房是指能够满足各项环境指标、安放计算机设备使其充分发挥功能的工作场地。计算机机房的建设应考虑它对环境的要求、机房的面积和机房的总体布局等问题。

首先,对于计算机机房的建设应考虑到它的可靠性、便于维修性、对今后发展的适应性,以及它的安全性和经济性等方面的要求,并根据实际情况提出具体的指标标准,为系统实施提供一个良好的环境。

其次,要核算计算机机房的面积。对机房房间面积的核算,目前采用的比较好的方法是根据机房中所有设备最大外形尺寸的面积之和再扩大 5 ~7 倍即为所需的机房面积。

最后,要考虑机房的总体布局问题。机房要包括主机房,基本工作间和各类辅助房间。机房的布置应以安装计算机设备的房间为中心,然后确定其他房间多少和大小,并依据各房间之间的联系来综合考虑。

3. 设备的安装与调试

设备的安装是指在系统的设备购置与机房的建设工作完成以后,按照设计的位置进行的设备组装工作。系统设备的安装工作应按照由里至外,从单机到多机的步骤进行组装。即先进行设备单机各部件的组装,再进行各种互联设备的组装。这种循序渐进的方式有利于整个系统设备安装工作的组织与调试。

设备的调试是指对系统设备功能的调试。主要包括对硬件设备功能指标的调试,如运行速度、存储容量、显示器、打印机等的调试,以及对系统软件功能的测试。

系统各设备的安装与调试工作是紧密联系在一起的,系统安装离不开调试,调试要伴随着系统设备的安装来进行。系统安装与调试的成功,为程序设计、数据录入以及整个系统实施工作奠定了基础。

4. 程序设计与编写

程序设计是依据系统设计中对各个功能模块的功能描述,包括输入输出的格式、数据文件或数据库的结构以及模块的处理功能等,程序设计人员运用相应的程序设计语言编制程序实现各项功能的活动。

(1)程序设计语言的选择

在进行程序设计时,首先要决定选用哪一种或哪几种程序设计语言来实现系统的功能。在选择程序设计语言时,应根据以下几条原则来综合考虑。

①应用领域。

②算法和计算的复杂性。

③软件的运行环境。

④各种性能的考虑。

⑤数据结构的复杂性。

⑥程序设计人员的知识水平。

项目的应用领域是选择语言的关键因素。目前，对四大应用领域实际上已经存在着大体确定的语言，如在工程科学领域，FORTRAN 是最流行的语言；在实时控制系统中，主要是使用汇编语言；在人工智能领域，则大量使用 LISP 或 PROLOG 语言；而在企业管理中，COBOL 和 RPG 用的较多，特别是关系数据库管理系统应用的更为广泛。

在选择程序设计语言时，还要考虑到问题的特点。如果有复杂的数据结构，就要选择支持复杂数据结构的语言，如 PASCAL 或 C 语言。软件的运行环境也是选择语言时应考虑的一个重要因素，如在数据库环境下选择语言时要考虑 DBMS 支持的语言，通信环境下要考虑与其他设备的语言接口。另外，对于系统各种性能的考虑，如可靠性、保密性、响应时间等也是选择程序设计语言时的一种限制条件。还有程序设计人员的知识水平和对某种语言掌握的熟练程度也是选择程序设计语言时必须考虑的一个因素。

在充分考虑了上述各项基本条件之后，才能确定选用何种语言作为系统实施的主要程序设计语言。然而，程序设计人员应该根据系统实施的需要而优选相应的程序设计语言是更重要的。

(2)程序设计的基本方法

程序设计是系统实施阶段的最重要工作内容之一，它要按照系统设计提出的要求具体实现系统的各项功能。因此，必须采用科学有效的方法来完成程序设计工作。目前，广泛使用的方法是结构化程序设计方法和面向对象的程序设计方法。结构化程序设计方法的基本特点主要有以下几个方面。

①采取自上而下的设计步骤。因为系统的功能是通过模块一个一个的来实现，所以程序设计通常是根据模块之间的功能关系，自上而下一个模块一个模块地进行设计。一个模块只实现系统的一个具体功能或一个处理过程，使整个系统的结构类似于积木结构。这样便于将一个复杂的系统分解简化，也便于程序的设计和调试工作的进行，同时也有利于系统功能扩展和系统的维护工作。

②程序逻辑组织模块化。程序逻辑组织的模块化在系统中具体表现为程序功能的模块化上。将系统按其功能分成若干个功能模块，并以功能模块为单位，将整个系统组织成一个有层次的树型结构。在这种模块中，主控模块只有一个，它的下层模块是它的例行程序。每一个模块都只有一个入口，而出口可能有多个，表示模块在不同条件下的转移方向，各模块之间没有交叉。

③限制无条件转移语句的使用，虽然无条件转移语句的使用给程序设计工作提供了一

定的便利条件,但是在程序较大时,它的出现会使程序难以阅读和理解,并且会增大调试的难度,它是造成程序逻辑混乱的重要原因之一。因此在程序设计中应尽量避免使用无条件转移语句,即使必须使用也应控制其只向下转移,而不向上转移,以避免程序在模块之间的循环。

由于结构化程序设计方法在程序中只是通过顺序处理、选择处理、循环处理等几种基本的控制结构来完成复杂的处理过程,并且在编写程序时只限于少数几种语句的使用,因此使得程序结构清晰,易于阅读和理解,对于程序的调试和维护也比较方便。

7.2 系 统 调 试

7.2.1 程序调试

据统计,一个较好的程序员,在他交付的程序中,错误率为1%,而一个水平低的程序员编写的程序,可能每个语句都含有一两个错误。因此,必须对系统进行检查。目前,检验软件有三种手段:静态检查、动态检查。

1. 静态检查

静态检查指人工评审软件文档或程序,发现其中的错误。这种方法手续简单,是一种行之有效的检验手段。据统计,30% ~70%的错误是通过评审发现的,而且这些错误往往影响很大。因此,静态检查是开发过程中必不可少的质量保证措施。

2. 动态检查

动态检查就是测试。有控制地运行程序,从多种角度观察程序运行时的行为,发现其中的错误。也就是说,测试是为了发现错误而执行程序。

测试的目的是为了发现程序的错误。因此,测试的关键问题是如何设计测试用例,即设计一批测试数据,通过有限的测试用例,在有限的研制时间、研制经费的约束下,尽可能多地发现程序中的错误。

测试有四种类型:模块测试,联合测试,验收测试,系统测试。

(1)模块测试

模块测试是对一个模块进行测试,根据模块的功能说明,检验模块是否有错误。这种测试在各模块编程后进行。模块测试一般由编程人员自己进行。模块测试包括以下项目。

①模块界面　调用时参数(流入数据)的数目、顺序和类型。

②内部数据结构　如初始值对不对,变量名称是否一致,共用数据是否有误。

③独立路径　是否存在不正确的计算,不正确的循环及判断控制。

④错误处理　预测错误的产生及后处理,看是否和运行时一致。

⑤边界条件　对数据大小的界限和判断条件的边界进行跟踪运行。

(2)联合测试

各个模块单独执行可能无误,但组合起来相互产生影响,可能会出现意想不到的错误。因此要将整个系统作为一个整体进行联调,这就是联合测试。按照前面分"版本"的实现方法,这种测试用来在各个版本实现后完成有关接口的测试。联合测试的方法有两种,即根据模块结构图由上到下或由下到上进行测试。较好的方法是二者结合:高层由上到下,低层由下到上,到中层进行会合。

(3)验收测试

验收测试是检验系统说明书的各项功能与性能是否能实现,是否满足要求,一般是列出一张清单,左边是需求的功能,右边是发现的错误或缺陷。常见的验收测试有所谓的 α 测试和 β 测试,这两种测试都是由用户进行的,但前者是使用者在应用系统开发所在地,有开发者参与,一同进行观察记录;后者是在使用环境中由用户独立进行。

(4)系统测试

系统测试是对整个系统的测试,将硬件、软件、操作人员看作一个整体,检验它是否有不符合系统说明书的地方。这种测试可以发现系统分析和设计中的错误。

既然测试工作不可能采用穷举测试方法,那么测试用例的选择就是测试的关键问题。好的测试用例应以尽量少的测试数据发现尽可能多的错误。传统的测试方法分为"白箱测试"和"黑箱测试"。白箱测试指根据一个软件部件的内部控制结构,测试它是否依据设计正确地执行。黑箱测试指根据一个软件部件由外部界面所能观察到的功能效果,测试它是否与其他部件正确地沟通,一般指输入正确时,看是否有正确的输出。常用白箱测试用例选择方法包括语句覆盖法、判断覆盖、条件覆盖、条件组合覆盖、路径覆盖。常用黑箱测试用例选择方法包括边界值测试、跟踪法、对分查找法、归纳法和演绎法。

7.2.2　联合调试

联合调试是对若干个程序或某一子系统的调试。它是在程序调试的基础上,对系统中某些程序之间的调用关系和数据传输关系进行的调试。如上层模块如何调用下层模块,在调用时传递的控制信息和数据是否准确,下层模块是否能正确接收上层模块传递的控制信息和参数,是否能按要求完成相应的处理功能,下层模块出现问题时反馈信息如何影响上层模块,同时调用多个模块是否会产生锁机现象等等。因此联合调试的目的主要是检查各模块之间的关联关系和数据传递关系。

7.2.3　系统统调和测试

系统的统调是在联合调试的基础上对整个系统的全部功能所进行的调试工作。包括对子系统之间的接口,数据通信,处理功能,资源共享以及某系统遭到破坏后能否按要求恢复等问题的调试。

系统测试是在假定系统中有错误的前提下进行的,通过测试来尽可能地发现在系统分析、系统设计和系统实施中存在的错误。也就是系统测试的目的是为了发现和解决系统中可能存在的错误。测试包括对系统的基本功能、系统的效率、系统的可靠性和可操作性等问题所进行的测试。

7.2.4 系统测试报告

系统测试是以找出系统中的错误为目的的检测活动,它是系统开发质量的重要保证。系统测试报告是在系统测试工作完成以后,对测试工作进行的总结。测试报告主要包括以下内容。

(1)系统测试的内容。

(2)系统测试数据的选取。

(3)系统测试的结果。

(4)系统测试中发现的问题和解决的办法。

(5)系统的功能设计是否达到了要求。

(6)系统的可靠性如何。

(7)系统数据的安全性如何。

(8)尚待解决及需要注意的问题。

系统测试报告是提供给测试评审和系统决策者的重要依据,一定要认真组织完成。

7.3 数据的录入与人员培训

7.3.1 数据的录入

数据的录入是将新系统运行所需要的原始数据,按照所要求的格式输入到计算机内的工作。在一个管理信息系统中存有大量的数据,这些数据很大一部分是在旧系统中就已经存在的,因而在系统的转移过程中就存在对已有的数据的收集、核对、整理、修改、格式的编辑以及大量的数据录入等工作。在管理信息系统的开发工作中,这是一项重要的、细致的、工作量很大的工作,它是系统调试运行的基础,所以必须引起足够的重视。

数据的录入一般可以分为以下三个步骤。

1. 数据的收集整理

这是指对原系统中的数据进行收集和整理工作。在一般手工处理信息系统中,经常出现原始记录不全,信息缺少或记录与实际不符的情况,这就需要有经验的管理人员进行补充或修改。在有些情况下,还要进行清查和盘点工作,以做到账物相符。数据的收集和整理工作量非常大,所以在系统分析阶段的后期就应逐步开始。

2. 数据的转换

这是指将整理好的原始数据按照数据库或文件的要求,编辑转化成为新系统所需要的格式的工作。这项工作应由了解系统设计方案和系统转换原则和方法的人员承担。

3. 数据的录入

这是一项将已按照一定格式编辑好的数据输入到计算机中的工作。这项工作应由熟悉计算机功能与操作的人员去完成,以确保录入的正确。数据的录入工作是系统调试与运行的基础,必须充分估计其工作量和可能遇到的困难,安排好足够而且合适的人力,包含一些有经验的管理人员集中精力去做好这一工作。

另外,在数据的录入过程中还必须重视输入数据的正确性问题。数据录入的正确性是使系统正常运行的前提。为了保证系统数据的录入正确,可重点考虑以下几个因素。

(1)录入人员的素质。录入人员的素质是保证数据录入质量的基本前提。所以要求录入人员必须接受过专门的培训,具有有关的专业知识和实际操作的经验与技能,并且工作认真负责,有较强的事业心与责任感。

(2)选择合适的录入方式和方法。录入方式可以分为成批录入和实时录入两种方式;录入方法包括拼音法、五笔字型法等多种。它们各具特色,要根据系统对数据录入的时间、数量的要求来确定。

(3)设置严格的数据录入校验程序。为了保证输入数据的正确性,要对数据从收集整理一直到录入计算机中为止的整个过程进行检查。包括人工检查和计算机自动检查等多种方式,以确保数据录入的正确性。

7.3.2　系统人员培训

系统人员是指进行系统开发以及对系统的使用、维护与发展工作所需要的各类专业人员。这些人员可以按照职能进行分类。

1. 系统分析员

系统分析人员是系统开发的核心,要求这类人员具有计算机技术与管理业务这两方面的知识,并具有较强的组织能力,要能善于与用户以及其他开发人员一起共同讨论与研究系统开发中的各项具体问题。系统分析员在系统开发中起到用户与系统设计员之间的桥梁作用。他们的主要工作是进行系统规划与分析。同时在系统开发过程中,往往又是整个系统开发工作的组织者与领导者。

2. 系统设计员

系统设计员的任务是设计出以计算机为基础的管理信息系统设计方案。他们应具有全面的计算机知识和相应的管理知识。

3. 程序设计员

这类人员主要任务是进行程序编制与调试工作。由于系统开发中需要编制大量的应用程序,而这项工作的工作量大,技术性又强,所以需要的人员也较多。

4. 系统维护人员

大量的应用程序在运行过程中必然会出现这样或那样的问题,例如对程序的修改或系统功能的扩充等。因此,要求系统维护人员必须熟悉系统的逻辑功能,并具有较强的程序设计能力。这类人员是一个系统正常运行期间必不可少的,所以系统的使用单位,应该及早地做好系统维护人员的培训工作。

5. 计算机硬件维护人员

这类人员主要是保证计算机系统能够正常运行,为整个系统安全、可靠运行创造必要的条件。

6. 数据管理与维护人员

在一个管理信息系统中存有大量重要的数据,因而数据必须专人管理,包括数据的录入、检查、整理、更新、备份、安全以及保密工作。对数据文件或数据库要进行定期的维护工作。还要负责对数据字典的定义与修改,保证数据字典的统一性与完整性。

上述各类人员是管理信息系统的开发与运行所必需的,因此要合理的安排培训。培训的途径可以根据不同的人员采取不同的方法。如以高层次的人员必须经过有关专业的正规学习,如系统分析员、系统设计员、程序员等,而对另外一些人员可通过短期的专项培训来解决。这里强调的一点是,培养人才的重要途径之一应该是通过系统开发实践来解决。

7.4 系统的转换

7.4.1 系统转换的条件、方式及准备

1. 系统转换的条件

系统转换是指运用某一种方式由新的系统代替旧的系统的过程,也就是系统设备、系统数据和人员等方面的转换。因此,在系统转换前必须认真做好系统设备、数据、人员以及有关文件的准备。

(1)系统设备。系统的设备在系统实施的初期就已购置,安装完毕,并且通过程序设计已做了调试。在此基础上,还应该对系统进行一次全面的调试和模拟运行,以确保系统转换工作的顺利进行。

(2)系统人员。系统各类人员是确保系统转换后能正常运行的前提条件。因此,在系统转换前各类人员就应该配齐并参与各岗位的实际工作。

(3)系统的数据。在系统转换之前应将系统所需的各种原始数据按照要求输入到相应计算机系统的存储介质中去。

(4)系统的文件资料。系统的文件资料是指导系统运行的依据。一些必要的文件资料必须在系统转换前整理成册。如程序说明书、系统操作说明书等。

除此之外,系统转换的准备工作还应该包括机房电力、照明、系统消耗品和备品备件等的准备。

2. 系统转换的方式

一个企业或组织的管理工作是连续进行的,因此新旧系统转换,应是一个新的管理信息系统以某种方式替代旧的管理信息系统的过程。这种新旧系统的转换方式一般有以下三种,如图7.1所示。

(1)直接转换

直接转换就是在确定新系统运行准确无误后,立即启用新系统,老系统与此同时停止运行。这种方式对人员、设备费用很节省。一般适用于一些处理过程不太复杂,数据不很重要的场合。其示意图如图7.1(a)所示。

(2)并行转换

并行转换就是新老系统并行工作一段时间,经过正式代替老系统,其示意图如图7.1(b)所示。对于比较复杂处理的大型系统,它提供了一个与旧系统运行结果进行比较的机会,可以对新旧两个系统的时间要求、出错次数和工作效率给以公正的评价。与旧系统并行工作,还可以消除尚未认识新系统之前的恐慌与不安。

(3)分段转换

分段转换实际上是以上两种转换方式的结合,在新系统运行前,一部分地替代老系统,其示意图如图7.1(c)所示。一般在转换过程中没有正式运行的那部分,可以在一个模式环境中进行考验。这种方式技能保证了可靠性,又不至于费用太大。但是这种分段转换对系统的设计和实现都有一定的要求,否则,是无法实现这种分段转换的设想。

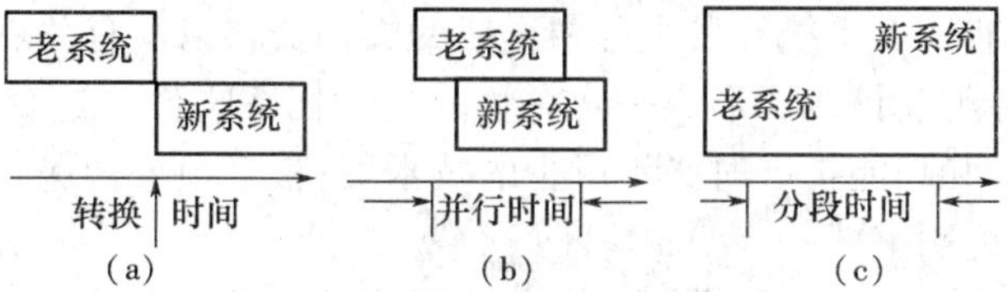

图7.1　系统转换

以上三种系统转换方式各有自身的特点,应该根据系统规模的大小、难易和复杂的程度以及企业的具体情况决定选用。

7.4.2　系统试运行

系统试运行是指在系统没有正式转换之前,选择一些子项目进行的试验运行。它是系统正式转换的前期准备工作,因此不应影响原系统的正常运行。在系统试运行时应注意以下两方面的问题。

1. 试运行工作的代表性

这是指在系统运行工作中所选择的功能子项和使用的数据尽量地接近实际系统的运行。

试运行子项目的选择在有条件时应该逐个进行试运行,没有条件时应该选择最主要的,能包含其他子项部分功能的项目进行试运行。系统试运行中所用的数据可以是模拟的,也可以是实际系统中使用的真实数据。但是必须要求这些数据能足以代表系统实际运行中的数据规模和数据类型。

2. 试运行中出现错误的修改问题

在系统试运行过程中,用户随时可能发现一些系统中的错误或功能上的缺陷。此时应该以系统分析中确定的系统目标为标准,认真分析产生错误的原因和性质,以决定对系统是否进行修正和如何进行修正。一般来说,如果错误是属于程序设计中出现的问题,则必须进行修正;如果错误是属于功能上的缺陷,需要补充新的功能来加以完善,在这种情况下要认真考虑错误对系统的影响程度和修改系统的难度,然后决定是现在就进行修改,还是留作以后系统扩充时再作处理。

7.4.3 系统说明书

系统说明书在完成系统调试工作以后就可以组织编写,或者在系统转换后集中时间和人力进行编写。系统说明书的编制工作是系统开发中不可缺少的一个组成部分,它是系统操作者的使用指南,也是系统开发成果的文件体现,所以必须组织专人认真完成。系统说明书一般要包括系统原理说明书和系统操作使用说明书两部分。

1. 系统原理说明书

系统原理说明书是对系统的目标、功能、原理以及运行环境和全部源程序进行说明的文件。系统说明书应附有所有系统开发过程中形成的文档资料以及有关审批报告的副本。由于资料很多,所以需要分类装订成册形成一套完整的技术档案文件。这套系统原理说明书是管理信息系统运行、维护和功能扩展时必不可少的技术资料,必须妥善保管。

2. 系统操作使用说明书

系统操作使用说明书是指导用户正确运行该系统的指导性文件。它的内容应该包括怎样启动并运行系统;怎样调用系统的各项功能;怎样进行数据的输入、输出和修改并应附有必要的图示和运行实例;对比较复杂的系统还应附有各种简明的命令表、系统提示和错误信息一览表等内容。系统操作使用说明书是每个系统运行人员必备的工具资料,同时还应有系统维护的专册,重点介绍日常运行的环境、条件要求、系统保密措施以及后备操作方法等。

7.5 系统的评价

7.5.1 系统评价的内容与指标体系

一般来说,对已建成的信息系统评价的指标体系(即内容)可分为三个主要方面,即系统建设的评价、系统性能的评价及系统应用的评价。

1. 系统建设的评价

信息系统建设的评价指对信息系统开发、运行、维护和管理所作的评价。它包括七个评价指标。

(1)规划目标实现度

评价的内容之一判断系统现状的真实值是否达到或超过系统现状的期望值(即系统分析阶段提出的规划及设想目标的函数)。规划目标实现度表明了信息系统对其预先确定的系统目标的实现程度。

(2)先进性

信息系统总体水平上的先进性。它应体现在开发方法,系统结构,采用的硬、软件技术等有关方面,应综合起来考虑总体的先进性。具有先进水平的信息系统的生命周期较长。

(3)经济性

信息系统投资应与所实现的功能相匹配。若盲目追求技术上的"先进性",与目标及功能关系不大计算机的高档次,即使本单位有力量投资,经济性也是不好的。

(4)资源利用率

信息系统集中了先进的计算机,外部设备、通信设备等硬件,系统软件、网络软件,应用软件等各种软件,以及数据库、模型库和知识库中的各类信息,这些资源的利用程度从根本上反映了系统开发的成功与否。如果一个系统的上述硬件、软件及数据资源未被充分利用,那么无论系统当初投资规模有多大,技术设备多么先进,从系统评价的观点来看,也是一个失败的系统。

(5)开发效率

信息系统的开发效率与项目开发者的经验和水平,选用的开发方法,资金的到位情况,项目的组织管理等多方面的因素有关。开发效率低,系统开发所用的时间越长,则技术过时的危险性就越大,特别是在信息系统的核心技术计算机硬、软件技术飞速发展的今天,开发效率决定了信息系统的生命力,也影响着信息系统自身的生命周期。

(6)运行管理的科学性

信息系统的正常运行和在组织中发挥应有的作用,需要有相应的管理保证,即组织保证,人员保证与制度保证。这涉及到组织机构的健全和权威性,人员配备的完备性和合理性,各类规章制度的齐备有效性。

(7)系统建设的规范性

信息系统的建设应尽量遵循相应的国际标准,国家标准和行业标准。规范化、标准化程度高的系统才有生命力。

2. 系统性能的评价

信息系统的性能是信息系统的各个组成部分(硬件软件资源,人员,规程等)有机地结合在一起,并作为一个总体对使用者所表现出来的技术特性。系统性能的好坏直接影响系统的运行和维护,决定着运行和应用的持久效果,决定着系统的生命力。系统性能评价是系统评价的主要内容。常用如下指标。

(1)系统可靠性

系统的可靠性是由其中的硬件系统、软件系统可靠性及数据可靠性等因素共同决定的。

系统硬件的可靠性是指在一个指定的时间周期内,在给定的控制条件下,硬件系统执行所需功能的成功概率;系统软件的可靠性是指程序在所需精度下完成其功能的期望程度;数据的可靠性是指数据的真实、准确和及时。

此外,系统的可靠性还和系统的组织管理和涉及的人工过程有关。

(2)系统的效率

系统的效率是指系统完成其各项功能所需的计算机资源的利用程度。常用的系统效率指标包括以下内容。

①周转时间。对于批处理作业来说,周转时间指用户从提交作业到执行后的该作业返回给用户所需的时间。

②响应时间。它是指从用户发出指令(如键 Enter 键)到系统开始显示回答信息为止的时间,一般认为它是分时系统的周转时间。响应时间一般应在 3 秒内为佳。

③吞吐量。它是指单位时间内所能完成的工作量,通常用单位时间内所能完成的作业个数来衡量。

系统效率是系统对用户服务所表现出来的与时间有关的特性,它主要是由组成系统计算机硬件和软件所决定的。

(3)系统可维护性

环境的变化,人为的失误使系统运行离不开经常性的维护活动。系统可维护性标志着为了确定系统错误,修正错误所需作出努力的大小。系统可维护性是由系统自身的模块化程度,简明性及一致性等因素决定的。

(4)系统可扩充性

由于业务量的增多和业务范围的扩大,信息系统还面临更新,扩充及联网等问题。系统可扩充性是指系统处理能力和系统功能的可扩充程度。这主要取决于硬件设备的特征,软件系统的特点,系统开发的规范性和标准化程度等因素。

(5)系统可移植性

可移植性是指系统从一种硬件配置或软件环境下移植到另一种硬件配置或软件环境下保持原有功能的可能性。主要取决于系统中硬件设备特点,软件的特征和开发环境,以及在系统分析和系统设计中关于通用性的考虑。

(6)系统适应性

系统适应性能指系统在运行环境,约束条件或用户需求有所变动时的适应能力,表明了为使系统适应环境变化而需进行修改的工作量的大小。

(7)系统安全保密性

危及系统安全的原因有硬、软件工作的不可靠,用户的误操作,各种自然灾害及不法者采取种种手段窃取秘密或故意破坏等而中断系统的正常运行。系统应针对上述各种原因,采取有效的对策及相应的安全保密措施。

3. 系统应用的评价

企业信息系统是一个以计算机处理为基础的人机系统,对系统的评价除了要注重系统自身的性能,开发质量与效率的评价外,更重要的是要从用户或外部环境的角度,对信息系统进行应用评价,因为只有在应用中才能体现出信息系统的价值。系统应用评价的指标主要有以下内容。

(1)经济效益

企业系统,为了适应市场经济对产品品种,质量和数量的要求,降低成本,提高其竞争能力,改进服务质量,从而获得更多的利润,通常把提高经济效益作为信息系统的主要目标,因而经济效益的评价就成为系统评价的主要内容。

经济效益评价主要采用成本-效益分析法,详见本节第三个问题。

(2)社会效益

组织(或企业)中的信息系统,除了产生经济效益之外,所带来的对各种决策的信息支持及管理水平的提高,也不是仅仅能用经济效益就可以衡量的。社会效益概括地说是指系统研制对国家、地区和人类的共同利益所作的贡献,它指那些不能用货币计算的效益。社会效益可划分为直接社会效益和间接社会效益两个方面。直接社会效益指信息系统本身直接提供的社会效益,如减轻劳动强度,为决策提供信息的支持和工具;间接社会效益是指由信息系统引起的,及与其相关的其他因素共同产生的社会效益,如对社会生产率提高的影响,对人类生态环境的长远效应等等。

对社会效益可以从以下几个方面进行评价。

①社会总效益。体现在促进社会各部门经济协调发展,对提高国家,地区及部门科学技术水平的影响,实现宏观控制和决策科学化,节约社会劳动,提高国民生产水平,为公众提供经济信息等方面。

②组织应变能力增强。增强组织对环境变化的应变和适应能力,提高其竞争能力,增强产生的信誉,提高系统防患于未然的能力。

③减少决策的失误和事故。由于提供给决策的数据做到了准确和及时,从而减少了决策的失误,避免了事故的发生。

④改善组织与有关方面的关系。产品质量的提高,交货期的准时,服务质量的改善等,这些都带来了组织与顾客,组织与供应厂家,组织与上级机关,下级部门及组织内部各方面关系的协调,这种协调一致的关系是推动社会前进,生产发展的主要动力。

⑤改变劳动者的劳动条件和劳动性质。

⑥对生产自动化的促进，提供系统开发和实施经验，以及系统通用性带来的减少重复性开发的效益。

(3)管理科学化

信息系统的应用，常使组织的管理体制，管理方法及管理流程随之发生改变，向着管理科学化的方向发展，此外，劳动人员的素质也得到相应地提高。信息系统对管理水平的影响也是应用评价的内容之一。

(4)用户满意度

用户满意度是指用户对系统的功能，各种性能，用户界面等系统的各个方面满意的程度。信息系统的价值只有通过使用才能得到体现，而只有通过认可才能投入使用，因此用户满意度是系统评价的主要考虑因素。

一个令用户满意的系统除了功能齐全，满足要求，达到一定的性能指标以外，还应该具有对用户友好的人机界面，操作指令简单、明了、容错性强、系统易学易会、屏幕设计合理、视觉效果好、输出形式多种多样、具有丰富的帮助功能等。

(5)系统功能的应用程度

信息系统的目标及功能，是在系统开始建设之初就设计好了的，但在新的系统建成投入使用后，系统功能究竟实现了多少，应用到什么程度，是否达到预想的目标及技术指标？这些都与组织的内外因素密切相关，因此要实际进行考虑和评价。

上述对信息系统评价的指标体系可归纳为图 7.2。需要要说明的是，各项指标之间并不都是相互独立的，有些相关性还较大。如系统开发的经济性就和系统资源的利用率和开发效率紧密相关。

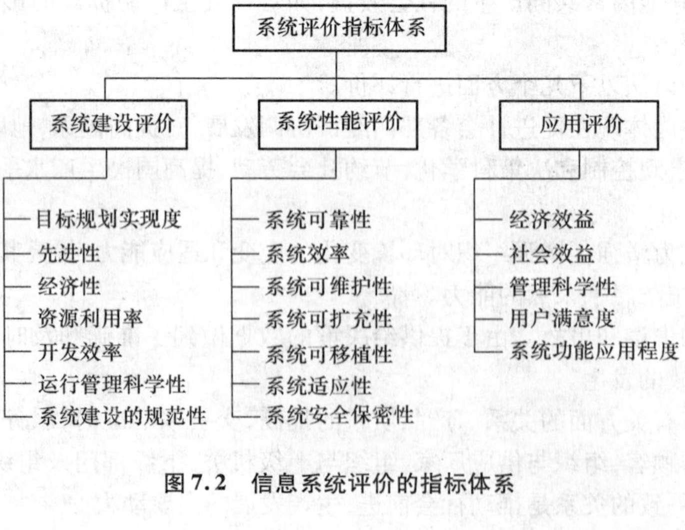

图 7.2 信息系统评价的指标体系

7.5.2　系统评价的过程

评价系统通常分三步进行。

1. 定义质量需求

任何应用问题都有其软件的应用环境,应用环境为软件的运行提出了质量要求。因此,为了作好软件质量评价,必须在开发前定义其质量需求。质量需求包含两方面。

(1) 问题规定的或隐含的需求。

(2) 本标准和其他技术信息。

2. 准备评价

准备工作包括以下内容。

(1)选择质量度量。一般情况下,我们不可能对质量特性进行直接度量选择与质量特性相关的且可定量的软件特征加以度量。

(2)定义等级。取得软件特征度量值后将其映射到某个尺度上,作为评价的基础。由于这个量度值一般不能直接以数值方式表达对软件质量的满意程度,因此,可以将这些尺度分割成若干个满足不同需求程度的区域。例如:可分为优秀、良、合格、不合格等级。

(3)定义评估标准。为了评估软件质量,必须把不同特性的评价结果加以归纳,为此评价者要制定一个评价标准和评价方法,例如采用判定表或加权平均法。

3. 实施评价

评价的实施可分成三步完成:首先进行测量,把选定的度量应用到软件产品上,测量结果就是试题尺度上的值。例如,软件占用存储空间,查询运行时间等等。然后评级,确定某一测量值的等级。最后评估,归纳评出的各个因子的等级,写出软件产品质量报告。再考虑时间和成本等因素,根据管理准则判定该软件产品是否可通过验收,或者是否发行。

7.5.3　信息系统评价的方法

系统评价方法可划分为定量方法与定性方法,动态方法与静态方法等大类。实际常用的信息系统评价方法主要有三种:成本效益分析法、专家意见法和多准则评价法。

成本效益分析法是一种定量评价方法,它是通过衡量评价对象所支出的成本及其对社会提供的受益收入的大小进行项目评价的方法,若所研究的项目被认为是合乎需要的,该项目的总受益收入(或年收益)必须超过总成本(或年成本)。

专家意见法基本上是一种定性评价方法。它依靠专家的知识和经验,让他们在掌握一定客观情况和资料的基础上对不成熟领域问题进行决策的方法。用于 MIS 评价的专家意见法通常有专家打分法,专家组定性评审法,德尔菲法等。

多准则方法是预先设定多个指标,通过评估对象在各个指标上的实现程度从而得到评价结果的方法,它是针对难以用单一指标衡量的复杂项目提出来的。在处理方式上可以是定性的,定量的或定量与定性相结合的。在处理方法上,可以选择因素加权相加法,层次分析法等。层次分析法(Analytic Hierarchy Process,简称 AHP)是作为多准则方法的一种,它可以用于按照一定评价指标体系,对多个系统方案进行评估和选择,或对已实现的系统进行评价,并按优劣次序排队。目前,已有 AHP 方法的计算机软件可供选择使用。

这里我们只简单介绍成本效益分析法。

成本效益分析为决策者提供一个量度,这个量度就是用系统所消耗的资源去衡量所获得的效益。一般来说,成本效益分析用于事先评价,但有时也用来作事后评价。当然,实施的方法必然有所不同。典型的成本效益分析方法有四个主要步骤:选出与一个项目相关的成本和效益;把这些条目加以量化,并确定其价值;计算有用的指标;权衡成本和效益,对项目的得失和可取性做出最后结论。

1. 信息系统项目的成本

系统的成本随系统的类型、范围及功能要求的不同而异。由于项目的成本收益均发生于未来,所以在分析的过程中包括许多预测、估计和价值判断。最后结果在很大程度上受分析者主观价值标准的影响。

一般说来,系统的费用 C 应当为系统开发费用 C_d 和运行维护费用 C_r 之和,即 $C = C_d + C_r$

系统开发费用 C_d 包括四大类,即硬件费用、软件费用、网络费用和人工费用。

系统运行费用 C_r 也主要包括四大类支出。硬件费用包括消耗品,机器及设备折旧费、维修费、租金费等。软件费用含维护费,软件租金及零星购费。网络通信费包括通信线路固定月租费,远程通信电话费,特殊网络服务费等。人工费除人员工资外,对各类人员的培训费也应包括在内。这里,C_d 是一次性投资值,而 C_r 则是多次性发生值。系统费用构成如图 7.3 所示。

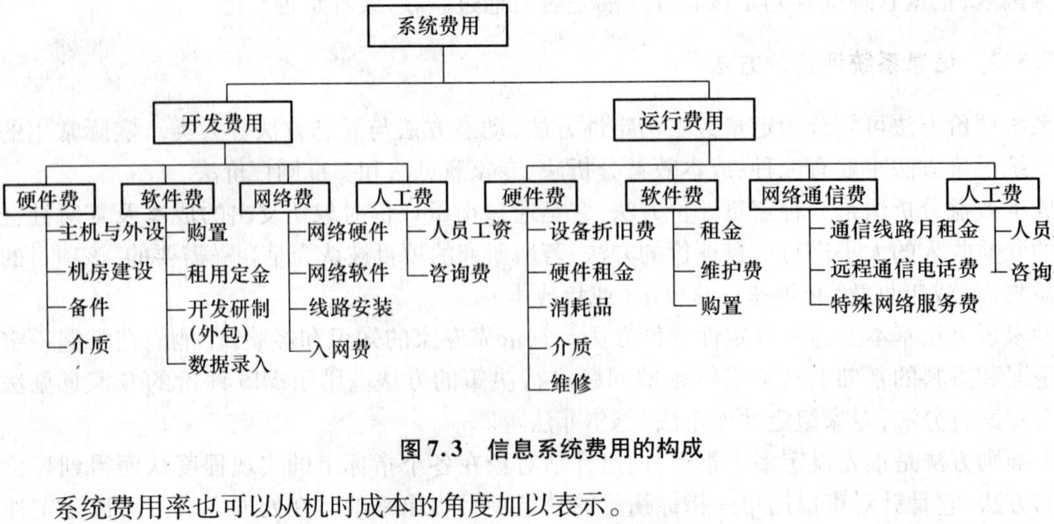

图 7.3 信息系统费用的构成

系统费用率也可以从机时成本的角度加以表示。

机时成本：$C=(s+d+m+p)*(1+h\%)/t*r$

式中 s——工作人员工资；

d——硬件及软件折旧费；

m——材料费(月消耗)；

p——能源费(电力等)；

h——间接费用率；

t——机器正常工作小时数；

r——机器利用系数。

2. 系统效益

信息系统效益的分析与计算是一个复杂而困难的问题。这是因为，在实际计算时，要区分哪些是计算机信息系统产生的效益，哪些是组织采用新技术及其他管理方法，或其他因素所带来的间接效益。如对决策的支持，对组织竞争地位的加强，管理水平和企业素质的提高等是不能用货币价值来度量的，而间接效益和社会效益有时会远远大于直接效益。

以企业为例，信息系统产生的经济效益来自以下几个方面，因而总经济效益应该等于各个方面的经济效益之和。

(1)成本的节约

成本的节约可体现在许多方面，如人工费的减少。信息系统的建立提高了人员的工作或劳动效率，减少了相应部分的人工费。各类业务信息系统也带来了各种不同费用的减少。如供应信息系统的建立，有助于选择价格和供应商，做到及时订货，从而节省了采购费用；库存管理信息系统将使原材料和在制品的库存量得到压缩，减少流动资金的占用；生产信息系统将实现均衡生产，提高劳动生产率，减少产品工时成本，按期交货，非正常支出减少(如延期交货罚金等)；财务信息系统将加速资金周转，提高准确率，避免不必要的经济损失。信息系统能及时，准确地提供对决策有重要影响的信息，从而提高了决策的科学性和可行性，能节省投资，避免不必要的开支。

(2) 效益的增加

信息系统能全面增强组织的竞争地位。它提高了劳动生产率，缩短了供货周期，提高了产品质量，改善了与顾客和供应者的关系，提高了企业信誉。生产系统的柔性增强，能满足不同用户对产品品种的多样化的要求，保证交货日期，从而提高了产品的市场占有率，赢得了订单，赢得了市场，增加了销售收入和利润。

一个具有决策支持功能的信息系统，将为组织的高层领导提供来自组织内部和外部的，国家经济政策和法律的，同行业竞争对手及产品的，市场方面的各类信息，以便进行及时的科学的决策，避免危机，占领市场，抓住机遇，这方面所带来的效益的增加是无法用货币形式来度量的。

3. 成本和效益对比的指标

把信息系统的成本和效益数量化，可以进一步地将一系列的成本效益概括成为几个简单的指标,以便对该项目作出全面估值和决策。成本和效益的比较是基于所有的成本和效益都可用货币价格表示。

当成本和效益出现在同一时点或处于同一时期以内,可以不考虑时间变化的因素而以其货币价值进行比较,可使用简单收益率、回收期、项目补偿期及净平均回收率等指标进行计算和比较;当成本效益出现在不同时点上,则必须应用折现程序以便把所有条款都归并到折现值上来进行比较。可供使用的指标有净现值、内部收益率等。

(1)简单收益率与回收期

简单收益率 R 是项目的标准年度的净收益与原始投资的比率(投资包括固定的和可变的),其计算公式如下

$$R = F/C$$

式中,F 为有代表性年度的净收益,即收益与成本的差额;C 为总投入资本,包括固定资本和可变资本;简单收益率 R 亦称投资效果系数。

回收期的方法涉及一个项目从开始投资到完全回收投资所需要的时间长度。计算公式如下

$$I = \sum_{t=0}^{P} F_t$$

式中 I——投资总数;

P——回收期;

F_t——第 t 年的年度净收益($t=0,1,\cdots,p$)。

简单收益率 R 与回收期 P 的关系为:$P=1/R$

简单收益率(投资效果系数)与回收期是项目的静态经济效益分析指标。对于不同的部门或行业而言,都有其基准投资效果系数或基准投资回收期可供比较。一般 MIS 项目的回收期为五年。

回收期方法简单,容易使用,但是它忽略了回收期以后可能有的经济效益,只比较不同项目的回收期,而没有考虑回收期内的效益与成本分布。此外,对于回收期内的现金流动的时间分布和影响,也没有分析。

(2)净现值

一个项目的净现值(NPV,Net Present Value)是它的未来的现金流入和流出的现值之差额。所有的现金流量可以用事先确定的折现率予以折现,并把这样得到的每年的数字正负加总,成为单一数字的指标。其计算公式如下

$$NPV = \sum_{t=0}^{n} NCFT/(1+r)^t$$

式中 NPV——净现值;

$NCFT$——第 t 年的项目净现金值($t=0,1,2,\cdots,n$);

r——采用的折现率。

当计算财务净现值指标时，r 可以为部门或行业的基准收益率，或选定的目标收益率；当计算经济净现值指标时，r 为社会折现率。

若 $NPV>0$，则认为项目在经济上是可取的，反之则认为不可取。

在比较两个项目时，如果 $NPV_1>NPV_2$，则可以认为第一项目更好些。

(3)内部收益率

内部收益率(IRR，Internal Rate of Return)是项目累计成本的现值等于累计收益的现值时的折现率。换句话说，是项目的净现值为0时所确定的折现率，其数学表达式为

$$0=\sum_{t=0}^{n}(CIF_t-COF_t)/(1+r)^t\quad(t=0,1,2,\cdots,n)$$

式中，r 为内部收益率，也就是 $NPV=0$ 时的折现率。

内部收益率可用试差法求得，也可用图解法求得。求出的内部收益率 r 应与部门或行业的基准收益率比较，或与项目的实际贷款利率 i 比较，当 $r>=i$ 时，应认为项目在财务上可以接受。

净现值和内部收益率是项目的动态经济效益分析指标。

系统评价的准则常常是冲突的、不可比的或具有不同性质的，既有定量信息，又有定性信息，既有精确的信息，又有不精确的信息，这就使得评价问题的解决变得非常困难，因此形成了一类多准则分析的评价方法。比较著名的有等级优于方法(OM，Outranking Method)，级别优于组织评价方法(PROMTHEE)，以及不少基于模糊集理论的评价方法。AHP方法也属于多准则评价方法之一。此外，专家系统和决策支持系统也可以用来解决信息系统的评价问题。

复习思考题

1. 系统实施的主要任务是什么？
2. 系统实施计划应包括哪些基本内容？
3. 对程序设计有哪些基本要求？
4. 系统调试分为几个步骤，各步要解决什么问题？
5. 系统转换有哪几种方式，各有什么优、缺点？
6. 系统测试报告有哪些主要内容？
7. 数据的录入如何保证正确性？
8. 系统人员是如何分类的，培训工作应注意什么？
9. 系统说明书包括哪些内容，有何作用？
10. 试述系统评价的内容及指标体系？
11. 系统评价有哪几类主要方法？
12. 成本效益分析法的主要步骤是什么？
13. 试述成本的效益对比的指标(简单收益率、回收期、净现值、内部收益率)。

第 8 章　企业信息系统的开发实例

企业管理信息系统和企业性质有着密切的关系。以商业活动为主的企业,管理重点是货品的库存控制;以生产制造活动为主的企业,管理重点是根据市场需要和顾客订货安排生产作业计划,制订企业经营管理的战略方针和具体策略。后一种企业是如何用计算机来进行管理的,因为生产制造企业不仅要制造产品,而且还要把产品销售出去,所以既要有市场经营管理,又要有生产管理,当然财务管理和人事管理对任何企业来说都是必不可少的。本章介绍企业信息系统开发实例,按照自顶向下的思想分析企业的市场经营管理、生产管理、财务管理、人事管理和销售管理。

8.1　市场经营管理

以图 8.1 所示结构的企业为例建立企业管理信息系统,系统的外部环境是顾客和供应商。

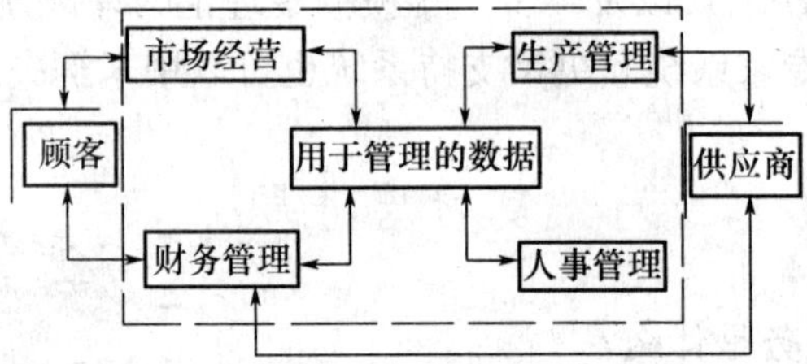

图 8.1　企业管理信息系统

(1)市场经营管理

主要功能是为企业决策人员提供有关的市场信息,主要负责计划和经营研究、销售分析、订货和顾客服务等。

(2)生产管理

主要功能生产管理人员提供有关的生产信息,主要负责产品设计、生产计划、材料管理和生产控制。

(3)财务管理

主要功能是为企业决策者和财务管理人员提供有关的财务信息,主要负责总账维护、财务计划、会计和报表。

(4)人事管理

为企业人事部门提供有关的人事信息,主要负责人事档案维护、人事计划和劳动管理。

市场经营管理信息系统的数据流程如图8.2表示。市场经营管理信息系统是企业内部与外部市场的窗口,负责收集市场资料,例如顾客对产品的要求、顾客的订货处理以后产生各种有用的市场信息等。市场经营管理系统接收来自市场的有关产品销售和服务的反馈信息,用以判断企业经营的成果是否令人满意,并重新调整企业未来的经营计划。系统的主要数据来源是顾客和企业的市场调查人员,它们向企业提出订货要求、产品质量和性能等的要求以及市场情报等。

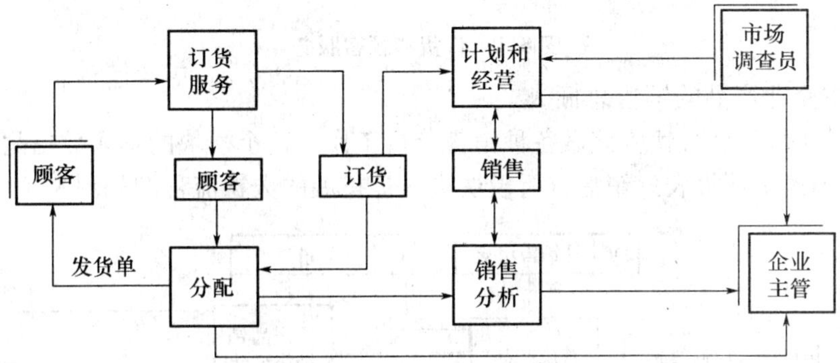

图8.2 市场经营管理信息系统

1. 订货和顾客服务模块

企业必须根据顾客的订货要求,也就是市场需求安排生产计划,按期如数的向顾客交付产品,假定销售业务是把产品交给顾客后再收款(本模块不涉及收款问题),订货和顾客服务模块要完成以下三项工作。

(1)对顾客的订货单据进行编辑。

(2)如果是新顾客,建立新顾客档案。

(3)形成订货数据文件。

订货和顾客服务模块的输入数据是原始订货单据,输出的是编辑后的合格订货单据,这个模块进一步扩展的数据流程图,如图8.3所示。

2. 销售分析模块

销售分析模块要完成以下五项工作。

(1)产生各种销售统计数据,以便于各级管理人员随时查询。

(2)按产品统计销售量、销售额。

(3)按销售地区统计各种产品的销售量、销售额。

(4)按顾客统计购买各种产品的数量和金额。

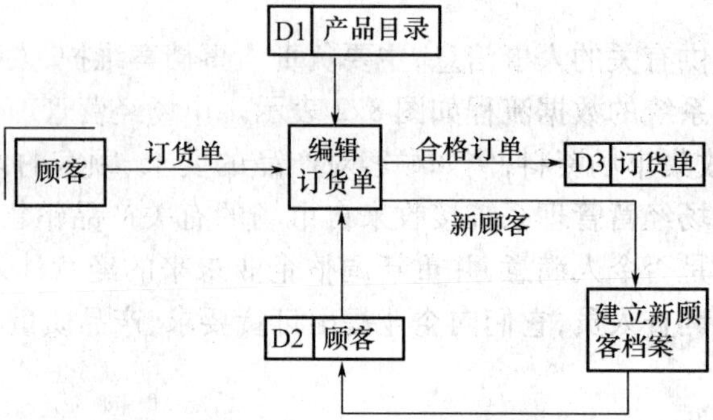

图 8.3 订货和顾客服务

(5)计算本企业产品的销售总额。

在产品交付顾客以后,就应该做各种销售分析工作。这个模块的输入数据是销售单据;输出数据是各种销售统计报表。销售分析模块进一步扩展的数据流程图如图 8.4 所示。

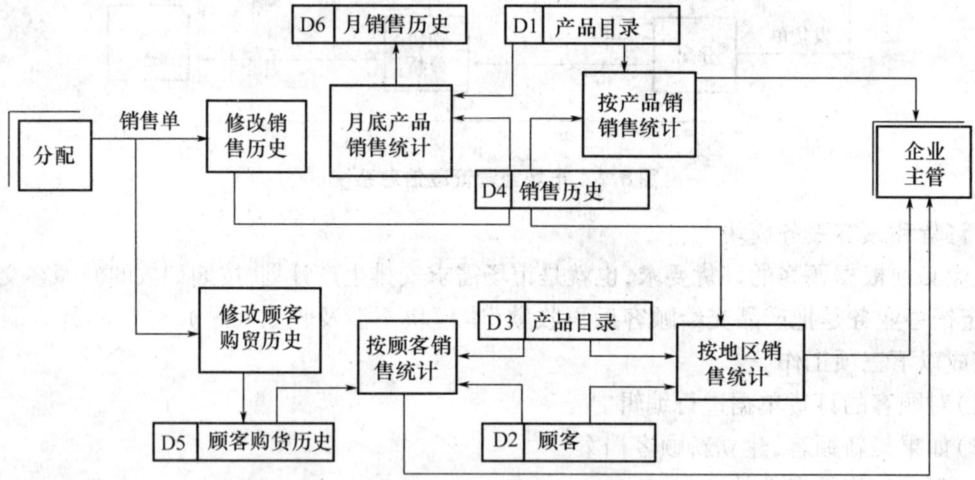

图 8.4 销售分析数据流程

销售分析模块从分配模块那里得到发货通知单的第二联,即销售单以后,就立即把它写入"销售历史"数据文件 D4 中,对该数据文件加以修改。与此同时,根据销售单数据修改"顾客购货历史"数据文件 D5,有了这两个数据文件再根据"产品目录"和"顾客"数据文件,就可以随时按照管理人员的要求输出各种销售统计数据。为了便于查询和做销售预测,每到月底,根据"销售历史"数据文件,统计出每个月的产品销售量,形成"月销售历史"数据文件 D6。有了这三个数据文件,只要编制一些简单的程序,管理人员就能利用终端设备随时获得有关产品的销售信息。

3. 计划与市场研究模块

计划与市场研究模块要完成以下三项工作。

(1)市场调查资料的分析,一般采用抽样统计分析的方法来研究市场问题。

(2)销售预测是对产品在未来一个时期总的需要量和销售总额的预测,有助于制定生产计划,协调生产能力和未来总的生产进度计划。

(3)广告分析,以便于制定广告策略。

计划与市场研究模块进一步扩展的数据流程图如图 8.5 所示。

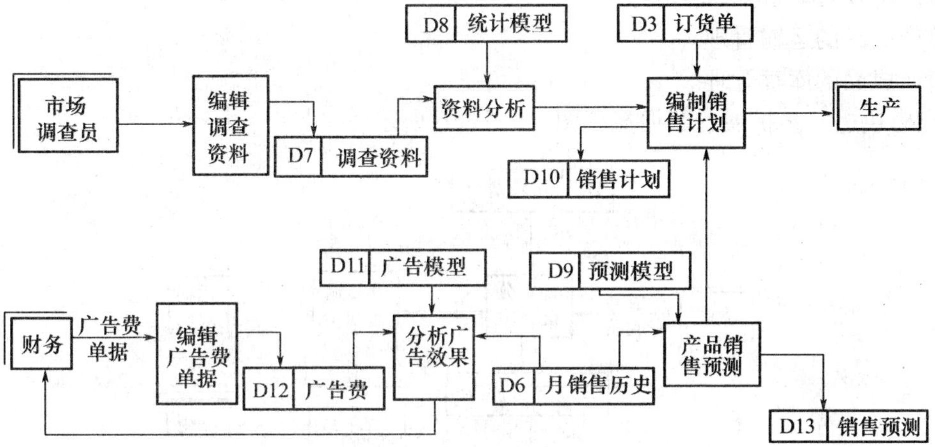

图 8.5　计划和经营研究

(1)D4“销售历史”数据文件用于完善的历史统计资料,销售预测主要是根据过去和现在的销售状况来推测未来的销售趋势。

(2)“预测模型程序库”数据文件 D9 用于存放预测模型。根据历史销售数据对每一项产品选择出相应的预测模型,每一个预测模型是一个计算机程序,都有一个编号。只需要建立一个“产品销售预测模型目录”来指明哪一项产品的销售预测应该调用哪一个预测模型。到期末,调用相应的预测模型。

(3)产品销售预测值文件 D13 用于存储下一次时期的预测值。

(4)D10“产品销售计划”数据文件用于记录下一时期的产品销售计划,作为“计划与市场研究”模块的输出,下一时期的产品销售计划又输入到“生产管理”子系统,成为制定生产计划的依据。

(5)D12 数据文件用于存储 “财务管理信息系统”传递来的“广告费”。

(6)D11“广告分析模型”数据文件用于存放广告费与产品销售量关系的相关分析和回归模型,是一个计算程序。根据“月销售历史”中相应的产品销售数据来分析广告费与产品销售量的关系,使用适当的数理统计方法,先做相关分析,如果两者相关程序是显著的,再建立回归模型,计算出两者的定量关系。

如果按销售地区来分析,那么就不能从D6“月销售历史”数据文件中得到,而要用“销售分析”模块中“按地区销售统计”子模块输出的数据。这点是要注意的。如果计算对某一项产品在一段时间里总的广告费(即所有销售地区的总和)和它总的销售量的关系,就可以用D6“月销售量历史”数据文件。广告分析的结果再送回财务系统以便制订下一时期的广告费用预算。

4. 分配模块

在产品到达顾客手中之前,产品可能要经过若干个储运点,因此分配模块要完成以下三项工作。

(1)产生发货单通知,寄给顾客。

(2)产成品的运输管理。

(3)产成品的库存管理。

分配模块进一步扩展的数据流程图,如图8.6所示。

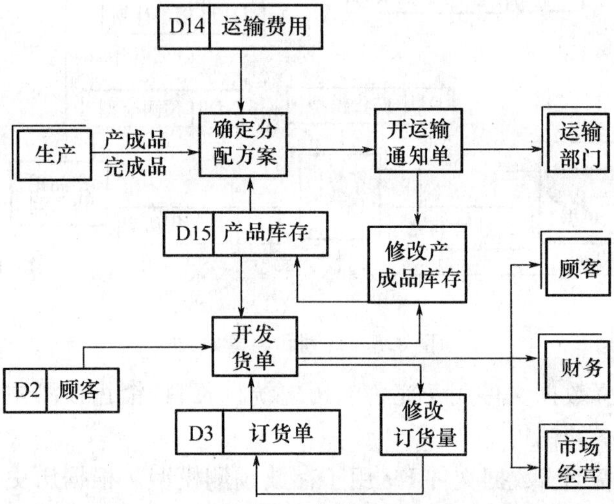

图8.6 分配数据流程图

(1)当产品由生产系统制作出,送入仓库时,即可将产品数据存入产品库存数据文件D15。

(2)“分配”模块要按顾客订货要求向顾客发出发货通知单一式三联。第一联寄给顾客。第二联作为会计凭证,传递给财务系统。第三联作为销售单,传递给“销售分析”模块,记入D4“销售历史”和D5“顾客购货历史”数据文件中。

(3)在某项产品由生产子系统生产出来以后,就立即将“产成品完成通知单”输送到分配子模块,“产成品完成通知单”中的数据包括产品编号、生产部门编号、完成日期和数量。经过产成品汇总以后,确定产成品的分配方案,它要根据每个工厂到每个仓库的运输费用和每个仓库对每项产品的实际需要量,用线性规划方法,求出最优解,使总的运输成本达到最小,并建立运输费用数据文件 D14。

(4) D2“顾客”数据文件中,有一个“销售地区”数据项,如果再设一个有关仓库信息的数据文件,其数据结构可以如下:仓库编号,仓库名称,销售地区编号,仓库经理姓名,电话号码。有了这个数据文件,就可以按顾客所在销售地区,找到相应的仓库编号。这样,“产品编号”和“仓库编号”就可以检索 D15“产成品库存”数据文件,唯一地找出相应的成品库存量,与订货量相对照,确定是否满足顾客订货要求。

(5) 一旦向顾客发出提货通知单,就要立即修改 D3“订货单”数据文件,如果完全满足,就把这条订货记录删除。如果部分满足,就从原有订货量中减去满足部分,得到的差额重新写回这条记录中。

8.2 生 产 管 理

生产管理信息系统与市场经营管理信息系统有着密切的联系,市场研究决定了产品策略,而生产部门根据既定的产品策略,设计出新产品;市场部门对今后一年或更长的时间作出了市场对产品总的需要量的预测,而生产部门就要把总的预测数字按季度、月、周分解出来,根据时间长短进行预测,同时要按照产品项目、规格、零件和部件的需要量进行分解预测,并根据企业的生产能力制定生产计划。为了组织生产,必须对所有的生产资源进行管理和调度,其中因为原材料和某些零部件需要外购。因此为了使生产计划顺利完成,必须对原材料从投入直到制成最终产品的整个生产过程中的各个阶段加以管理控制。保证在预定的日程内,制造出一定数量的合格产品。

生产管理信息系统主要的数据来源,是市场经营管理信息系统的原材料,零部件的供应商,另一个来源是生产部门日常运行的记录。经过适当的处理后,输出各种信息给其他子系统和主管部门,生产管理信息系统的数据流程图如图 8.7 所示。

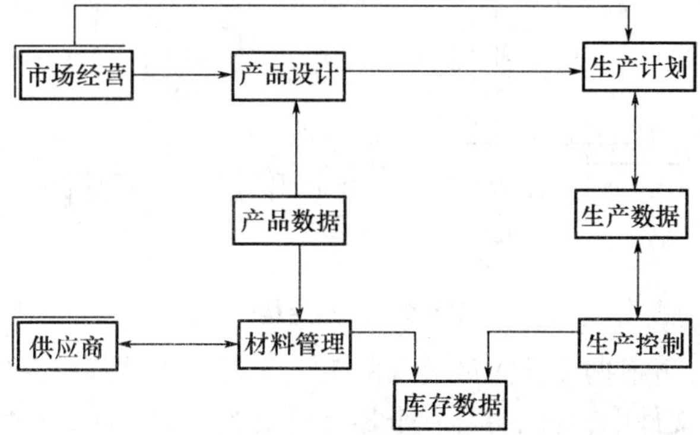

图 8.7 生产管理信息系统

1. 产品设计模块

产品设计模块要完成以下三项工作。

(1)建立产品结构数据文件 D16,这包括建立装配图,零件树图表和零部件清单。

(2)建立产品制作的工艺流程数据文件 D17,以表明零件所经过的全部加工过程。

(3)根据产品结构和工艺流程,确定产品零部件和加工过程的生产成本数据文件 D18。

产品设计模块的输入是"市场经营管理信息系统"的产品要求和设计人员根据定义所编制产品设计说明,输出是必要的产品结构文件和工艺流程文件。并向财务部门提供成本分析数据。产品设计模块进一步扩展的数据流程图如图 8.8 所示。

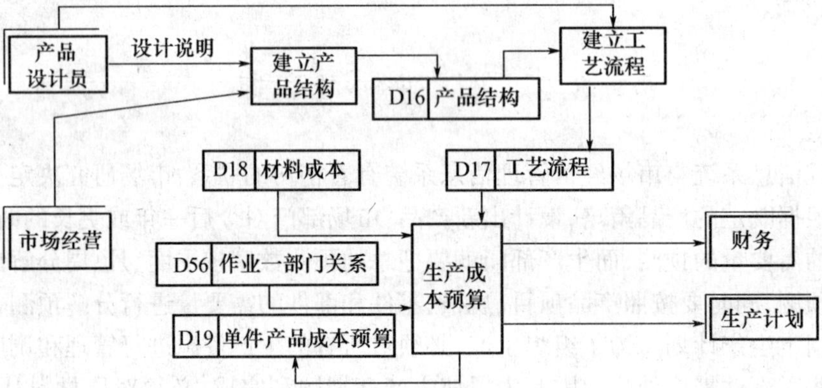

图 8.8　产品设计

产品结构如图 8.9 所示。

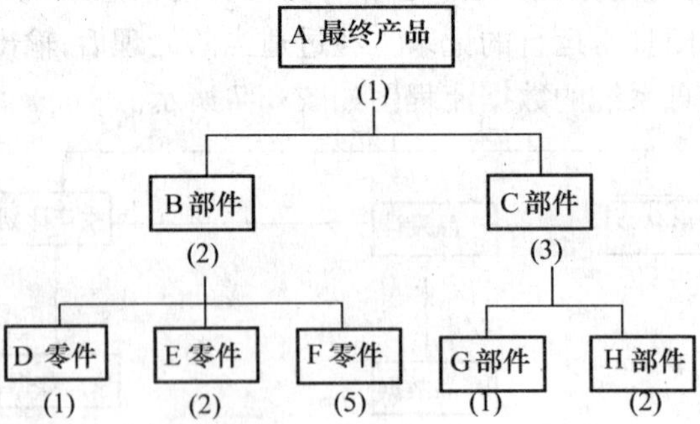

图 8.9　产品结构

有了产品结构以后,再根据设计人员输入的工艺流程说明,可以建立产品工艺加工流程的数据文件。在这个数据文件中,要说明每一个零件所要经过的工序,以及该道工序在哪个生产部门(即车间或工段),要用哪种专业工作(即作业)来执行。有了产品结构和工艺流程,就可以计算生产一件产成品所需要的生产成本,生产成本中最主要的两项成本是材料成本和加工工时成本,因此需要有关这两方面的数据文件 D18 和 D56。

材料成本和工时成本是产品生产的变动成本。另外再加上固定成本,如车间经费、管理费等均摊后,就可以计算出制作一件产成品的生产成本,把它记在 D19“单件产成品生产成本预算”数据文件中。

2. 生产计划模块

生产计划模块要完成以下几项工作。

(1)根据销售和生产能力制订总体生产计划,一般是年度生产计划,包括产品项目和数量。

(2)根据市场经营管理子系统所做的总的预测,要做进一步的分解预测,也就按季度,按月和周预测产品的需要量,还要按产品的项目,产品部件进行预测,并根据订货的要求,按总体生产计划制定进度计划。

这个模块的输入是市场经营管理信息系统的销售计划和销售预测,以及“产品设计”子模块的产品成本,经过处理后,输出是生产计划和进度计划,为“生产控制”和“材料管理”提供依据,也为“财务管理信息系统”提供依据。生产计划模块进一步扩展的数据流程图如图 8.10 所示。

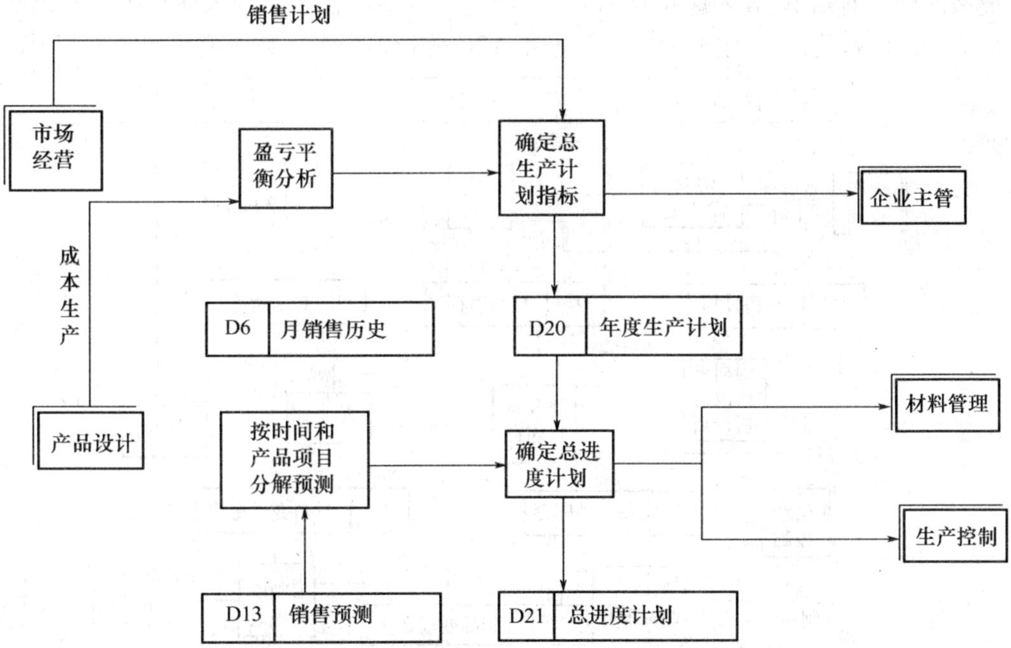

图 8.10　生产计划

(1)年度生产计划数据文件为 D20。用“盈亏平衡点模型”计算在平衡点的生产数量,再根据销售计划和从年初到年末的库存计划变更量来确定总体生产计划,计划指标包括产品项目和年生产量以及年末库存数量三项。

(2)总进度计划数据文件为 D21。根据市场经营子系统作出的对下一年度中每个月的产品销售量,按产品结构预算每个月所需要生产的零部件数,和总体生产计划指标来制定的。总进度计划的内容包括产品项目,每个月的计划销售量每个月的计划生产量,每个月的月末计划库存量,以及每月的生产周数。生产周数要考虑节假日,例如二月份的生产周数只有三个星期。

有了总进度计划,就可以确定需要多少资源,如人力、设备和原材料。

3. 材料管理模块

材料管理模块要完成以下三项工作。

(1)根据生产进度计划,制订原材料需要计划。包括什么时候向供应商发出订货通知和订货数量两项工作。

(2)材料(包括外购的零部件)的采购和接收。

(3)原材料和在制品的库存管理。

材料管理模块的数据输入源包括生产计划模块的总进度计划、生产部门来源的领料单据、供应商来的到货通知单(即入库单据)以及生产过程中各项在制品的入库单据。输出数据有向供应商发出的购货通知、定期的库存报告和 ABC 分析报告等。数据流程如图 8.11 所示。

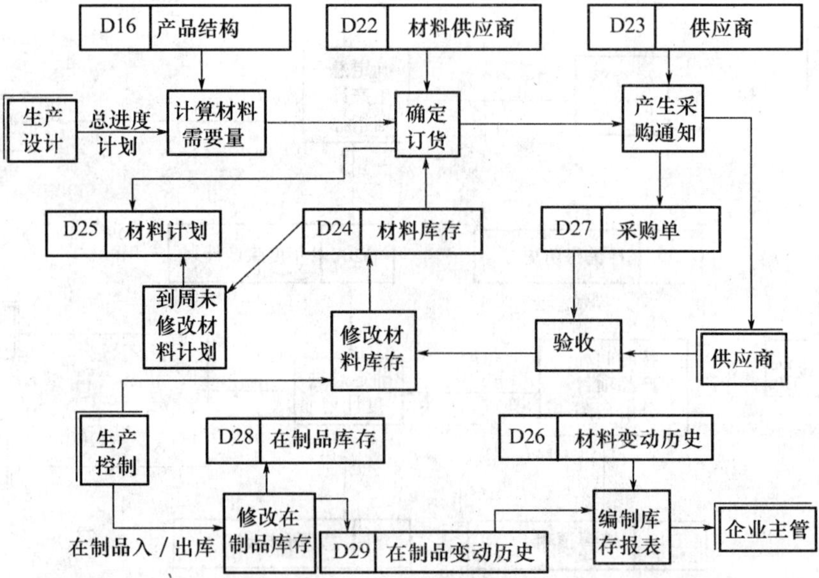

图 8.11 材料管理

(1)根据生产计划模块传输过来的总进度计划,由 D16“产品结构”数据文件。

(2)按产品零部件计算每周的需要量,由 D24“材料库存”数据文件,减去现有的库存量,可以计算出每周的实际需要量。

(3)依据 D22“材料—供应商关系”和 D24“材料库存”两个数据文件制定材料需要计划。D25 是材料需要计划数据文件。

(4)每到周末时,在计算出新的材料需要计划后,则可由 D24“材料库存”和 D25“材料需要计划”打印出一份完整的材料需要计划报告。

(5)有了材料需要计划,确定了订货时间和订货量,就可以按 D23“供应商”数据文件向供应商发出订货单通知,并把它记录到 D27“采购单”数据文件中。

(6)在采购材料到货后,即接到供应商的到货通知后,要加以验收,因此要对照 D27“采购单”数据文件中的订货量,验明是否如数到货。若有差异则应通知供应商。在验收通过后,则办理入库手续,相应地要立即修改 D24“材料库存”数据文件,把入库数量加到相应的库存记录中去,同样生产部门的领料,需要及时从相应的库存记录中减去。

(7)为了分别管理,所以要从供应商那里获得的原材料和零部件都记在 D24“材料库存”数据文件中,而对企业自己加工制作的各个阶段的在制品(产成品除外)进行专门管理,专门设立一个 D28“在制品库存”数据文件。

(8)为了便于定期编制库存报告,以及对库存品做 ABC 分析,需要设立关于库存材料变动历史的数据文件 D26,和在制品变动历史的数据文件 D29。

4. 生产控制模块

生产控制模块主要完成以下五项工作。

(1)根据总进度计划,进一步安排制作日程,也就是生产调度。

(2)根据制作日程,向车间、工段分派制作任务发布制作命令单。

(3)检索和监督作业进度,发现偏差,加以纠正或修改生产计划。

(4)各道工序在制品的质量控制。

(5)生产统计,包括工人劳动统计和产品统计。

生产控制模块的数据输入是生产计划模块传递过来的总进度计划,生产车间、工段、班组传递来的日常生产统计数据以及质量检验数据。输出是制作命令单,在制品和产成品的完成状况,以及实际进度与计划的偏差,反馈到生产计划模块。生产控制模块进一步扩展的数据流程如图 8.12 所示。

(1)根据总进度计划,要编排生产制作日程,D17“工艺流程”数据文件提供必要的数据。编排制作日程主要依据总进度计划,产品结构和工艺流程,确定出每一次在制品在每周之内应该完成的数量,制作日程的排列必须考虑到每项在制品的生产提前时间,这个数据可以从 D17 中得到。

(2)D30 是“制作日程”的数据文件。制作日程排列出来后,要立即制定任务分派方案,同

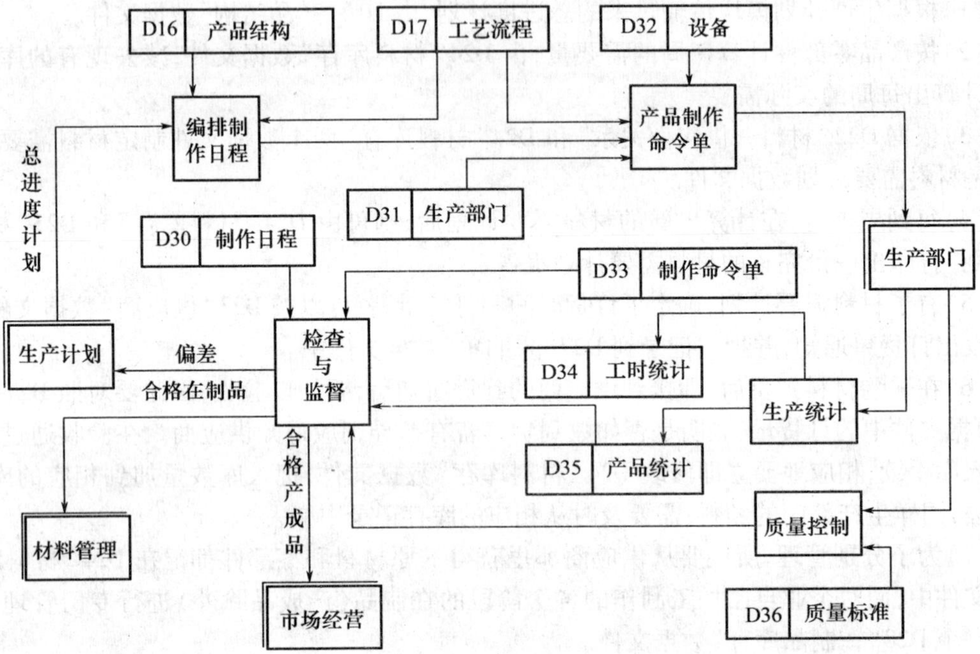

图 8.12　生产控制

时要存储起来，以备检查实际进度之用。

(3)生产部门的数据分别放在 D31 生产部门和 D32 设备两个数据文件中。

(4)有了这两个数据文件，再根据工艺流程的加工要求和制作日程，就可以产生制作命令单下达给生产单位，D33 为“制作命令单”数据文件。

(5)生产统计内容包括工人劳动工时统计和在制品或产成品的完工统计，因此要分别设立 D34“劳动工时统计”和 D35“在制品产品完成统计”两个数据文件。

(6)“检查与监督”模块根据 D30“制作日程”和 D33“制作命令单”，对照 D35“在制品、产成品完成统计”，可以审核是否按期、如数地完成所分派的制作任务，并将在制品和产成品完成数量分别传递给“材料管理”模块和“市场经营”子系统。

(7)在“生产控制”模块中，还设立了一个“质量控制”子模块，它的功能是根据每道工序的质量检验数据，进行质量管理，因此也要设立一个“质量标准”数据文件 D36。它的内容因不同产品，在制品而异，需要检验部门事先设定各种质量标准指标。

8.3　财　务　管　理

财务管理信息系统的数据来源是非常多的，即有企业外部的也有企业内部的，每天都会有大量的数据要处理，所以设计出良好的数据库是极其重要的。该系统的中心数据库是“总账”，也称“总分类账”，各个模块都和它有数据联系。财务管理信息系统的数据流程图如图8.13所示。财务管理信息系统包括会计、总账维护、财务计划和报表四个模块。

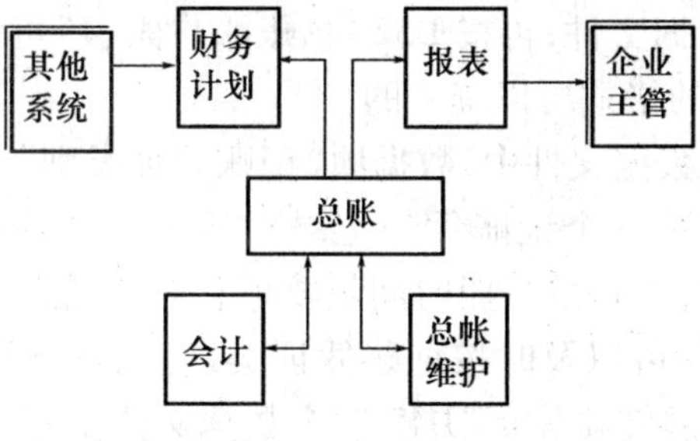

图8.13　财务管理信息系统

主要介绍会计模块中的日常有关账目、现金的事务处理。会计模块要完成任务包括

(1)付款业务处理；

(2)收款业务处理；

(3)转账业务处理；

(4)工资核算。

会计模块的数据输入来源很多，有来自企业外部的数据，例如由供应商开给的发票和结算凭证，由收款单位和个人开出的现金收据；也有来自企业内部各个成本核算单位发出的数据，如生产车间的领料单等，输出工资计算表、汇总付款凭证，汇总收款凭证和汇总转账凭证等。该模块进一步扩展的数据流程图如图8.14所示。

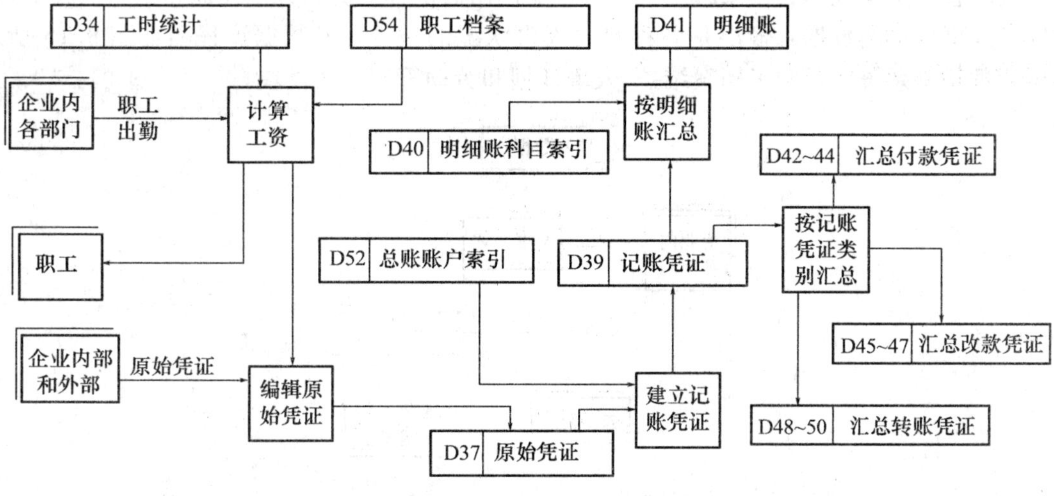

图8.14　会计模块

(1)会计模块从企业内部和外部接收到原始会计凭证后,首先对它进行编辑,以检验填写是否正确,编辑的内容主要是验算数量和金额是否计算正确,对合格的原始凭证,把它记录到D37"原始凭证"数据文件中。

(2)有了"原始凭证"数据文件,再按D52"总账账户索引"可以建立D39"记账凭证"数据文件。一般来说,记账凭证的格式可以统一的。

(3)在D39"记账凭证"数据文件中,数据项"记账凭证类别"共有三个可能的取值,即付款凭证、收款凭证、转账凭证,每一个记账凭证记录对应着一个原始凭证。D39"记账凭证"同D37"原始凭证"都是暂存文件,每隔一段时间就要把它们转储到磁带上,做为历史资料保存。

(4)有了"记账凭证",还可以及时按记账凭证类别汇总,分别修改"汇总收款凭证"D42,"汇总付款凭证"D45和"汇总转账凭证"D48三个数据文件。

(5)由D42和D44两个数据文件可以看出,一条汇总付款凭证的记录,只允许有一个贷方账户,而允许它对应若干个借方账户,所以它对应的每一个借方账户都有一个从期初到当前的累积发生额;由D44能够看出,可以成批地修改,也可以按单个的记账凭证修改。按上述同样的原则,可以建立汇总收款凭证D45,汇总收款凭证索引D46,记账凭证——汇总收款凭证关系D47三个数据文件。

(6)为统一起见,约定一个贷方账户允许对应若干个借方账户,建立的数据文件为汇总转凭证D48,汇总转账凭证索引D49和记账证—汇总转账凭证关系D50。

8.4 人事管理

人事管理子系统的数据来源主要是对企业内所有的作业分析以后所获得的有关作业的数据以及人事变动的数据。输出是各种有关人事状况的报告。其数据流程图如图8.15所示。人事管理信息系统包括职工档案维护、人事计划和劳动管理三个模块。

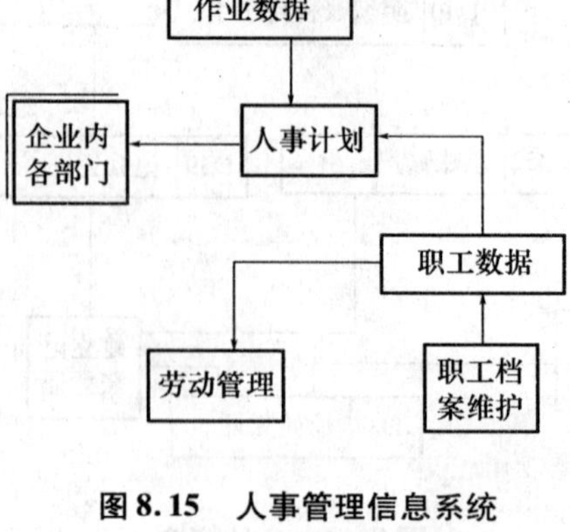

图8.15 人事管理信息系统

下面仅以职工档案维护模块为例说明。

职工档案维护模块要完成以下两项工作。

(1)新职工档案建立。

(2)职工变动情况的记录。

职工档案要便于主管人员随时检索,以获得必要的人事资料。职工档案模块的输入数据是新职工所填制的履历表,以及有关部门输入的企业内职工变动情况,这包括企业内部的工作调动、职务变迁、工资变动、奖励和处分等。该模块的输出是职工历史报表,其进一步扩展的数据流程图如图8.16所示。

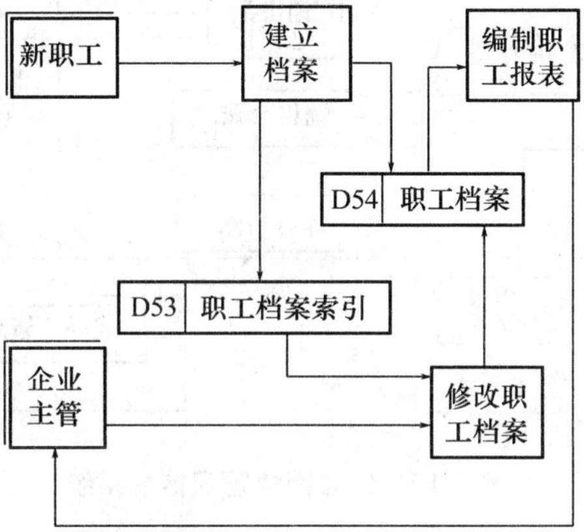

图8.16　职工档案维护

职工档案基本信息的数据文件D53和记录其变动历史的数据文件D54。职工档案中除了记录每个职工的基本信息,如姓名、地址、性别、出生年月、民族等外,还要详细记录其职务、职称、工资等历次变动情况,

8.5　销　售　管　理

一个经营销售管理信息系统,按其管理功能,可分为订货控制管理、订货合同管理、合同执行管理、销售统计分析、客户管理、市场预测和销售计划编制七个模块。其数流程以及与其他子系统之间的关系如图8.17所示。

1. 订货控制管理模块

订货控制模块的任务是根据分块接货指标汇总提供承接订货的数量和交货期。接货指标是根据年度销售计划大纲分解而得到的。

2. 订货合同管理模块

订货合同管理模块的主要任务是:登记、分类、整理合同,合同发生变动时更改合同台账以

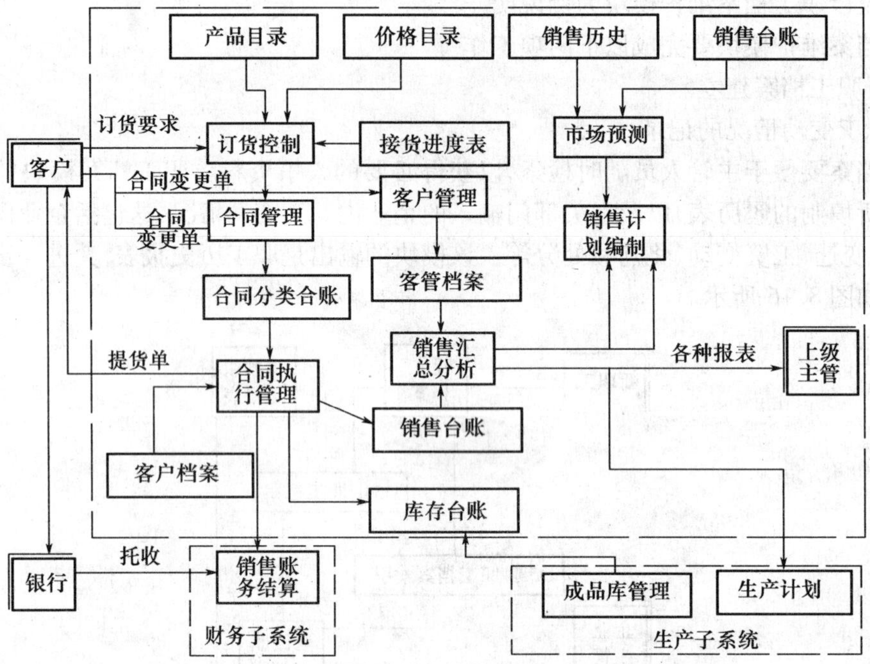

图 8.17 经营销售管理信息系统

及合同查询、合同统计等。

合同查询子模块应完成的任务是，及时提供销售人员和客户所关心的订货、销售信息。例如某合同的订货、发货情况、交货的优先级别、合同性质、客户级别，以及品种、数量、交货期等。设计查询子系统时，需分析归纳各个查询要求和查询方法，给出多个查询入口。

3. 合同执行管理模块

(1)开发货票辅助管理模块。对于成批轮番生产类型的企业来说，生产出的产品有一个如何分配的问题，即在同一交货期(如第三季度)内同一种规格的产品对于若干个该发货期内应交货的客户应先给哪家发。需要考虑的因素比较多，手工处理复杂而难免不符合要求。在计算机管理方式下，可由计算机自动将到期合同按合同性质，交货优先级，距离远近的顺序排序，并将排序结果结合库存可供发货的货源情况一并打印出来，供销售人员决策参考。

(2)合同执行情况登记。从成品库返回的一联发货票(代提货单或出库单)一旦收到，就标志着又有一批产品已出库，这时就应作合同执行情况登记，即更新一系列有关台账。此外，在发票输入后的若干天内逐一返回的运单，托收单等，分别标志着货已到达铁路的运输部门，托收结算手续已办，客户已付货款等不同阶段，所以也应定期输入销售台账，以便查询汇总。

4. 销售统计分析模块

销售统计分析模块是几乎集中了系统全部的输出信息的模块。系统的使用者往往习惯于以销售分析模块输出信息的好坏来判断整个系统设计的好坏，所以这个模块的设计需十分仔细，该模块可细分两个模块。

(1)销售统计子模块。该子模块以系统用户的信息需求为依据，对销售台账，客户档案等数据库进行分类、汇总、计数、求和等操作。通常需要统计的项目有：销售产品的构成分析，去向统计，销售市场构成分析，合同来源、执行、变更情况统计，销售收入构成分析等等。销售统计分析使用的数据绝大部分是从销售台账库中得到的，设计管理信息系统的原则是根据输出设计输入，所以设计时须仔细分析销售统计模块的要求，并逐项在输入信息，数据库设计中得到落实。充分发挥计算机快速准确，统计口径灵活易变的优越性。通过销售统计，可以得到很有用的管理信息。例如把本年销售数据与上年同期数据加以比较，便可以得到产品方面，客户方面，市场及价格方面等各方而后变化情况和变化趋势，从而可以分析原因找出对策。

(2)报表打印子模块。统计数字出来之后，报表打印的数字就都有了。此模块的主要任务是按照输出格式的要求设计报表格式，实现报表输出自动化。对于机械工业部门的企业来说，销售部门常用的向上报表有：①月接货合同汇总表；②机械工业产品销售情况月(年)报表③年机电产品供货总结表；④产品销售与库存总值表；⑤成品库存资金结构情况表；⑥机械工业产品销售去向(季、半年)。

5. 客户管理模块

客户管理的主要任务有以下内容。

(1)建立客户档案。根据以往的销售资料将客户分为重点客户(必须保证的，如上级机关)主要客户(销售额达到一定数量额的)，一般客户，新客户等，以便在销售策略上分别对待。

(2)新增加客户处理。每次合同输入时，有关客户的数据都不用输入而是直接到客户档案库中去查找，若查找不到，就发出信号表明是新客户，要求输入新客户数据，根据输入的客户的数据在客户档案中新增加一条记录。

(3)每年统计各客户的订发货情况，变退货情况，以分析客户的购买能力和订货的可靠程度，制定策略，安排生产。根据需要，可打印重点和主要客户的订发货情况汇总表或所有客户的订发货情况表。

(4)定期重新确定客户级别。某新客户，若加续两年订货，就不是新客户了。一般客户，若连续两年购买额超过某一数额就可转为主要客户，相反，主要客户，若连续两年购买额小于某一数额，就应转为一般客户，每年在统计完客户的订发货情况之后便可以做此工作。

客户管理是销售系统中一项很重要的工作，因为销售系统的主要数据来源于客户。企业在客户中信誉的高低，形象的好坏，直接影响着企业的生命力。但在手工销售系统中，很难完成客户管理工作，原因是工作量太大。引进计算机处理之后，才较好地解决了这个问题。

6. 市场预测模块

市场预测一般每年进行一次。所谓市场预测，是根据企业过去的市场销售数据，估计将来一段时间(如下一年度)可能达到的销售额，通过市场预测，企业可以知道下一年度市场对产品的大致需求量,并以此为依据编制年度销售计划大纲。

市场预测模块的运行前提是企业销售部门的历史资料保存得很齐全。

7. 销售计划编制模块

对于经营型的以销定产的企业来说,销售计划的编制特别重要,因为它是企业编制生产计划,财务计划的重要依据。

销售计划编制又分为年销售计划大纲编制与季销售计划编制。与开发票管理一样,销售计划的编制要考虑的因素比较多,不确定因素也比较多,所以也是适合于由计算机提供汇总等方面的数据,由有关人参考这些数据编写出销售计划。具体说来,在计划员编制年度销售计划大纲时计算机提供市场预测的结果,在编制季度销售计划时计算机提供季内各子市场已有订货合同汇总表。这样虽然计算机没有直接编制销售计划,但仍给销售计划编制人员提供了极大的方便。

参 考 文 献

[1] 罗鸿. ERP 原理・设计・实施[M]. 北京:电子工业出版社,2003.
[2] 刘秋生. ERP 系统原理与实施及其案例分析[M]. 南京:东南大学出版社,2009.
[3] 孙福权. 企业资源计划(ERP)[M]. 沈阳:东北大学出版社,2006.
[4] 陈光会. ERP 原理与应用[M]. 西安:西北工业大学出版社,2009.
[5] 杜作阳. 企业资源计划应用教程[M]. 武汉:华中科技大学出版社,2005.
[6] 何有世. 管理信息系统[M]. 南京:东南大学出版社,2009.
[7] 吴齐林. 管理信息系统新编[M]. 西安:西北工业大学出版社,2007.
[8] 吴洪波. 管理信息系统[M]. 北京:科学出版社,2011.